Nᵒˢ 349-350-351   1ᵉʳ Trimestre   XXXIIIᵉ Année
(1913)

BULLETIN
de la
SOCIÉTÉ DES SCIENCES
HISTORIQUES & NATURELLES
DE LA CORSE

SOMMAIRE :

Correspondance des Agents de France à Gênes avec le Ministère (Tome II)

PUBLIÉE PAR M. L'ABBÉ LETTERON

BASTIA
IMPRIMERIE A VAPEUR JOSEPH SANTI

1913

PUBLICATIONS DE LA SOCIETÉ EN VENTE

Corsica, par GREGOROVIUS ; 3 vol. in-8° : 160, 260, et 360 pages .... **7 fr.**

Le savant allemand dont les travaux font encore autorité a écrit sur l'histoire de notre patrie un petit volume clair et précis qui forme le tome I de l'ouvrage. Les deux autres volumes nous donnent le tableau des mœurs corses au milieu du XIX° Siècle, telles que les constate un étranger. Ses observations prennent toujours un caractère historique d'autant plus digne d'intérêt qu'elles sont faites sans parti pris. Ce désir de vérité n'exclut du reste ni la poésie ni la personnalité ; on lit avec un réel plaisir ces trois petits volumes où la Corse apparaît comme auréolée d'un charme indéfinissable.

Pratica Manuale, par PIERRE MORATI, publiée par M. V. DE CARAFFA ; 2 vol. in-8° : 352 et 514 pages.................... **8 fr.**

C'est le manuel indispensable à quiconque veut s'occuper du droit et de la jurisprudence dans la Corse avant le XVIII° Siècle. L'auteur, ecclésiastique et homme de loi, a exposé avec beaucoup de détails et de précision la situation juridique de l'île, sous le gouvernement génois. Le tome I s'occupe de l'organisation administrative et judiciaire ; le tome II de la législation, de la procédure en matière civile et criminelle, des podestats et de leur compétence, des fonctions de notaire, etc.

Libro Rosso, publié par M. l'abbé LETTERON : 892 pages .... **8 fr.**

Il faut entendre par là le recueil de décrets, règlements et arrêtés émanés du gouvernement génois et rangés suivant un ordre chronologique rigoureux depuis 1571 jusqu'en 1736. Il fut composé par l'archiviste du gouverneur génois en 1724 avec les pièces d'archives. Il présente donc toute la garantie d'une œuvre officielle et documentaire. Toute l'histoire de l'administration génoise y est exposée et c'est l'un des rares ouvrages que nous possédons sur une période mal connue et pourtant capitale de notre histoire, le XVII° Siècle. Quiconque voudra savoir ce que fut le gouvernement de Gênes dans l'île et comment il prépara la grande révolte de 1729 qui aboutit à l'annexion de 1769 devra compulser au préalable le Libro Rosso dont nous pouvons dire qu'il est le livre de chevet de l'historien insulaire.

Osservazioni Storiche sopra la Corsica, par l'Abbé AMBROGIO ROSSI, publiées par M. l'abbé LETTERON ; 12 volumes de 4 à 500 pages chacun ; le volume..................... **4 fr.**

Aucun ouvrage ne peut donner une idée plus exacte et plus complète de l'Histoire de la Corse au XVIII° siècle, que ces douze volumes remplis de documents, d'observations précises et de faits admis par la critique la plus sévère. L'abbé Rossi a été un véritable historien qui, grâce à la faveur impériale, a pu puiser dans les Archives les plus fermées, et nous laisser un monument unique de la vie corse, depuis 1715 à 1814. Le premier volume comprend la géographie de l'île, au début du XIX° siècle.

Le **Gérant** : LAURENT BASTIANI

CORRESPONDANCE
DES AGENTS DE FRANCE A GÊNES
AVEC LE MINISTÈRE

Société des Sciences Historiques et Naturelles
DE LA CORSE

CORRESPONDANCE

DES

AGENTS DE FRANCE A GÊNES

avec le Ministère

(ann. 1742 et suiv.)

II

PUBLIÉE

PAR M. L'Abbé LETTERON

BASTIA
IMPRIMERIE A VAPEUR JOSEPH SANTI
—
1913

INTRODUCTION

Le premier volume de la Correspondance des agents de France à Gênes avec le ministère a été publié en 1901, et comprend les fascicules de janvier à juillet. Les pièces rapportées vont du 28 janvier 1730 au 30 décembre 1741. C'est à partir de cette époque que les puissances continentales observent ce qui se passe en Corse avec un intérêt toujours croissant. La révolte des Corses contre Gênes, à la fin de décembre 1729, sembla d'abord n'éveiller dans les cours étrangères qu'une attention médiocre. Mais bientôt les Génois, impuissants à réduire les révoltés avec leurs propres forces, implorent le secours de Charles VI, et les généraux de l'Empereur, après des succès divers, réussissent en recourant tantôt à la force, tantôt à la persuasion, à replacer les Corses sous l'autorité de la République. Mais c'était là pour Gênes un précédent fâcheux. D'autres puissances avaient suivi d'un œil jaloux les opérations des troupes impériales, et se promettaient bien de ne plus se désintéresser à l'avenir du sort d'une île qui échapperait fatalement quelque jour à ses maîtres, et dont la possession pouvait assurer tant d'avantages à une puissance méditerranéenne.

Aussi lorsque cinq ans plus tard, les Génois, réduits une fois de plus aux abois par les insurgés, se virent encore contraints ou d'abandonner l'île ou de faire un nouvel appel à quelque puissance étrangère, le roi de France leur fit savoir qu'il interviendrait volontiers à son tour dans les affaires de Corse, et la République ne put, malgré son désir, se dérober aux avances de ce nouveau protecteur. Les troupes françaises restèrent en Corse jusqu'en 1741, et les sentiments de sympathie qu'elles laissèrent à leur départ dans le cœur des insulaires, pouvaient faire prévoir qu'il y aurait un jour entre les deux peuples plus que des relations de courtoisie et de bon voisinage.

Le deuxième volume de la Correspondance des agents de France à Gênes commence au 15 Janvier 1742 et se termine au 1ᵉʳ Juin 1748. Les Français avaient laissé l'île pacifiée, mais non soumise. Les Corses ne voulaient à aucun prix accepter la domination de Gênes. Si la présence des troupes françaises les avait contenus jusqu'alors, ils reprirent sur plusieurs points, dès 1742, les hostilités contre les troupes de la République. Ce fut en vain que le Sénat et ses Commissaires Généraux multiplièrent les règlements, les **perdoni** et les **concessioni** ; ils ne purent décider les Corses à déposer les armes. La lutte se prolongea sans engagements importants jusqu'en 1745. Cette année, au mois d'août, les Corses élurent pour chefs l'abbé Ignazio Venturini, Giovan Pietro Gaffori et Alerio Francesco Matra, avec le titre de Protecteurs de la Nation. La mission confiée à ces chefs était plutôt de porter un remède aux désordres qui désolaient l'île à ce moment, mais les maladresses du nouveau Commissaire Général, Stefano Mari, ne tardèrent pas à déchaîner une guerre ouverte.

Les Anglais, alliés des Autrichiens et des Piémontais, entrent en scène à leur tour. Abusés par les pompeuses promesses de Théodore, ils avaient compté sur un soulèvement général des Corses au retour de leur ancien roi, et s'étaient bornés jusque-là à faire quelques croisières sur les côtes de Corse et d'Italie. Mais au mois de novembre 1745, ils bombardent et prennent Bastia, et les chefs insurgés occupent la ville et la citadelle. Puis les Bastiais prennent les armes en faveur de la République, chassent les insurgés, arrêtent, à l'instigation de Mari, plusieurs citoyens des premières familles et les embarquent pour Gênes, où la mort les attend, au mépris de la parole donnée. Pour les venger, Rivarola accourt de St Florent et met le siège devant Bastia ; mais un détachement composé de Génois, de Français et d'Espagnols, arrive de Gênes sous le commandement du lieutenant-colonel Choiseul-Beaupré et l'oblige à se retirer (1747).

L'année suivante, Bastia devait soutenir un siège autrement meurtrier. Gaffori et Giuliani avec les insurgés Corses, le chevalier de Cumania avec 1.500 hommes, Piémontais et Autrichiens, et plusieurs batteries d'artillerie, attaquèrent furieusement la ville. C'est alors qu'arriva le marquis de Cursay avec quatre bataillons envoyés au secours de Bastia par le maréchal de Richelieu. Le chevalier de Cumiana, trop faible pour résister, se retira précipitamment à St Florent.

La correspondance des agents de France s'arrête à

cet endroit. La suite des événements se trouve exposée, jusqu'à la fin de décembre 1748, dans le volume intitulé **Mission de M. de Cursay,** que nous avons publié en 1905 (fascicules de janvier à juillet).

Nous rappellerons ici qu'un grand nombre de lettres ne portent pas le nom du destinataire. Ces lettres étaient généralement adressées au ministère des affaires étrangères, rarement aux premiers commis ; quelques-unes seulement au ministre de la Guerre. Pour que le lecteur s'y reconnaisse plus facilement, nous donnons ici la liste des ministres de la guerre et des affaires étrangères pour les années où eurent lieu les événements dont il est question dans la Correspondance.

Ministre de la Guerre : 1728, D'Angervilliers ; 1740, marquis de Breteuil ; 1743, D'Argenson ; 1757, marquis de Paulmy.

Ministres des Affaires étrangères : Chauvelin, du 20 août 1727 au 26 février 1737. — Amelot, du 20 février 1737 au 26 Avril 1744. — Du 26 avril au 19 novembre 1744, l'intérim du ministère des affaires étrangères a été rempli par les deux commis Le Dran et du Theil. — D'Argenson, du 19 novembre 1744 au 3 janvier 1747. — Puysieulx, du 18 janvier 1747 au 11 septembre 1751.

L'abbé LETTERON

CORRESPONDANCE

DES AGENTS DE FRANCE A GÊNES

AVEC LE MINISTÈRE

Ajaccio, 15 Janvier 1742. — L'archiprêtre d'Orto au Cardinal de Fleury. — La lettre de votre Eminence en date du 26 septembre de l'année dernière ne m'a été remise que le 15 janvier. Il n'y a pas de ma faute si je n'y ai pas répondu plus tôt. Je n'ai pas à douter des bontés de Sa Majesté pour moi et c'est ma félicité. Je prierai le Très Haut pour la prospérité et la conservation de Votre Eminence à qui je dois la pension de 800 livres dont le Roi m'a favorisé. Je la prie de me faire savoir quand elle commence et ce que je dois faire pour la recevoir.

L'enveloppe ci-jointe est la même qui renfermait la lettre de Votre Eminence ; comme elle est différente pour le cachet et de la manière française de faire des enveloppes, je crains quelque tromperie. Je suppose qu'elle n'a pas été déguisée à dessein et je prie votre Eminence de vouloir bien savoir ce qui en est de M. Coutlet qui est à Gênes.

Je suis fâché de ne pas mériter l'honneur dont me parle votre Eminence dans sa lettre. A la vérité ces peuples ont une grande confiance en moi ; ils souhaiteraient fort que je fusse leur guide, mais non pour les amener à la soumission aux Génois.

Je n'ai pas manqué de la leur inspirer conformément à ce que les généraux français m'ont recommandé lorsqu'ils étaient ici. Je leur ai représenté les malheurs et les dommages réels et personnels qu'ils ont essuyés à l'occasion des tumultes. Mais eux mêmes craignent de plus grands maux. Sur ce point j'ai fait mon possible et je n'ai pas réussi.

Le gouvernement des deux marquis Spinola est révéré à la Bastia ; ses règlements à Ajaccio sont forts bons ; il ne respire que la justice et la douceur en tout. Cependant les peuples sont dans la défiance ; ils disent que ces deux Seigneurs ont la langue des Sirènes. Ils arrêtent les voitures et les vivres. Ils font la guerre.

Si Votre Eminence souhaitait que j'allasse à la Cour, j'obéirais sur le champ ; mais elle voudrait bien me recommander aux Commandants de Toulon et de Marseille pour poursuivre mon voyage par terre. J'aurai occasion de rendre moi-même mille grâces au Roi et à Votre Eminence, et à mon retour je pourrais assurer au peuple que la véritable intention du Roy et de Votre Eminence est qu'ils aient pour la République l'obéissance qu'ils lui doivent.

Le salut et la ruine de tant de monde et même de ce Royaume dépend des Conseils de V. E. Qu'elle daigne écouter sa charité et s'intéresser pour ces pauvres peuples avant que le feu augmente, et qu'elle daigne aussi me donner le moyen d'entendre ses oracles. Je puis l'assurer qu'ils seront révérés et suivis.

Je prie votre Eminence de vouloir bien recommander mes lettres à M. Coutlet pour qu'elles ne soient point retardées. J'ai l'honneur, etc.

(M. A. E. Vol. Gênes, 109).

8 Février 1742, — Réponse du cardinal de Fleury à l'abbé Rostini (1). — Il est bien triste pour votre patrie, Monsieur, qu'elle **ne puisse ni ne veuille être soumise aux Génois.** Est-il possible, que tous les honnêtes gens et surtout tout le **clergé** ne reconnaisse pas combien il serait avantageux pour tous les habitants de vivre en paix en suivant le **règlement** que le Roy **avait fait publier ?** Quelqu'autre parti que prennent vos compatriotes, ils seront exposés à des **troupes étrangères,** qui n'en useront pas avec la même modération et désintéressement que les nôtres. Le brigandage, les meurtres, l'impunité, la ruine du pays en seront les suites funestes. Si les Génois manquaient aux engagements qu'ils ont pris, vous avez Sa Majesté pour garant qui ne souffrira jamais qu'on y manque et qui vous soutiendra avec le même zèle qu'elle a fait jusqu'à présent. Je vous parle sincèrement et avec un véritable intérêt pour la tranquillité de vos compatriotes. Je m'y emploierai avec plaisir dans tout ce qui dépendra de mon ministère et je serai fort aise, Monsieur, de vous donner en particulier des marques de la parfaite estime que j'ai pour vous.

(M. A. E. Vol. Gênes, 109).

Calvi, 28 Janvier 1742. — **Monseigneur Mariotti, évêque de Sagone, au Cardinal de Fleury.** — Eminentissimo e Reverendissimo Signore Signore e Padrone colendissimo, — non v'ha dubbio, Signor Eminentissimo, che la Corsica non riconosca dall'efficacia e protezzione di cotesta Corte i vescovi nazionali. Ques-

---

(1) Voir dans le 1er volume de la Correspondance des agents de France à Gênes, la lettre de Rostini, p. 578-579.

ta gloria mi dà l'onore che io come un di questi indegno vescovo di Sagona umili alla gentilezza e benignità di Vostra Eminenza questo foglio significandole umilmente che il primo atto da me esercitato in difesa dell' immunità ecclesiastica sia riuscito in favore di un nazionale francese disertore di queste truppe genovesi, occasione per me vantaggiosa, tanto per defendere la libertà della chiesa, come sono obligato, quanto per il beneficio che dovea da questa riconoscere Giovanni Durantet, di Leone, condannato a morte.

L'operato che per non tediare Vostra Eminenza, tralascio, sarà, mi do a credere, da questo Sig. Console alla suddetta descritto ; non avendo io altro desiderio che di far conoscere a tutto il mondo, se fosse possibile, i favori ricevuti, per i quali non manchero sino alle ceneri pregare l'Altissimo per l'esaltazione e conservazione della medema.

Supplico intanto la sua clemenza perdonare al mio ardire, mentre con profondissima riverenza mi protesto ecc.

Paolo MARIOTTI, vescovo di Sagona
(M. A. E. Vol. Gênes, 109).

Gênes, 14 Février 1742. — **M. Coutlet à..** — Mgr, — J'ai enfin reçu quantité de lettres de Corse, dont cependant celles de plus fraîche date ne sont que du 30 du mois dernier. Il est très véritable que les bandits de l'Isollacci ont eu la témérité de surprendre les troupes de la République qui étaient postées dans le couvent de Rostino au nombre d'environ 200 hommes, et cela d'intelligence avec quelques-uns des Religieux ; mais ils en furent chassés peu de temps après par la valeur du colonel Cleiter, y ayant même laissé un de leurs chefs qui avait déjà été arquebusé et attaché au haut du clocher pour intimider les autres. On prétend que ces insulaires ont reçu de terre ferme quantité d'armes à feu, et qu'il semblaient moins inclinés que jamais à se soumettre. En attendant, ils vivent dans une parfaite indépendance, ne reconnaissant aucun tribunal pour la justice, et faisant pour ainsi dire tout ce qu'ils veulent sans être inquiétés. Ils paraissent néanmoins toujours dans l'impatience de la publication du nouveau règlement, mais l'on croyait que c'était plutôt dans le dessein de s'y opposer que de le recevoir. Quoi qu'il en soit, on ne voit pas trop comment ces Messieurs-ci pourront se tirer avec honneur de cette malheureuse affaire.

On assure que les bandits, qui avaient surpris les troupes de la République à Rostino étaient au nombre de près de 300, et qu'ils restèrent au blocus du couvent, après en avoir été chassés, depuis le 15 jusqu'au 21 qu'ils se retirèrent, avec protestation néanmoins d'y retourner incessamment. Il semble que l'on puisse regarder cet attentat comme l'avant-coureur d'une nouvelle rébellion.

(M. A. E. Vol. Gênes, 109).

Gênes, 21 Février 1742. — M. Coutlet à… — Monseigneur, — J'ai reçu des lettres de la Bastia du 6 de ce mois qui ne portent rien d'intéressant. On avait fait passer par les baguettes une femme qui avait fourni une échelle aux bandits de l'Isolacci pour monter dans le couvent de Rostino, et brûlé trois maisons de cette piève appartenantes à quelques-uns des mêmes bandits. On assurait que le colonel Cleiter, qui n'avait point été tué, comme le bruit s'en était répandu, était parti à la tête de 7 à 800 hommes pour se rendre à Calvi sans que l'on en sût encore le motif. Il semblait que l'on voulût prendre le parti d'armer les Corses contre les Corses même, dans la supposition que ces peuples sont fort désunis et irrités les uns contre les autres ; cependant il y a peu à s'y fier.

(M. A. E. Vol. Gênes, 109).

Gênes, 28 Février 1742. M. Coutlet à... — Monseigneur, — Quoique j'aie quatre vice-consuls dans l'isle de Corse à qui j'ai fort recommandé de m'écrire par toutes sortes de voies, je n'en suis pour cela guère mieux instruit de ce qui s'y passe, faute d'occasion sûre, car je ne puis compter sur les lettres qui me viennent par les bâtiments génois, étant même obligé pour les miennes de les envoyer à Livourne. Les plus fraîches que j'aie reçues sont de la Bastie du 14. On m'en mande que les affaires de ce pays semblaient prendre un train assez favorable pour cette République. Le mauvais succès de la surprise de Rostino paraissait avoir intimidé ces insulaires, qui se trouvant divisés entre eux pourraient bien à la fin être contraints de recevoir la loi qu'on voudra leur imposer. Le colonel Cleiter était passé à la tête d'un gros détachement dans la piève de Casacconi, où après avoir brûlé diverses maisons, il s'était fait remettre les armes de tous les habitants sans la moindre résistance. Il est à souhaiter que ces heureux succès continuent ; mais il est à craindre que tandis que les Génois brûlent et saccagent de leur côté, les bandits n'en fassent autant du leur ; cela ne décide rien. Il est à présumer que les guerres d'Allemagne et d'Italie finiront avant celle-ci, qui a tout l'air de faire encore soupirer cette République pendant bien des années.

(M. A. E. Vol. Gênes, 109).

Livourne, 5 Mars 1742. — L'Abbé Rostini au Cardinal de Fleury. — Siccome per mio sommo onore mi fa la grazia d'avvertirmi, è pur troppo grande, Eminentessimo Signore, la miseria della mia Padria per essere destinata al governo e dominio delli Genovesi, alli quali o non vole o non po sottomettersi, come lo manifestano quattordeci continuati anni d'universali ostinati tumulti e guerra, le procure fatte e mandate al Re, al quale con sincera allegra prontezza sacrificava tutta se e tutto il suo ad esclusione della volontà di ricadere sotto il dominio di Genova, e molto più al presente manifesto lo rendono i tumulti e congiure d'ogni parte della Corsica, persino della mia città (1) principale del Regno la Bastia contra li Genovesi. So bene che essi usano ogni industria per far comparire al mondo che questo viene da pochi da loro chiamati ladri, ma io mi do l'onore d'assicurare l'E. V. che solamente pochi ladri ne sono al loro partito, e che la Corsica tutta è congiurata e tumultua più che mai contro li Genovesi, e di questo ne assicuro, ne rispondo a V. E. su l'individuo di mia vita. Questi sono li primari motivi nelli quali si rivolgono le lagrime delle oneste persone e in primo luogo del clero tutto, il quale è ricorso e ricorre à piedi di V. E. supplicandola a liberarci ormai da tanti guai. E per questi motivi già il mondo tutto s'avanza a dire che dalla Corsica bisogna scacciare o tutti li Corsi o tutti li Genovesi, se si vuole in questa introdurre la pace ; e con questi stessi termini spero che parlato avranno all'E. V. tutti quelli ben ac-

---

(1) Rostini était né à Bastia. La maison de sa famille était adossée au mur de la Citadelle, sur l'emplacement du Square Saint-Charles.

corti generali che anno commmandate in Corsica le truppe del' Re.

Il regolamento fatto publicare per ordine del Re, che dovrebbero seguitare li miei patriotti, io credo sarà quello che appena si publico in Bastia, e forse in qualche parte della Balagna, e che ne pure si volle sentire da i nostri, perchè portava in fronte il dominio di Genova. La grave ruina del mio paese saranno sempre le conseguenze funeste delli tumulti, ma se non si vuole affatto destrutta la Corsica, si possono già dare li primi ordini alla truppa, che si stimarà più a proposito farvi marciare per ripararla dalla totale distruzione, e la renderà sempre meno infelice. La garantia del Re vale d'assicurare il mondo tutto non che la mia Padrìa, ma anche con questa ugualmente sicurissima e formidabile garantia, si fanno temere le nostre miserie, che affatto lontani ci tengono dalla Cristianissima Corte, di modo che le nostre voci non arrivano ne pure alle soglie di quelle porte veramente adorabili, perchè da esse in questi tempi vien fori la pace per tutti, forchè noi poveri Corsi. Il Re, che il Signore con V. E. conservi, à mandati molte migliaia di truppe in più parti per dar la pace all'Europa; poche sole centinaie bastavano a conservare in Corsica quella pace che già aveano a noi data le truppe del Re, e pare per nostro castigo anche di questa grazia restasimo privi.

Eccellentissimo Signore, mi perdoni di grazia se m'avanzo a parlare, perchè tengo per certo che con E. V. o non si debba proferire parola, o che si debba dire naturalmente come si pensa secondo la pura verità.

Egli è vero che io sono uno delli più odiati dalli Genovesi, ma questo non mi fa parlare; parlo solo perchè la mia Padria sarà sempre un'unione d'huomini facinorosi sotto il commando di Genova, ed anzi l'odio mi dà tutto il motivo di gloria e contentezza perchè non viene da altro che dall'avere io parlato sinceramente col signor Pignon, quando fu in Corsica e dall'avere servito con tutta fedeltà li signori generali che anno commandato le truppe del Re in Corsica come da questi medesimi pole V. E. certificarsi. Per questo e non per altro io vivo come esilitio dalla mia Padria ; i miei poveri genitori sospirano d'avermi presente alla loro morte, ma io non devo andarvi se non nel caso che l'E. V. facci la grazia di darmi qualche titolo che mi renda unicamente soggetto a ricevere castigo dal Re, non già par evitarlo, ma per incontrarlo dalla giustizia reale che mai fallisce, e non già da un ingiusta vendetta, che non mi potrebbe mancare.

Cosi io parlo, e parlo col più sincero del cuore, perchè veramente prosternato a piedi di V. E. della quale, baciandone la sacra porpora, mi do l'onore di protestarmi ecc.

(M. A. E. Vol. Gênes, 109).

Gênes, 14 Mars 1742. — M. Coutlet à Amelot. — Monseigneur, — J'ai reçu avec la dépêche dont il a plu à votre Excellence de m'honorer le 27ᵉ du mois dernier, la lettre qui y était jointe pour M. Orto, archiprêtre de la cathédrale d'Ajaccio, où je l'ai envoyée sous le ply de mon vice-consul par la voie de Livourne, les occasions étant peu sûres ici où l'on est fort curieux de voir ce que l'on écrit et ce que l'on reçoit de ce pays-là.

Il m'est venu plusieurs lettres cette semaine, mais celles de plus fraîche date ne sont que du 26 du mois dernier. Les affaires semblent y être dans une situation assez favorable pour la République. Le colonel Cleiter continuait avec succès à désarmer ces insulaires, brûlant et saccageant les maisons et effets de ceux qui y témoignaient de la répugnance. Il était passé à Ampugnano, où il faisait la même chose sans trouver la moindre résistance. Il paraît qu'il suit la maxime de M. de Maillebois, détruisant les effets des plus mutins et exilant de l'isle les malintentionnés. Les procureurs des pièves d'en deçà des montagnes étaient arrivés à la Bastia pour procéder à l'élection des douze députés du Royaume ; enfin tout semblait respirer un air de tranquillité à quoi personne ne s'attendait. Il est vrai que l'on ignorait encore si l'on trouverait les mêmes facilités de l'autre côté des montagnes ; mais il y avait lieu de l'espérer, ces peuples qui sont désunis ne cherchant qu'à se détruire les uns les autres, de quoi les Génois savent parfaitement profiter, n'oubliant rien pour fomenter la méfiance qui règne parmi eux.

(M. A. E. Vol. Gênes, 109).

Versailles, 27 Mars 1742. — Amelot à M. Coutlet — J'ai reçu, Monsieur, les lettres que vous avez pris la peine de m'écrire le 7 et 14 de ce mois. Quoique j'entre rarement en détail avec vous, vous ne devez pas en être moins persuadé du plaisir avec lequel je lis toujours ce qui vient de votre part. Il y règne une exactitude qui sert également à prouver votre zèle pour tout ce qui intéresse le service du Roy et votre attention à être bien instruit. Celle que vous donnez en particulier aux Affaires de Corse me touchent d'autant plus que c'est par vous qu'il m'en revient des notions les mieux circonstanciées. Je serai donc bien aise que vous continuiez à m'écrire autant que vous en aurez le loisir et qu'il se présentera des choses que vous jugerez dignes de curiosité.

(M. A. E. Vol. Gênes, 109).

Gênes, 28 Mars 1742. — M. Coutlet à Amelot. —
Monseigneur, — J'ai reçu cette semaine des lettres de Corse, mais elles n'ont guère le mérite de la nouveauté, n'étant que du 12 de ce mois. Il semble suivant ce que l'on me mande de la Bastia que les choses y continuaient dans un état de prospérité pour cette République, dont les troupes étaient passées dans la pièved'Orezza où elles se faisaient remettre les armes sans y trouver la moindre résistance, châtiant même sévèrement ceux qui paraissaient y répugner. M. Spinola avait fait venir tous les armuriers du pays qu'il avait pu, et qu'il avait cependant renvoyés chez eux après les avoir retenus plusieurs jours et leur avoir fait une sévère réprimande, leur ayant fait prêter serment de fidélité et défendu sous peine de la vie de travailler à l'avenir aux armes à feu. Avec tout cela, les bandits de l'Isolacci, Casacconi et Rostino persistaient dans leur obstination, mais comme on avait distribué quantité d'armes aux Corses bien intentionnés et ennemis, du moins en apparence, de ces scélérats pour leur donner la chasse aussi de leur côté, on espérait qu'ils seraient enfin obligés de venir à l'obéissance.

On avait fait le 12 l'élection des douze députés de l'Isle en présence des procureurs de toutes les pièves, et le bonheur avait voulu que la plupart de ceux sur qui le sort était tombé se trouvaient du parti de la République. Comme ces peuples se flattaient d'être soutenus par quelque puissance étrangère, ils sont extrêmement déconcertés de voir que personne ne pense à eux. Il est à désirer que toutes ces belles dispositions se soutiennent. Il ne manquerait pour cela qu'un peu de confiance et de bonne volonté de part et d'autre ; aussi bien des gens sont-ils encore persuadés qu'il n'y a nul fondement à faire sur la tranquillité apparente qui règne aujourd'hui dans ce pays-là.

Il est arrivé ici une petite tartane de Bonifacio qui a conduit 14 esclaves de 24 qui étaient sur la galiote de Tunis dont les Corses s'emparèrent le 25 décembre dernier, tandis que les barbaresques étaient descendus à terre pour faire du feu.

(M. A. E. Vol. Gênes, 109).

Ajaccio, 8 Avril 1742 — L'archiprêtre Orto au cardinal de Fleury. — Eminenza, — In gennaro passato per il servo di M. Colona, capitano al Reggimento Reale Corso, ho ardito incommodare l'E. V. con una mia responsiva alla di lei in data del 26 settembre 1741. Dicevo in essa il stato miserabile della Corsica, e che già erano incominciate le rivoluzioni, e che questi popoli a tutto si accomodarebbero fuori della dominatione del loro Principe. In oggi l'affari sono in maggior impegno. Hanno, giorni sono 20 in circa, arrestato il bagaglio di soccorso a Corte e fatta la presa di lire 12,000 destinate per le paghe della soldatesca con occisioni di essi. Sono giunte due feluche da Napoli con officiali di quel Re nostri nazionali, ed hanno condotto fucili ed altre monizioni da guerra, e dicono quello loro accomodo. In somma stiamo assai male. Hanno tentato li ministri della Republica di raccogliere l'armi e ne hanno avute qualchedune dalli benestanti e quieti. In questa mia provincia il fuoco è coperto e non si movono, perchè non sono cercati, ma in brieve si sentirà qualche cosa di rimarco.

Pero umiliato a piedi dell'E. V. prego la pietà dell'E. V. ad interessarsi par l'estintione di questo fuoco, che minaccia incendio, e mi dia occasione di portarmi alla Corte, ed allora tutto sarà tranquillo, se così sarà la mente di Sua Maestà e di V. E., e raccomandarmi alli Signori comandanti di Marseglia e Tolone per la loro protezione...

Spero aver l'onore della risposta per M. de Coutlet in Genova con avisarmi quando sia incominciata la pensione con conseguirne l'imborso. E con la maggior umiliatione ecc.

(M. A. E. Vol. Gênes, 109).

Paris 25 avril 1742. — **Le comte de Vence (colonel du Royal Corse) au cardinal de Fleury.** — J'ai l'honneur de remettre à V. E. une lettre de la Signora Bianca Colonna ; elle est extrêmement pressée de savoir si elle peut compter sur la protection du Roy, d'autant qu'elle est à portée de prendre d'autres partis à la tête des mécontents avec lesquels elle a gagné les montagnes et qu'elle pourrait être surprise par ses ennemis, si comptant sur vos bontés, elle négligeait les précautions qu'elle croit nécessaires à sa sûreté. J'ai eu l'honneur de dire à V. E. qu'il s'agirait dans cette affaire du plus ou moins d'intérêt qu'elle prenait à faire cesser les troubles de Corse. Si cette Sig. Colonna pouvait sur la protection du Roy vivre tranquille à Ajaccio, je suis persuadé qu'elle préférerait cette vie à celle de chef des mécontents. Si au contraire elle reste avec la crainte des mauvais traitements qu'elle essuiera sûrement de la part de la République, il n'est pas douteux qu'elle ne reste dans les montagnes avec ses amis et par conséquent qu'elle ne perpétue les troubles dans l'isle.

Je supplie V. E. de m'honorer d'un mot de réponse et je ne ferai savoir à Mme Colonna que ce qu'elle jugera à propos.

(M. A. E. Vol. Gênes, 109).

Gênes, 18 Avril 1742. — M. Coutfet à Amelot. —
Monseigneur, — Les affaires de Corse semblent vouloir recommencer à se réveiller. Il est vrai que la tranquillité qui y régnait paraissait un prodige après tout ce que l'on avait écrit des dispositions de ces peuples. On me mande de la Bastie du 29 du mois dernier que la voiture dont j'ai déjà eu l'honneur de marquer à Votre Excellence, qui avait été pillée par les bandits entre Rostino et Corte, consistait en quelques équipages d'officiers et environ 5.000 livres en argent destiné pour le prêt des troupes qui sont dans cette dernière place, dont ces scélérats s'emparèrent avec ce qu'ils trouvèrent qui pouvait leur convenir, ayant aussi emporté cinq ou six fusils. Elle était pourtant escortée par 18 soldats, dont deux furent tués et trois blessés, les autres ayant pris la fuite.

On ajoute que douze des bandits qui avaient ci-devant attaqué le poste de Rostino, qui s'étaient soumis, et que M. Spinola, après les avoir retenus quelque temps, avait fait partir pour Livourne, avec défense, sous peine de la vie, de retourner dans cette isle, venaient de s'y débarquer de nouveau avec deux fusils chacun, et des munitions de toute sorte.

Les habitants de la Balagne de leur côté avaient tué un sbire et blessé mortellement un autre, s'étant ensuite saisis de leurs armes. Ainsi dans le temps que l'on se croyait à la veille de voir la tranquillité parfaitement rétablie par la paisible élection des douze députés des provinces et la soumission apparente de plusieurs de ces insulaires, il semble y avoir toujours parmi ces peuples un esprit de révolte qui fait assez connaître leur indocilité et l'éloignement où ils sont encore de retourner sincèrement sous le joug de la République. C'est maintenant sur quoi l'on garde ici un morne silence ; aussi ces messieurs-ci n'ont-ils que ce qu'ils méritent, de n'avoir pas voulu suivre les conseils qu'on leur a donnés, ni profiter des bontés du Roy. Car si les Corses donnent dans de pareils excès sans qu'il leur ait été signifié aucun règlement ni paiement de taxes, de quoi ne seront-ils pas capables, lorsque l'on voudra les y contraindre ?

(M. A. E. Vol. Gênes, 109).

Gênes, 2 Mai 1742. — M. Coutlet à Amelot. — Monseigneur, — On me mande de la Bastie du 18 du mois dernier que l'on affectait d'y publier que le gouvernement travaillait sérieusement à l'établissement des nouvelles tailles, et à régler le nombre et la distribution des troupes qui devaient rester dans cette isle, ajoutant que le tout serait concerté avec les douze députés des provinces, que M. le Marquis Spinola devait incessamment faire venir à cet effet. Mais l'opinion commune était que de pareilles dispositions (si véritablement on pensait à les mettre à exécution) rencontreraient de grandes difficultés par l'inconstance, le libertinage invétéré et les mauvaises intentions de ces peuples, dont ils donnaient chaque jour de nouvelles marques, puisque dans le temps qu'un d'eux, par exemple, venait se soumettre et consigner ses armes, quatre gagnaient la campagne pour se joindre aux bandits.

Un de ceux qui dernièrement dévalisèrent la voiture qui portait la caisse militaire à Corte, sous l'escorte de 18 soldats, avait obtenu le pardon de M. Spinola ; mais l'on apprit immédiatement après qu'une troupe de ses camarades venait encore de désarmer quatre Corses au lieu de Muriani, qui étaient au service de la République, à qui ils accordèrent la vie par grâce particulière. Ils avaient outre cela volé encore une voiture de comestibles destinée pour Corte, et massacré quelques soldats pour en avoir les armes. On les disait au nombre de 50 à 60, tous gens désespérés qui n'ont rien à perdre et capables de tout pour se venger et se dédommager de la ruine de leurs maisons. On avait bien arrêté et conduit à la Bastie plusieurs de leurs parents dans l'espérance que cela pourrait du moins les porter à suspendre leurs brigandages, mais cet expédient ne faisait que les irriter de plus en plus, et comme ils augmentaient chaque jour par les exilés qui revenaient de Naples et de Portolongone, tous bien pourvus d'armes et de munitions, je pense que l'on peut considérer les affaires de cette isle à peu près sur le même pied qu'elles étaient lorsque le Roy y envoya ses troupes.

Le colonel Cleiter en est revenu ces jours passés, ayant, dit-on, obtenu un congé de deux mois pour venir vaquer à ses intérêts particuliers ; mais on est persuadé que c'est principalement pour représenter de vive voix à ces messieurs-ci la véritable situation des choses et les efforts qu'il serait nécessaire de faire pour réduire ces mutins. Il s'agit de voir si l'épuisement dans lequel on se trouve permettra d'y penser. L'occasion est cependant bien favorable pour la quantité des déserteurs qui viennent ici de toutes parts, tant des troupes du Roy de Sardaigne que de celles des Espagnols et Autrichiens, dont on pourrait former quelques bataillons.

(M. A. E. Vol. Gênes, 110)

Gênes, 9 Mai 1742. — M. Coutlet à Amelot. — Monseigneur, — J'ai reçu cette semaine une lettre de la Bastie du 24 du mois dernier par laquelle on me marque que les troupes de la République, ayant à leur tour tendu une embuscade aux bandits, avaient eu le bonheur d'en tuer un, qui avait été porté en triomphe dans la ville, où après avoir été exposé et traîné sur la claye, on l'avait attaché à une potence pour causer plus de terreur aux autres. Mais il paraît que les scélérats n'en sont guère capables. Ce fait était arrivé vers Casacconi, et l'on croyait que le mort en question fût un nommé Jean Thomas Franzini d'Ampugnani. Il est à souhaiter que cette petite victoire produise tout le bon effet qu'on espérait.

(M. A. E. Vol. Gênes, 110).

Gênes, 16 Mai 1742. — M. Coutlet à Amelot. — Monseigneur, — On me mande de la Bastie du 2 de ce mois que le bandit qui a été tué vers le mont St. Michel entre Loreto et St Antoine est véritablement un des chefs de ces scélérats nommés Jean Thomas Franzini. Il était si défiguré par ses blessures qu'on ne l'avait pas bien reconnu d'abord. Il a été trahi par deux Corses qu'il croyait de son parti, qui, sous prétexte d'une prétendue voiture qui devait passer par un certain endroit l'y attirèrent, où il resta à la première décharge de ceux qui s'y trouvèrent appostés, ses camarades, au nombre de 24, ayant pris la fuite.

On ajoute que l'on parlait de l'établissement de la taille à raison de 5 à 6 livres par feu, et que les douze députés des provinces qui avaient trouvé cette charge un peu trop forte, étaient partis pour voir s'ils pourraient réduire les peuples à s'y soumettre, n'ayant pas voulu y donner les mains, dans la crainte d'en être lapidés ; mais l'on doutait fort qu'ils pussent y réussir. On disait que M. Spinola les avait aussi chargés de tâcher de faire insinuer aux peuples de venir à l'obéissance en leur promettant le pardon. Il est certain que, s'ils pouvaient y parvenir, ce serait une fort bonne chose pour ces messieurs-ci, bien qu'il en resterait toujours assez pour donner de l'inquiétude et fomenter la soulèvation.

(M. A. E. Vol. Gênes, 110).

Gênes, 23 Mai 1742 — M. Dupont à Amelot. — Monseigneur, — La mort de Jean Thomas Franzini, un des principaux chefs des mécontents de Corse, dont je vous ai rendu compte par ma dernière, a été suivie d'une si grande désunion parmi les partisans pour l'élection d'un nouveau chef, qu'après avoir pensé se massacrer les uns les autres, partie cherche à se réconcilier avec la République, partie à passer en terre ferme.

Les 12 anciens de cette isle, après avoir resté assemblés pendant plusieurs semaines à Bastia pour prendre des arrangements avec M. Spinola, commissaire général de la République, se sont enfin séparés sans avoir pris aucune résolution, parce qu'avant de rien accorder, ils ont voulu communiquer à leurs compatriotes les propositions dudit commissaire, qui ont été de s'en tenir au règlement fait du temps de M. le Duc de Wirtemberg, ou, s'ils n'en étaient pas contents, qu'ils eussent à trouver entre eux les moyens de fournir à la dépense des troupes de la République nei Presidj e fuori dei Presidj, et à celle de deux galères. Les Corses refusent ledit règlement parce que la distribution des impositions n'y est pas faite également sur les provinces relativement à leurs facultés respectives, et quant à la dépense pour l'entretien des troupes de la République dans l'isle, ils demandent qu'on en fixe le nombre. On dit que dans les différents changements qui sont imminents en Italie, on pourrait bien donner à ces messieurs-cy, en échange de ladite isle, qui serait cédée à l'infant Don Philippe, ce qu'on appelle les langues. Ce partage leur conviendrait mieux et leur serait plus avantageux, mais ils perdraient ce titre de Roy de Corse, et leur vanité passera difficilement sur cet article.

(M. A. E. Vol. Gênes, 110).

31 Mai 1742. — Estratto delle dimande che fanno li Modici Nobili del Regno di Corsica a nome dei popoli al signor Marchese Domenico Maria Spinola, Commissario generale in Bastia. — Excellentissimo Signore, — Havendo noi Dodici nobili cercato d'intendere e sapere l'intenzione dei popoli delle nostre rispettive pievi nel diqua da monti abbiamo ritrovato nell'animo di essi il grande amore et ossequio che professano alla Serenissima Repubblica, et all'Eccellenza Vostra et abbiamo ricavato che non solo non possono accrescere il gravame propostogli di ripartire, ma anche credono gli venga diminuita la stessa taglia ordinaria, dedotti i due seini, atteso alcune imposizioni poste **ad tempus** e poi perpetue.

Ci hanno ancora detto che sperano d'ottenere l'abolizione del peso che soffrivano molte di dette pievi di tasse per orzi di cavalli, di grano, e tasse sotto nome di bovatici, vitelli e dell'oglio detto della Signoria, la quale in ogni caso sia provveduta a prezzi correnti di detto grano et oglio dalle pievi che solevano farne la contribuzione e non a prezzo cosi tenue, come erano obligati per il passato, e che tutti li popoli bramarebbero che se gli concedessero le armi da fuoco, almeno quelle pertinenti per difendersi dalle invasioni dei Turchi a da danno che cagionano li salvatici nei seminati et altri frutti.

Abbiamo ancora inteso che di più desiderano li vescovati et luoghitenenti, e loro cancellerie, et un ordine di nobiltà di tutte quelle famiglie d'ogni città e pieve, che all'uso del proprio luogo possano sostenerla con decoro, et che queste godessero li privileggi et altri decenti al Regno, con facoltà a detti nobili di stabilire nelle loro famiglie l'ordine di primogenitura per via di perpetui fidei commissi, e che a nazionali corsi fossi conceduto tutto l'honorifico e lucroso di questo Regno, acciocchè le famiglie crescino in civiltà et richezza e che tutti li beneficj semplici et abbatie del Regno si applicassero al collegio da erigersi et al mantenimento di esso per l'educazione e studio a trenta e più giovani del Regno, colla debita distribuzione ; e pregando la prefata Serenissima Repubblica a procurare tutti li mezzi più proprii circa dette abbazie e beneficj semplici e vescovati presso la Santa Sede Apostolica, per l'effettuazione di quanto sopra.

In oltre ci hanno detto che l'introduzione delle arti e del traffico libero nel Regno e le coltivazioni sarebbero profittevoli e di grande utile ai popoli da effettuarsi colli mezzi e modi più proficui, che stimerà la prefata Serenissima Repubblica, la quale supplica di tutto quel di più che la sua reale magnificenza si compiaccia di concederli a sollievo del Regno, per maggior sicurezza dello stesso, e per meglio tirarsi a se il cuore de medesimi popoli con vincolo di vero amore nella perpetua fedeltà verso l'istessa, esperando che l'Eccellenza Vostra col suo infaticabil zelo e con tutta l'efficacia coopererà a l'effettuazione di quanto sopra, umilmente l'inchiniamo ecc.

(M. A. E. Vol. Gênes, 110).

Gênes, 6 Juin 1742. — M. Coudlet à... — Monseigneur, — On me mande de la Bastie du 24 du mois dernier que les douze Députés des provinces y étaient retournés le 21, mais avec des réponses peu satisfaisantes. Quelques-uns de ces peuples les mieux intentionnés ont témoigné être disposés au payement de la taille, pourvu toutefois qu'elle n'excède pas cinquante sols par feu. D'autres sont de sentiment opposé, demandant un règlement général sous la garantie du Roy, et prétendant que les choses soient remises sur l'ancien pied, tant à l'égard des taxes qu'aux privilèges affectés aux naturels du pays. Mais ceux de la Balagne ont de plus donné leur sentiment par écrit, après avoir tenu entre eux une assemblée, les Pères du commun ayant représenté en leur nom aux dits députés que, s'étant soumis aux troupes du Roy en leur remettant les armes, ils ne pouvaient rien faire sans l'avis, le consentement et même la garantie de Sa Majesté, demandant en outre que la taille et le prix du sel soient réglés suivant les statuts de l'isle, la suppression des impôts qui ont été mis sur le bled et l'huile, protestant de nullité contre tout ce que leurs députés pourraient faire et convenir sans leur consentement et participation. On ajoute que les susdits douze députés étaient dans de continuelles conférences avec M. le Marquis de Spinola et ses ministres pour voir le parti qu'il y aurait à prendre, paraissant les uns et les autres fort embarrassés.

(M. A. E. Vol. Gênes, 110)

10 Juin 1742. — Estratto di una lettera scritta alli nobili Dodici di Balagna da Procuratori et Padri del Comune di questa Provincia fatta nell'adunanza seguita nel convento li 10 giugno 1742. — Signori Nobili Padroni, — Avendo inteso le nostre rispettive comunità che non abbiate convenuto con sua Eccellenza il Sig. Governatore generale, a tenor delle comuni istruzioni dateci da popoli nell'adunanza seguita fin dal mese trascorso nel convento di Marcasso, nelle quali espressamente si convenne non doversi estendere le taglie più di cio che dispone il statuto senza altra regalia, e che tutto cio si fosse stabilito, intendevano venisse guarantito dalla protezione di sua Maestà Cristianissima... alla quale si erano rese le armi nelle passate turbolenze ; per ovviar le quali di bel nuovo Noi sottoscritti Procuratori vi facciamo intendere che i popoli protestano quei medesimi sentimenti e di non voler soggiacere alle vostre frivole suppliche prodotte da un timor reverente, quali non hanno di sostanza, se non una pura apparenza ; sia dunque vostro obbligo di participare a chi spetta che noi sottoscritti a nome di nostri popoli vi protestiamo d'ogni accidente che potesse frastornare la comune tranquillità, quale si persuade sia a cuore all'istessa Republica, e diamo ecc.

Devotissimi ed obbligatissimi servitori :

Giuseppe Urbani, Procuratore di Feliceto — Anton Giovanni, Procurator del Comune di Nessa — Pietro Paolo Monte, Procuratore di Palasca — Luciano Valentini, Procurator di Novella — Gio. Battista, Procurator delli Catteri — Dr Ignazio, Procurator di Sant' Antonino — Francesco Maria, Procurator di Cassano, con quello di Pioggiola, Muro, Monticello, Avapessa e Speloncato.

Gênes, 13 Juin 1742 — M. Coutlet à... — Monseigneur, — suivant les lettres que j'aie reçues de Corse le 30 du mois dernier, les affaires de cette isle paraissent vouloir se brouiller de nouveau. M. le Marquis Spinola n'était point content de la mission des douze députés des Provinces qui lui avaient remis un mémoire contenant les prétentions de ces peuples qu'il a traitées d'extravagantes, sans cependant non obstant ses menaces et réprimandes, avoir pu les résoudre à y rien changer, disant ne vouloir point s'exposer à être lapidés en prenant sur eux la moindre chose. Ils demandent en substance que la noblesse soit rétablie dans tous ses honneurs et distinctions, que les évêchés ne puissent être donnés qu'aux naturels du pays ; que tous les employs subalternes leur soient aussi confiés ; qu'il soit fondé un collège pour l'éducation d'une quarantaine de jeunes gens en assignant pour son entretien les revenus de certaines abbayes et bénéfices simples ; que le port des armes à feu leur soit permis, à la réserve des pistolets, pour pouvoir se défendre contre les incursions des Barbaresques et empêcher les bêtes fauves de venir ravager leurs campagnes ; qu'ils ne puissent dans la poursuite de leur procès être appelés à Gênes, et enfin la suppression de diverses taxes, prétendant de plus établir un certain ordre dans la judicature, comme si c'était à eux à donner la loi, et non à la recevoir. On assure que M. le marquis Spinola a donné part de tout cela à la République par le retour de la galère, et qu'en attendant ses réponses, il avait fait partir de la Bastie un détachement d'environ 300 hommes pour se rendre à Rostino, où il y en avait un autre à peu près semblable, sans que l'on sût encore à quel dessein ; ainsi on n'était pas sans crainte d'une nouvelle soulevation. Il est du mois certain que ce gouvernement a été la semaine dernière dans quelque sorte d'agitation, ayant tenu trois petits conseils dans le terme de 24 heures, ce qui n'est pas ordinaire. Il se pourrait bien que ce fût à ce sujet.

(M. A. E. Vol. Gênes, 110)

Pièce sans date venue avec la lettre de M. Coutlet du 13 Juin 1742. .. Memoria di quello che conferirebbe al Regno di Corsica per la di lui quiete e felicità e per lo stabilimento d'esso nella perpetua fedeltà al Serenissimo Governo.

1° Che nel Regno si formi l'ordine della nobiltà di tutte quelle famiglie d'ogni Città, Paese, Provincia e Presidio, che senza esercizio d'arti mecaniche, con le loro entrate e d'esercizio civile vivono bene all'uso del proprio luogo secondo l'informazioni de nobili Dodeci **pro tempore,** da darsi all'Eccellentissimo General Governatore, di chi possa all'uso suddetto sostenerla con decoro, e che tali nobili godano tutti quei onori, preeminenze, titoli, privileggi e distinzioni che godono i nobili delle città subalterne di terra ferma soggette alla Serenissima Repubblica con facoltà a detti nobili di poter stabilire nelle loro famiglie l'ordine di primogenitura per via di perpetui fideicommessi.

2° Che tutti li vescovati del Regno si conferiscano a puri nazionali Corsi, con escludere per legge positiva, qualunque non nazionale del Regno, ed essendo, come sono, li vescovati d'Aleria, Aiaccio e Mariana, capaci nelle rispettive rendite di mantenere due vescovi per ciascheduno di detti vescovati, cosi potrebbe dividersi con distaccare da quello di Mariana il vescovato d'Accia, da quello d'Aleria la metà e d'accrescerne un altro a Corte, e cosi di quello d'Aiaccio, stabilirne un altro in Istria.

3° Che tutte le cariche subalterne del Regno, profitti, stipendj et altro si diano a puri nazionali Corsi, come sopra, e colla detta esclusiva, con lege positiva, a riserva dell'Eccellentissimo General Governatore e sua Corte e signori Commissarj delle Piazze, e loro rispettive guarnigioni, e che nel luogo di Corte per giusdicente sia sempre un Dottor delle leggi, da conferirsi dette cariche dal prefato Eccellentissimo General Governatore, in Bastia con l'onorario a detto giusdicente di lire settecento per uno all'anno, e rispetto a quella di Corte lire mille all'anno, et accrescere due altri giudiscenti, uno dei quali in Caccia o in Rostino, e per sua giurisdizoine le pievi di Rostino, di Caccia, di Giussani e di Ostriconi; e l'altro in Fiumorbo al luogo di Nazza o in altro luogo conveniente, e per sua giurisdizione le pievi di Coasina, Cursa, Castello, e parte della pieve di Rogna, cioè li Paesi che sono di detta pieve, nel di là dal fiume, col detto onorario di lire settecento per uno.

4° Che il collegio tanto bramato da Popoli per insegnare le scienze a trenta o quaranta giovani del Regno colla debita distribuzione delle pievi, città e luoghi, si formi in Corte, e si procuri presso la Santa Sede Apostolica che siano a detto collegio assegnate tutte le abbazie e beneficj semplici del Regno, le di cui rendite ascendono alla somma di circa ottomila e cinque cento scudi romani, e che li lettori del detto collegio debbano essere puri nazionali Corsi e delli più idonei, a giudizio dell'Eccellentissimo General Governatore, salvo sempre la distribuzione suddetta.

5° Che i luogotenenti, cancellieri e sottocancellieri non possano essere dell'istessa giurisdizione, e che tutti siano solamente dei luoghi soggetti alla taglia.

6° Che non sia luogo al gravame de boatici, oglio detto della Signoria, nè ad altre tasse sotto nome di boatici, orzi di cavalli e vitelle.

7° Che si concedano l'armi da fuoco, escluse sempre le terzette e pistole d'ogni sorta, essendo troppo necessario nel Regno per il riparo da Turchi e per la difesa dei seminati et altri frutti dalli animali salvatici colle patenti di lire tre l'anno, e chi ne portasse senza patente, già subito denunziato dai Podestà e Padri del Comune, incorra in quella pena più ben vista al Serenissimo Governo, compresa quella della spesa di detta patente.

8° Che li Corsi non possano essere convenuti da Genovesi in Genova, ma bensì dinanti del giudice ordinario in Corsica, se il contratto è stato fatto nel Regno, e se le ragioni ad essi competenti procedono da Corsi, derrogando a qualunque legge, statuto e decreto disponenti in contrario, e si abbino derrogati.

(M. A. E. Vol. Gênes, 110)

Pièce sans date venue avec une lettre de M. Dupont du 13 Juin 1742. — Estratto della lettera presentata alli Dodeci di questa Balagna sottoscritta dalli Padri Procuratori del Comune di tutti i Paesi e Pievi della Balagna dopo la radunanza fatta a tale effetto nel convento di Marcasso dei Padri Minori Osservanti Riformati. — Molto Illustri signori nobili Dodeci, — Havendo noi Padri Procuratori esposto alle nostre comunità e significatogli quanto loro signori ne domandano per parte della prefata Eccellenza circa l'alterazion che ne richiede a popoli della taglia et altre imposizioni, quali unitamente dicono che, avendo richiesta S. M. Cristianissima, temono di non incontrar la sua indegnazione e sotto quella gli si resero l'armi ; che sia necessario il suo intervento e la sua garanzia ; che assicurati di questo fatto respondiamo alla loro domanda fattaci per detta imposizione che i popoli non intendono pagar di più di quello ne viene ordinato dal nostro statuto di Corsica, tanto della taglia quanto del sale, come d'ogni altra cosa, levando ogni altro gravame si del grano come dell'oglio. Altrimenti facendo loro Signori Dodeci a quanto vi s'impone, vi si protesta di nullità e cetera, facendovi avisati come anche alli Procuratori della provincia in questa et in ogni altra cosa importante al Regno non far cosa alcuna senza l'intervento de popoli, a quali siamo ecc.

(M. A. E. Vol. Gênes, 110).

Gênes, 20 Juin 1742. — **M. Coutlet à...** — Monseigneur, — J'apprends de la Bastie, du 8 de ce mois, que M. le Marquis Spinola ne voulut point recevoir l'espèce de mémoire des douze députés des provinces dont j'envoyais par une précédente lettre la copie à V. E. ayant exigé d'eux de le rédiger de la manière qu'elle le verra par l'autre copie que j'ai l'honneur d'en joindre ici, qui contient cependant à peu près la même chose, et de se signer tous au bas. Ils y témoignaient beaucoup de répugnance, mais enfin ils se laissèrent persuader.

(M. A. E. Vol. Gênes 110).

Gênes, 27 Juin 1762. — **M. Coutlet à...** — Monseigneur, — Je n'ai rien reçu de Corse depuis les lettres du 14 de ce mois, dont j'ai déjà eu l'honneur de rendre compte à Votre Excellence. Il en est bien venu depuis une expédition, mais il ne s'en est rien transpiré ; on mande seulement que les peuples ont paru fort irrités de ce que les douze députés des Provinces, soit par crainte ou par complaisance pour M. le Marquis Spinola, se sont écartés de leurs instructions dans le mémoire qu'ils lui ont remis, où il n'est fait nulle mention de la garantie et de la protection du Roy, qui est principalement ce qu'ils ont à cœur. Les habitants de la Balagne se sont rassemblés à ce sujet et ont écrit auxdits députés une lettre en forme de protestation dont V. E. trouvera ci-joint la copie. Tout cela semble prendre un très mauvais pli pour ces messieurs-cy. On dit qu'il y avait déjà plusieurs chefs en campagne et qu'environ 300 hommes de troupe de la République qui étaient dans la même province de Balagne, s'étaient retirés avec précipitation à Corte dans la crainte d'y être attaqués.

Quant aux vaisseaux de guerre anglais qui bordayent de fois à autres dans ces mers-là, il ne paraît pas qu'il y ait rien à en appréhender, à moins qu'ils ne s'avisassent d'y débarquer de nouveau le Baron de Neuhoff avec quelques secours d'armes et de munitions de guerre, auquel cas il n'y aurait pas à douter que la chose ne devînt très sérieuse.

(M. A. E. Vol. Gênes, 110).

Gênes, 27 Juin 1742. — M. Dupont à... — Monseigneur, — J'ai eu l'honneur de vous marquer par ma précédente du 13 de ce mois que les Corses avaient chargé les douze anciens de leur royaume de répondre aux demandes que leur faisait M. Spinola de la part de la République pour l'établissement des impositions, qu'avant tout l'intervention et la garantie du Roy étaient nécessaires, et qu'au reste, ils n'entendaient payer que ce qui était porté **dal loro statuto di Corsica.** J'apprends que lesdits douze anciens ne se sont pas conformés à l'intention de ces peuples en ce qui regarde l'intervention et la garantie de Sa Majesté, dont ils n'ont point fait mention dans leur réponse, ce qui a fort mécontenté ces peuples.

J'apprends aussi, et d'assez bonne part, que M. Spinola, en rendant compte au Sénat de toute cette affaire, insista fortement à ce qu'on prenne les voies de modération et de conciliation, sur quoy il ajoute qu'autrement les affaires se brouilleront de nouveau et que ce sera à recommencer. On croit qu'à la fin on s'en tiendra de part et d'autre au règlement fait du temps de M. le Duc de Wirtemberg. Je pense que ces messieurs-cy l'aimeront beaucoup mieux que d'avoir recours à notre intervention et garantie, parce qu'avec elle ils ne seront plus entièrement maîtres, au lieu qu'ils le sont avec ledit règlement, dont la maison d'Autriche n'est plus en état de faire observer les conditions. Je joins ici un extrait que je reçois de Corse et qui contient les demandes faites à M. Spinola par les douze anciens du Royaume au nom de tous ses habitants.

(M. A. E. Vol. Gênes, 110).

Gênes, 25 Juillet 1742. — M. Coutlet à... — Monseigneur, — On me mande de la Bastie du 11 de ce mois que les 300 hommes des troupes de la République, qui étaient dans la Balagne, sous les ordres du colonel Isoste, Suisse de nation, s'en étaient retirés dans la crainte de se trouver enveloppées par les habitants de cette province que l'on disait avoir pris les armes. On confirme la capture faite par les bandits vers le pont d'Omessa d'une voiture qui passait à Corte ; mais n'ayant attaqué que la tête du convoi, la caisse militaire qui le suivait fut sauvée. On ajoute que les fermiers des terres et biens de MM. Fieschi et Spinola ont été avertis que les habitants de l'Isolaccio, Vezzani, Noceta, Rospigliani et autres avaient dessein de s'assembler pour venir enlever leurs grains et leurs bestiaux, ce qui serait un commencement manifeste de révolte. Ces peuples sont irrités au dernier point de ne voir publier aucun règlement, et plus résolus que jamais de ne pas s'abandonner à la discrétion de la République.

(M. A. E. Vol. Gênes, 110).

Gênes, 8 Août 1742. — M. Coutlet à... — Monseigneur, — On assure que les affaires de Corse étaient toujours en mauvais état, le nombre des bandits augmentant considérablement, et les peuples paraissant moins disposés que jamais à rentrer dans leur devoir à l'égard de la République.

On m'écrit effectivement de la Bastie du 28 que le 21, lesdits bandits s'étaient encore saisis à 4 lieues de la ville d'une voiture de 15 ou 16 mulets chargés de farine qui allaient à Corte pour lesquels ils demandaient 2000 livres de rançon. M. Spinola y avait envoyé aussitôt un détachement de soldats pour les poursuivre, mais ils avaient déjà gagné les montagnes, où il aurait été trop hasardeux de les aller chercher. Les peuples cependant étaient assez tranquilles parce qu'on ne leur demandait rien et qu'ils étaient encore occupés à leur récolte. Néanmoins le sentiment général est qu'on doit s'attendre dans peu à la 3° soulevation, les insinuations que M. Spinola leur a fait faire dernièrement par les douze députés leur ayant assez fait connaitre les sentiments peu favorables de la République à leur égard.

(M. A. E. Vol. Gênes, 110).

Sous Dunkerque, 15 août 1742 — M. le comte de Vence au Cardinal de Fleury. — Monseigneur, — Votre Eminence eut la bonté de me dire à Fontainebleau, qu'elle avait fait écrire à la République de Gênes en faveur de Mme Bianca Colonna pour qu'elle pût vivre paisiblement à Ajaccio sans y être inquiétée ; elle est toujours dans les montagnes attendant les effets de la protection de V. E., qu'elle mérite d'autant plus qu'elle ne s'est attiré l'inimitié de la République que par les services qu'elle a rendus à nos troupes, étant auparavant si bien avec les Génois qu'elle fit brûler les terres de son propre frère qui tenait le parti de Théodore et qu'elle n'a changé que par les sollicitations de M. de Maillebois à qui elle a été très utile. Je crois que votre Eminence est instruite que c'est la seule race qui ait conservé la possession de ses fiefs, et qui aye une prééminence marquée sur toutes les autres familles du pays. Mme Colonna représente que l'archiprêtre d'Ajaccio qui est dans le même cas qu'elle, a eu une pension de 800 livres et une protection particulière de la France, sur laquelle il vit paisiblement sans qu'on ose lui rien dire. Elle ne demande autre chose que cette protection, et elle m'assure qu'il a été d'usage dans les dernières guerres d'Italie, d'accorder des patentes par lesquelles le Roy déclare prendre tels et tels sous sa protection, comme il fairait un de ses sujets, moyennant quoi ils n'ont point été inquiétés. Je ne sçaurais assurer si la demande d'une pareille patente est une grâce qui soit usitée, ainsi qu'elle me le marque, mais je puis lui répondre que je sçais par le lieutenant-colonel du régiment qui a fait toute la guerre de Corse et qui avait la confiance de M. de Maillebois, que personne dans le pays n'a rendu de plus grands services, et qu'elle mérite être protégée dans la malheureuse situation où son attachement pour nous l'a mise. J'ajouterai qu'elle a un frère et deux fils dans le régiment, qui sont de très bons sujets, ce qui me porte à importuner V. E. de cette affaire. J'ai l'honneur etc.

(M. A. E. Vol. Gênes, 110).

Ajaccio, 15 Agosto 1742. — **L'archiprêtre Orto au cardinal de Fleury.** — Eminenza, — Con altra mia in data 8 luglio ho significato all'E. V. che alla prima apertura mi sarei messo in viaggio per esser a di lei piedi. Se non l'ho eseguito, e non l'eseguiro, l'E. V. ne dia la colpa alla mancanza dell'occasione, che ne pur una ne comparisce, e la presente l'invio per una strada indiretta a Genova a Monsieur de Coutlet, e pero la supplico d'un benigno compatimento, perchè non so quando cio mi possa riuscire, se Ella non dà ordine per una brigantina del Re di quelle sono a Tolone o Marseglia, particolarmente in questo tempo che ne giudico un preciso bisogno, essendo in questo Regno notitia debba arrivare qui il noto Teodoro Baron di Neoff, del quale l'E. V. puote imaginarsi l'idea e l'aiuti che diconsi dell'Inghilterra. Se io potessi antecedentemente parlare coll'E. V., li di lui maneggi riuscirebbero inutili, e se ne vedrà a giudizio di tutto il mondo il mio operato. Dico poco ma mi obbligo a molto.

L'affari qui continuano sempre sull'istesso sistema, nè si vedrà altra mutazione che quella vorrà Sua Maestà e l'E. V. all'ordine dei quali con la maggior umiliazione del mio spirito mi protesto sino al termine della mia vita e sono ecc.

(M. A. E. Vol. Gênes, 110).

20 Août 1742. — **Les déserteurs français en Corse à...** — Monseigneur, — Environ six cents hommes déserteurs des troupes du Roy, présentement enfermés dans l'isle de Corse au service de la République de Gênes, viennent en toute soumission et avec tout le respect possible très humblement représenter à Votre Grandeur qu'il leur est impossible de sortir par congé ni autrement s'échapper de ladite isle pour profiter de la grâce qu'il a plu à Sa Majesté de leur accorder par son amnistie du 1er Juillet dernier. C'est pourquoi, Monseigneur, ils ont recours à vous comme tout-puissant, vous suppliant très humblement avec le même respect de leur procurer la liberté de rentrer dans leur patrie pour servir fidellement leur bon Roy, sous lequel ils protestent de finir leurs vies. Ils espèrent de la bonté ordinaire de Votre Grandeur un favorable appointement. Cela les engagera à prier Dieu pour la conservation des jours précieux de V. G. et pour la constante prospérité de ses affaires. — A Alias en Corse.

Pour tous, D'onnilac, Bourlier

(M. A. E. Vol. Gênes, 110).

Gênes, 22 Août 1742. — M. Coutlet à... — Monseigneur, — On continue cependant à accorder le congé aux déserteurs français qui veulent profiter de l'amnistie ; mais outre qu'on leur ôte le justaucorps, la veste, les culottes et jusqu'aux souliers, on exige d'eux 40 sols chacun, ce qui fait qu'il y en a beaucoup qui ne peuvent se prévaloir d'une pareille grâce qu'en prenant le parti de s'échapper et de se réfugier sur nos bâtiments.

(M. A. E. Vol. Gênes, 110).

30 Agosto 1742. — **Doge, Governatori e Procuratori della Repubblica di Genova.** — Affine che non possa cadere dubietà alcuna o piuttosto pretesto di sinistra interpretazione sull' Indulto e Perdono da noi graziosamente conceduto a nostri Popoli del Regno di Corsica nell'articolo primo del nostro Editto di questo giorno da essere pubblicato contemporaneamente col presente, e possa quindi ognuno sapere quanto sia la nostra Clemenza e Paterna amorevolezza verso di essi e ciascun di essi, abbiamo determinato di dichiarare a cautela come in vigore del presente dichiariamo e notifichiamo.

1° Che per detto indulto e perdono rimettiamo pienamente alla nostra grazia tutti quelli de nostri Popoli di detto Regno che per causa degli ultimi torbidi occorsi in quella Isola dall'anno 1733 inclusivamente, sino e per tutto il giorno in cui nei quattro Presidj di Bastia, Calvi, Ajaccio e Bonifacio sarà eseguita la pubblicazione di sudetto nostro Editto e del presente, ne fussero in qualsivoglia modo decaduti con essersi palesamente ovvero occultamente resi Rei di lesa Maestà, anche in primo grado, o con essere stati autori principali o fautori, instigatori, ausiliatori o consultori, o con avere cooperato per se stessi, o col mezzo d'altri, o con avere rivelato, in caso di averne avuto scienza, quello che si fusse meditato di fare, macchinare o commettere contro la pubblica quiete, o in qualsivoglia altro modo e maniera, volendo noi che detto Indulto e Perdono comprenda non meno li nostri Popoli di detto Regno in genere, che ogni e ciascuna persona d'essi in particolare di qualsivoglia stato, grado e condizione sia, nessuna esclusa, e che restino ipsofacto aboliti tutti detti reati, ed aboliti, irriti e cassi tutti e singoli processi che sono stati compilati, e principiati a compilarsi per detti delitti, quali come pubblici rimettiamo tutti e condoniamo e vogliamo aversi per rimessi e condonati, come se mai fossero stati commessi.

2° Che restino parimente per detto Indulto e Perdono abiliti e come sopra rimessi e condonati tutti li delitti di omicidj ed altri particolari e privati delitti, che fusssero in quell'Isola stati commessi dal detto anno 1733 inclusivamente sino e per tutto il giorno della eseguita pubblicazione del nostro Editto di 20 agosto 1741, e per conseguenza aboliti, irriti e cassi tutti e singoli li processi compilati e principiati a compilarsi per essi, essendo nostra precisa e ferma volontà che non meno per detti privati e particolari delitti, che per pubblici, dei quali si fà sopra menzione, non solo non venga in benche minima parte pregiudicato alla generalità del Perdono ed Indulto contenuto nei precedenti nostri Editti dei 18 ottobre 1738 e 20 Agosto 1741, ma anzi, ove per avventura cadesse alcuna dubietà, abbia questa a dichiararsi, anzi sia e s'intenda dichiarata a favore di chi di detto Perdono ed Indulto pretendesse godere.

3° Che quanto a delitti d'omicidj ed altri privati e particolari delitti che dal giorno della eseguita pubblicazione del nostro Editto di 20 agosto 1741, sino e per tutto il giorno, in cui sarà come sopra eseguita la pubblicazione delli due nostri Editti di questo giorno, fussero in quell'Isola stati commessi, e li rei dei medesimi, o assenti oppure presenti se forse avranno già ottenuta in forma legittima la pace della parte offesa, o in caso d'omicidio o morte dell'offeso, l'avranno ottenuto dai Parenti più prossimi dello stesso, giusta il disposto per li Statuti o Leggi, e quella averanno esibita e esibiranno ad alcuno dei nostri commissarj generali, siano li detti rei ed ognuno di loro assoluti e liberi dai rispettivi loro delitti e reati, fussero incorsi o già condamnati diffinitivamente e in contumacia, ed in conseguenza restino aboliti, irriti e cassi li rispettivi loro processi compilati o principiati a compilarsi : ed essi rei restituiti alla nostra primiera grazia.

4° Che li rei di delitti privati e particolari commessi dal giorno come sopra dell'eseguita publicazione del nostro Editto di 20 agosto 1741, sino e per tutto il giorno in cui sarà come sopra eseguita la pubblicazione delli due nostri Editti di questo giorno, li quali non avranno dalla parte offesa o da suoi più prossimi parenti come sopra ottenuta la pace, e saranno semplicemente rei inquisiti, contro quali non sia stato terminato il processo, o non siasi venuto ad alcuna condamna, o diffinitivamente o in contumacia, si procederà contro di essi alla terminazione dei processi ed alla condamna, la quale pero non potrà essere in pena di morte nè di galea, ma in caso che dovesse secondo le leggi essere di morte, in tale caso sia di bandoo perpetuo dal Regno di Corsica, e da tutto il Dominio Serenissimo di Terraferma colla cominazione in caso d'inosservanza dell'ultimo supplicio o o della forca secondo la qualità del delitto, dalla quale pena pero restino liberi, ottenuta che abbiano come sopra la pace ; ed in caso che la condamna dovesse essere in pena di galea, o perpetua o temporanea, in tale caso sia di bando o perpetuo o temporaneo dal Regno di Corsica, e da tutto il Dominio Serenissimo di Terraferma con la cominazione in caso d'inosservanza della pena di galea o perpetua o temporanea secondo la qualita del delitto, dalla quale pena similmente rimangano liberi, ottenuta come sopra la pace.

5° Che li rei di delitti privati e particolari commes si dal giorno come sopra dell'eseguita publicazione del nostro Editto dei 20 agosto 1741, sino e per tutto il giorno in cui sarà eseguita come sopra la publicazione delli due nostri Editti di questo giorno, li quali non avranno dalla parte offesa o da suoi più prossimi parenti, come sopra, ottenuto la pace, e saranno già stati condannati in contumacia, ed essi rei si ritroveranno nel Regno, in tale caso per loro indennità e sicurezza vogliamo che godano del salvocondotto, che in vigore del presente ad essi e ciascuno di essi concediamo di giorni otto prorogabili per altri giorni otto, a giudizio dei respettivi nostri commissarj generali, da computarsi immediatamente detti primi giorni otto dal giorno della pubblicazione di detti Editti, per potere liberamente trasferirsi fuora d'esso Regno, in cui non sarà loro lecito di ritornare, se non dopo ottenuta come sopra la pace, mentre in caso diverso saranno soggetti alla pena in cui sono stati condannati e cio tanto nel caso che non si assentino del Regno dentro li otto giorni, et a proroga, quando l'abbiano ottenuta, che loro concediamo, di salvocondotto, quanto nel caso che ritornino in esso Regno senza avere ottenuta la pace come sopra. Nel caso poi che detti rei condonnati in contumacia si ritrovassero già fuora del Regno, non sarà loro lecito il ritornarvi senza la pace come sopra, giacchè ritornandovi senza detta pace, saranno soggetti alle pene, nelle quali fussero stati condannati.

6° Che li rei di detti delitti privati e particolari commessi dal giorno come sopra dell'eseguita pubblicazione del nostro Editto de 20 agosto 1741, sino e per tutto il giorno della pubblicazione de nostri Editti di questo giorno, li quali già condannati deffinitivamente o in contumacia si ritrovassero attualmente in galea o in carcere per ivi rispettivamente subire la pena di loro condanna, se prima di terminare il tempo di detta condanna avranno ottenuta come sopra la pace, ne siano subito rilasciati, e quelli d'essi che condannati in contumacia in pena capitale, si ritrovassero attualmente in forze, ne resti sospesa l'esecuzione e rimangano in carceri sino a che abbiano ottenuto come sopra la pace. — Dat. in Genova nel nostro Real Palazzo li 30 Agosto 1742.

Gio : BATTISTA PICCALUGA
Segretario di Stato.

In Genova, per il Franchelli stampatore dell'Eccellentissima camera (Con licenza dei superiori).

(M. A. E. Vol. Gênes, 110).

30 Agosto 1742 — Doge, Governatori e Procuratori della Republica di Genova. — Volendo noi sempre più convincere li nostri Popoli del Regno di Corsica della Paterna nostra incessante amorevolezza e moderazione, onde siano non solo per raffermarsi li Fedeli nostri costante loro divozione, e per prendere li sedotti il vero disinganno delle maligne false insinuazioni loro fatte dalli Sediziosi ed Instigatori di nuovi tumulti, ma anche questi stessi siano finalmente per ridursi con affetto ad un sincero ravvedimento.

Quindi senza appartarsi in benche minima cosa (non ostante tutto il colà occorso dopo la promulgazione del nostro Editto dei 18 ottobre 1738) da quanto in detto Editto si contiene, quale anzi vogliamo che (salve sempre le nuove infrascritte grazie, remissioni e condescendenze) resti nello stesso vigore e fermezza in cui era al tempo di detta sua promulgazione, ci siamo di moto proprio determinato a dare a tutti li Popoli suddetti le riprove anche più speciali della nostra generosità e clemenza.

1° Rinoviamo ed estendiamo a tutti li delitti pubblici in qualsivoglia modo commessi dal giorno dell'eseguita pubblicazione del nostro Editto de 20 agosto 1741, sino e per tutto il giorno in cui nei quattro Presidj di Bastia, Calvi, Ajaccio et Bonifacio, sarà seguita la pubblicazione del presente nostro Editto, il general Indulto e Perdono, da noi conceduto col mentovato nostro Editto de 1741, rinovativo ed estensivo dell'altro nostro precedente de 18 ottobre 1738. Quanto pero ai delitti di omicidj ed altri privati e particolari delitti affinchè ad uno tempo stesso venga anche fra privati medesimi ad essere cessata qualunque amarezza e rimosso qualunque fomento di nuovi disordini, li renoviamo ed estendiamo solamente a tutti quelli che dal detto giorno dell'eseguita pubblicazione del nostro Editto 1741 sino e per tutto il giorno della pubblicazione da eseguirsi come sopra. del pressente, fossero stati commessi, e li rei dei quali delitti averanno ottenuto e otterranno dalla parte offesa, la Pace. Ed acciocchè non possa cadere dubbietà alcuna, o piuttosto pretesto di sinistra interpretazione sopra tutto cio che col nostro Indulto e Perdono a i detti nostri Popoli si concede, e possa per conseguenza restarne ognuno pienamente notificato, sarà pubblicato contemporaneamente al presente un altro nostro Editto particolare sopra detta materia, a cui percio in questa parte ci rapportiamo.

2° Estendiamo pure le generose remissioni da noi fatte ai detti Popoli e contenute nell'articolo secondo del detto nostro Editto 1738, non solo a tutte le spese, che per ristabilire la quiete in quell'Isola sono da noi state fatte dopo la promulgazione di suddetto Editto, ma anche a tutte le taglie ed altre imposizioni da essi dovute e maturate dopo la promulgazione suddetta ed inesatte sino e per tutto il mese di decembre dell'anno prossimo passato 1741.

3° Restando disposto nell'articolo IV del nostro Editto dei 28 gennajo 1733, che sino e tanto che con effetto sia posto in esecuzione il nuovo riparto del supplemento da contribuirsi da i detti popoli per le spese necessarie alla sicurezza e governo di quell'Isola, si continuerà nel mentre l'ordinaria esazione delle Taglie ed altre Imposizioni sull'antico piede praticato nell'anno 1727, antecedente ad ogni tumulto ; condescendiamo ed a caotela anche dichiariamo che dalla detta esazione da farsi come sopra interinamente di dette Taglie ed altre Imposizioni sull'antico piede suddetto, sia e s'intenda onninamente esclusa la riscossione di quei Diritti che servivano per l'inanzi all'intrattenimento del general governatore ; che sia parimente e s'intenda affatto cessata l'addizione detta di soldi due e quattro rispettivamente a bacino sul prezzo dei sali, e che resti ferma la diminuzione delle antiche Tariffe, per cui viene a mancare alla camera nostra l'Introito dei Carrichi sopra gli Uffizj dei Cancellieri ed altri Ministri. Lo che tutto condescendiamo ed a caotela anche dichiariamo, non ostante che tutti li sopra riferiti Introiti e Dritti si esigessero effettivamente in detto anno 1727, e non ostante che percio la prefata nostra Camera, oltre la maggiore spesa che richiedono le cariche da noi nuovamente erette per detto Editto dei 28 gennaro 1733, e del precedente dei 23 detto, venga anche a restare gravata del mancamento di detti Dritti ed Introiti, ed ad avere agli uni ed all'altra supplire del Pubblico Erario.

4° Condescendiamo pure di minorare di Doppie 1329-5-9 la somma che nell'articolo III di detto nostro Editto de 28 gennajo 1733, resta fissata in annue Doppie 8459,6,1 pel supplemento da contribuirsi, mediante il nuovo riparto, da i detti popoli, e di riddurla con cio a sole annue Doppie 7129.10.4 onde il nostro Erario venga a restare gravato di detta minorazione, ed obbligato percio a supplire di proprio alla maggiore spesa corrispondente alla medesima.

5° Che se poi il comun dei Popoli, piuttosto che ad alcun nuovo riparto di tributo pel supplemento suddetto inclinasse che in vece di detto riparto si continuasse in avvenire l'esazione delle Taglie ed altre Imposizioni, come per avventura appreso da essi il metodo più connaturale all'esigenza e costumi loro, in tale caso qualora dall'oratore del Regno, munito a cio con speciale legittimo mandato di quelle comunità, Pievi e luoghi, ce ne venga opportunamente presentata l'istanza, condescenderemo, come sin d'ora eventualmente condescendiamo a che restino consolati, con doversi da noi in seguito sospendere qualunque nostra ulteriore provvidenza, per l'effettuazione del succennato nuovo riparto, e permettere che in vece continui l'esazione delle Taglie ed altre Imposizioni sul precitato antico piede dell'anno 1727, e con l'aggravio al nostro Erario della diminuzione degli Introiti e della maggiore occorrente spesa, in tutto e per tutto a termini del precedente articolo III di questo nostro Editto.

6° Quanto alle Taglie ed altre Imposizioni dovute pagarsi alla Camera nostra per l'anno corrente 1742 e le quali doveranno esigersi sul più volte mentovato antico piede dell'anno 1727, e con l'aggravio al nostro erario della rispettiva diminuzione d'Introiti, e della maggiore spesa, in tutto come sopra, sarà cura dei nosti commissarj generali, che sono in quell'Isola il prefiggere congruo termine entro cui abbiano a pagarsi, ed il dare le necessarie disposizioni per l'effettiva esigenza delle stesse, e perchè dagli Esattori deputati ad esigerla, non sia commessa estorsione o aggravio alcuno.

7° Avendo Noi nell'articolo V del nostro Editto d'Ottobre 1738, determinato che in vece delli due giudici di nazione forastiera istituiti nell'articolo XIII del nostro Editto de 28 gennajo 1733, da servire l'uno pel di quà e l'altro pel di là da monti, si erigga alla Bastia un Tribunale superiore composto di tre Auditori versati nella giurisprudenza e di nazione straniera, da eleggersi nei modi e forme, con la facoltà ed in tutto e per tutto come in detto articolo V si contiene ; e rivenendoci ora generalmente che con l'istituzione di detti giudici, da rissiedere l'uno in Bastia e l'altro in Ajaccio, possano rendersi a i Popoli d'ambe le provincie più facili e comodi i loro ricorsi, ed in conseguenza più universale e pronta a tutto il Regno l'amministrazione della giustizia, sospenderemo per ora l'erezione del suddetto Tribunale delli tre Auditori sino a sentire per mezzo dell'Oratore munito al detto effetto di speciale legittimo mandato d'ambe le Provincie, quale di detti due provvedimenti, cioè o l'erezione in Bastia di detto Tribunale, o quello di un Auditore o sia Giudice giurisperito di nazione estera nel di quà, e di un altro simile nel di là dai monti, possa in pratica essere più profittevole alla universale retta amministrazione della giustizia : Dichiarando Noi pero che non venendoci sopra cio fatta entro il termine di mesi sei prossimi istanza o rappresentazione alcuna per cui dobbiamo ritrovare proprio di non appartarci dall'erigere il sopradetto Tribunale di tre Auditori, procederemo all'istituzione delli due giudici, in tutto come resta disposto nel sopramentovato articolo XIII del nostro Editto 1733.

8° Sebbene li disordini originati in quell'Isola dall'uso delle armi da fuoco permesso altre volte con le Patenti solite per esso a concedersi, ci abbiano nei tempi andati, a premurose istanze di quei popoli, determinati a proibirlo rigorosamente con nostre leggi, che vi abbiamo al detto fine fatte promulgare, e delle quali nei sopraccennati nostri Editti dei 28 gennajo

1733 e dei 18 ottobre 1738, abbiamo a i governatori **pro tempore** e giusdicenti incaricato l'inviolabile osservanza : Pure sentendo da ogni parte, che universale sia nei popoli medesimi il desiderio che un tale uso sia rimesso a riparo di quegli altri non meno gravi disordini alll quali in pratica per detta proibizione si faccia luogo : Quindi ogni qualvolta sedati in quell' Isola i tumulti e rimessa nel dovuto suo corso la giustizia e l'esazione come sopra delle Taglie ed altre Imposizioni a termini del sopra disposto nell'articolo III di questo Editto, ce ne sarà dall'Oratore del Regno munito a cio con speciale legittimo mandato di quelle comunità, Pievi e luoghi presentata l'istanza, sarà da noi accondesceso a permetterne nuovamente l'uso, mediante la concessione delle Patenti, in tutto alla forma che restava stabilita negli anni antecedenti al divieto, ed in seguito sarà da noi abbolita l'addizione alla Taglia de sol. 13, 4., o sia delle due seini stata allora sostituita per occasione del divieto al solito introito delle Patenti.

9° Tutte queste si chiare e convincenti dimostrazioni della nostra generosa clemenza e moderazione verso quei popoli, ci vogliamo promettere che siano per conseguire il fine d'un sincero universale ravvedimento e che tanto ogni Comunità, Città, Pieve e Luogo, quanto ogni Particolare, debba in avvenire diportarsi verso la Serenissima Republica, come conviene a sudditi ubbidienti e fedeli e meritevoli della nostra **Generosità e Clemenza.**

Dat. in Genova nel nostro Real Palazzo li 30 agosto 1742.

Gio : Battista Piccaluga, segretario di Stato.

(In Genova, per il Franchelli, stampatore dell'Eccellentissima Camera) (con licenza de superiori).

(M. A. E. Vol. Gênes, 110).

Paris, 18 Septembre 1742. — M.. à M. de Jonville.
— J'ai reçu, Monsieur, la lettre que vous avez pris la peine de m'écrire le 5 de ce mois. Il serait fort à souhaiter qu'on pût faciliter l'évasion des déserteurs français qui sont en Corse, mais je ne vois pas comment on pourrait y parvenir, et ce serait fort inutilement qu'on le demanderait à la République qui n'a guère d'autres moyens de recruter ses troupes qu'en prenant les déserteurs de toutes les nations. J'en confèrerai incessamment avec M. de Breteuil.

(M. A. E. Vol. Gênes, 111).

Gênes, 12 Septembre 1742. — M. de Jonville à... —
Monseigneur, — Il y a quelques jours qu'ayant eu occasion de faire venir chez moi le Secrétaire d'Etat, pour lui parler d'un mémoire qui regarde la marine... je lui parlay d'un mémoire dont je joins ici copie et que M. De Lage, qui est français et capitaine de vaisseau au service du Roy d'Espagne, commandant le vaisseau de St Isidore, qui était un de ceux de l'Escadre espagnole, et qui a été jeté par la tempête à Ajaccio, en Corse, avait remis au commissaire de la République, au sujet de 3 déserteurs français qui n'ayant pu avoir leur congé, avaient déserté, et qui, ayant été arrêtés par les sbirres, devaient être exécutés quelques jours après. Sur quoi M. De Lage, par zèle pour sa nation, et ayant vu que le vice-consul n'avait pas voulu rien faire en faveur des dits déserteurs, avait requis le susdit commissaire de suspendre l'exécution de ces malheureux l'espace de trois mois, jusqu'à ce que la Cour en eût été informée. Je lui ai dit que j'en écrivais à la Cour, et qu'en atten-

dant, je demandais qu'on ne passât pas outre, que cette désertion n'avait été motivée que pour se mettre en état de profiter de la grâce que le Roy leur avait faite, et que cela n'arriverait pas si on leur donnait leur congé.

Sur quoi il a voulu me donner beaucoup de raisons, disant que cette amnistie ne devait pas engager les soldats à déserter, et en voulant excuser les officiers, il disait qu'on ne refusait pas le congé aux Français qui étaient déserteurs, mais que plusieurs se prévalaient de ce prétexte pour le demander, ce qui engageait les officiers à être en garde.

Sur quoi je lui ai dit que j'avais la preuve du contraire, et que j'avais eu chez moi des soldats qui y étaient venus plusieurs jours de suite, et que j'avais engagé de demander honnêtement leur congé, mais qui n'ayant pu l'obtenir, avaient pris le parti de déserter, ce qui faisait même un mauvais effet pour la République, parce que lesdits soldats emportaient quelquefois les habits et les armes, et que cela donnait mauvais exemple aux autres.

Il y en a eu ici quelques-uns qui ont obtenu leur congé, mais un beaucoup plus grand nombre à qui on n'a pas voulu le donner, et qui ayant déserté, quelques-uns ont été envoyés aux galères, sur quoi je vous supplie de vouloir bien me marquer si je dois demander que ceux qui ont été envoyés depuis peu aux galères pour avoir déserté, et qui étaient dans le cas d'avoir leur amnistie en France, doivent nous être rendus, de même que ceux qui sont en Corse au service de la République. Je joins ici un nouveau mémoire qu'ils m'ont envoyé ; la plus grande partie a déserté pendant que nos troupes étaient en Corse. Je vous prie de vouloir bien m'envoyer sur tout cela vos ordres.

M. le marquis de Breteuil a écrit à M. Coutlet de lui envoyer un état de tous les frais qu'il avait faits pour l'entretien et passage des déserteurs, et qu'il le ferait rembourser. Il en arrive toujours beaucoup que je fais embarquer pour Marseille.

(M. A. E. Vol. Gênes, 111).

Gênes, 19 Septembre 1742. — **M. de Jonville à...** — Monseigneur, — Je vous suis très obligé des sentiments et des dispositions favorables où vous voulez bien être à mon égard, et je vous supplie de vouloir bien me les continuer.

Quant à ce que vous me mandez au sujet de M. Coutlet, les bontés que vous me paraissez avoir pour lui m'engagent à continuer les égards que je lui ai toujours marqués. Vous savez, Monseigneur, que depuis que je suis ici, je ne vous ai point importuné d'aucune discussion avec lui, mais je ne crois pas que les bontés dont vous l'honorez doivent l'exempter de la déférence qu'il me doit, de son emploi au mien. Ce n'est que par égard pour lui que je n'ai pas voulu vous entretenir sur bien des petites choses. Comme il est ici depuis très longtemps et qu'il s'y est marié avec une génoise, cela le porte quelquefois à avoir un peu trop de complaisance pour ces gens-cy, qui en vérité ne le méritent pas.

Leurs mauvaises manières pour nous augmentent tous les jours et dans plusieurs petites affaires qui regardent ou le commerce ou les sujets du Roy qui sont icy, ils n'y ont nulle attention ; comme aussi par rapport aux soldats français qui sont dans leur service et qui ont précédemment déserté des troupes du Roy. Comme ils ne leur donnent que 30 ou 40 s. d'engagement, et qu'ils ne leur font point signer ledit engagement, que d'ailleurs ils les obligent pour ainsi dire, en se présentant aux portes, de s'engager, ces malheureux se trouvent engagés sans le savoir, ni pour combien de temps. Lorsqu'ils demandent leur congé, on leur fait mille chicanes, et on les maltraite pour empêcher les autres de le demander. Quoy que j'aie pu dire au général des armes et au secrétaire d'Etat, cela ne fait rien. Quant à ce premier, comme il change tous les trois mois, cela fait un très mauvais généralat, et qu'il y a peu d'ordre.

J'ai l'honneur de vous représenter, ainsi que j'ai déjà fait plusieurs fois, que plus on a de bonté pour ces gens-cy, moins ils ont d'attention. Il conviendrait que vous voulussiez bien le faire sentir à leur envoyé et lui dire que la République devrait avoir plus d'attention aux affaires que je recommande.

En voici encore un exemple tout récent. Je vous ay rendu compte par ma dernière de la représentation que j'avais faite sur l'instance de M. De Lage par rapport à trois soldats français déserteurs des troupes du Roy, à qui on n'avait pas voulu donner le congé à Ajaccio, et qui ayant déserté du service de la République pour se mettre en état de profiter de l'amnistie que le Roy a accordée, avaient été pris par les sbirres et devaient être exécutés. Ayant envoyé ces jours-ci mon secrétaire chez le Secrétaire d'Etat, il m'a fait dire que le Sénat avait envoyé ses ordres au Commissaire d'Ajaccio pour faire justice à ces malheureux, avant que j'eusse fait ma représentation. Cette réponse m'a paru bien sèche. Je crois que c'est un mensonge et on y a bien souvent recours icy. Quoy qu'il en soit, il me paraît que c'est totalement manquer d'égards soit pour le service du Roy, soit pour mes représentations. Je m'en rapporte, Monseigneur, à ce que vous en penserez et j'attends sur cela vos ordres.

(M. A. E. Vol. Gênes, 111).

6 décembre 1742. — Réclamations des habitants de la Balagne contre les nouveaux règlements, présentées au commissaire Mambilla.

Dinanti l'Illustrissimo Signore Giuseppe Maria Mambilla, commissario straordinario di Calvi e Balagna :

Per occasione di nuovi regolamenti publicati in Calvi li 4 novembre 1742, i Popoli delle due Balagne, per mezzo dei loro rispettivi Procuratori del Comune di ogni vllaggio, col più profondo ed ossequioso rispetto, rilleviamo dinanti V. Signoria Illustrissima i seguenti lor sentimenti, pregandola ad avanzarli presso l'Eccellentissimo Commissario generale ed al Serenissimo Trono per impetrare le più ben viste e giuste proviggioni.

1° L'annua taglia di lire cinque, soldi diecinove denari otto, pare ai popoli troppo eccessiva, perchè questa vien limitata dallo statuto di Corsica in soldi venti, con quel poco in oltre ch'era solito scuotersi per le guardie, che si sa non essere più di mezzo bacino orzo, il quale valutato un anno per l'altro, pol prezzarsi soldi quattro circa. Di più in un editto stampato che l'emano l'Eccellentissimo Magistrato di Corsica per la facoltà datagline da Serenissimi Colleggi sin dell'anno 1663, primo gennaro, si legge parimente esser la taglia soldi venti, ai quali si aggiunge un donativo d'altri soldi venti, ed alcune tasse o imposizioni temporanee o perpetue poste per diversi bisogni del Regno, o di qualche parte di esso ; Quindi desiderano i Popoli esser intierati nell'autentico di tal donativo e del preciso di dette tasse ed imposizioni, affinchè possa capirsi con chiarezza quali siano le partite che compongono il totale delle suddette lire cinque e soldi diecinove e denari otto, che in caso di un nuovo riparto, si specifichi il dazio comune in lire, soldi e danari, moneta corrente, non in doppie, che possino fare un senso equivoco, e che i Balagnini non siano gravati più dei popoli delli altri terzieri del Regno.

2° Solevano i Balagnini portare annualmente nella monitione di Calvi mine cinquecento grano che doveva pagarsi al prezzo della composta, come risulta da varj decreti dell'Eccellentissimo Magistrato di Corsica, registrati in forma autentica nel libro manoscritto della Provincia di Balagna ; questa somma è cresciuta in mine seicento novantasette, senza che si sappi il giusto titolo dell'augumento. Si tengono quindi i Balagnini lesi di mine cento novanta sette grano ; oltre un'altra lesione sopra il prezzo, il quale si è visto fissato in soldi sette e denari sei a bacino, tutto che questo debba essere di tutta qualità.

3° L'oglio solito portarsi dalla Provincia di Balagna in Bastia e Calvi doveva parimente pagarsi al prezzo della composta, come da decreti parimente dell'Eccellentissimo Magistrato autentici, come sopra ; nulladimeno da molti anni in qua si pagava a sole lire quindeci e soldi 17 il barile, benchè dovesse esser un oglio lampante. Pare dunque chiaro anche in questo particolare il detrimento della Provincia, supposto parimente che per ragione di queste contributioni di grano ed oglio, la Provincia nel decorso di più anni habbia sofferto un grosso interesse : Si anima ella a porre sotto i reflessi del Serenissimo Trono se in compensazione sia luogo a consolarla col concedergli lo sgravio totale nell'avvenire di dette contributioni secondo il supplicato dei Signori Dodeci nelle loro ultime instanze.

4° Non ponno i popoli soffrire con indolenza la disposizione del sesto paragrafo dei novi ordini della Serenissima Repubblica publicati in questo Regno nell'anno 1736, supplicano perciò che l'imposizioni calcudate in quel paragrafo non possino farsi, se non col consenso dei popoli, sembrando cosa giusta e conveniente che il maggior e minor Conseglio di Genova non possa onerare il Regno della soggezione dei cittadini di quella senza honorarli dei privileggi e vantaggi dei medesimi.

5° Che il Perdono generale si estenda anche per l'offese o danni fatti a persone particolari, le quali nei passati tumulti eran comprese **nella Republica ostile** ai Corsi, e che il perdono non possa interpretarsi sinistramente, ma sempre in favore dei Corsi anche fuori del Regno ; anzi a cautela si deroghi espressamente a qualsisia articolo del perdono del 1733, di quello di 1739 o di qualsisia altro, in cui rendesse i Corsi incapaci di perdono dalla Repubblica per l'ulteriori rivoluzioni dopo al 1733.

6° Che si ponga in pratica il privileggio dei sindicatori Corsi, calendati nel statuto, a quale ecc. essendo che la Serenissima Repubblica, nei paragrafi dei 14 e 15 dell'articolo 1733 vuole l'idoneità delle persone solamente in mira di far Procuratori per le suppliche dei Recorrenti, non facendo alcuna mentione del mentovato privileggio.

7° Che si dij efficace mano a provedere con ogni condiscendenza alle instanze fatte ultimamente dai nobili Signori Dodici, particolarmente dell'erettione di un colleggio per l'educazione della gioventù, per le cariche cosi honorevoli come lucrose, tanto ecclesiastiche che secolari, promovendo i nazionali all'ufficiature dei lugotenenti e cancellieri, ad esclusione dei Commissarj delle quattro piazze del Regno ; parendo troppo poco i posti di capitani di porto, suggerendo ancora esser troppo poche... famiglie nobili per nobilitare un Regno.

8° I Nobili Dodici del Regno nelle loro instanze ultimamente portate all'Eccellentissimo Spinola, hanno chiesto l'armi da fuoco per quei motivi dell'instanze. I Popoli continuano a chiederle, quindi soffrono con impazienza la procrastinazione che si usa in concederle colle patenti insino alla richiesta dell'Oratore, quando per altro vanno lusigandosi dover ottenere una quantità di esse armi per quelle che diedero l'anno 1715 ; molto più che per pubblico editto emanato in quell'anno fu loro promesso che la Repubblica ne avrebbe pagato ogn'anno cento cinquanta, come da detto editto.

9° Havendo i Corsi finalmente sin dall'anno 1739 abassato le armi ai Generali di Francia ed essendo stati ricevuti sotto la protezione di quel Re Cristianissimo, come consta da rescritti dei medemi generali, par cosa giusta che l'ultimi stabilimenti della Reppubblica in questo Regno debbano esser noti alla prefata Maestà Cristianissima e garantiti dal suo reale impegno ; supplicano percio i Popoli la Serenissima Repubblica di unire alla sua propria clemenza di dar mano alla rinovatione di garantia di un tal sovrano, sotto la di cui protezione vive questo Regno, e tutto cio ad effetto di eternare la tranquillità e sicurezza del Governo, cosi in ordine al Principe Serenissimo, come alli Popoli stessi.

Questo è cio che umilmente espone al suo Serenissimo Principe la Provincia di Balagna, e confidendo ottenerne le più benigne proviggioni, nel mentre si riserva a migliorare, aggiungere e moderare queste instanze, come meglio ecc.

Di Vostra Signoria Illustrissima
Umilissime e Devotissimi Servitori

I Padri del Comune dei rispettivi villaggi della Balagna o sia chi per essi.

Li 6 decembre 1742.

(M. A. E. Vol. Gênes, 111).

Pièce sans date et sans signature, arrivée avec la lettre de M. de Jonville du 9 Janvier 1743. — Per tre giorni continovi i Balagnini in grosso numero congregati sono restati nel convento di Marcasso, ove anno fatto la risposta al Regolamento della Repubblica in guisa di ricorso, come si legge nell'accluso foglio, e trasmessa al Commissario di Calvi per il guardiano del nominato convento.

Parimente hanno secretamente fatto i loro capi che sono il Dottor Gio : Tommaso Giuliani, di Muro; il prete Gio : Battista Croce, di Lavatoggio, e Nicolo Poletti, di Palasca.

Al detto congresso vi sono intervenuti quantità di parochi e gente di montagna, ove dicesi che abbino fatto pure i suoi capi e facciano secretamente dai maestri d'Orezza fabbricare delle armi da fuoco.

Scorre per le pievi del di là da monti il capitan Moco del luogo della Rocca con due cento uomini armati per liberare quelle campagne dalle invasioni delle truppe genovesi come per tenere uniti quei popoli in favore della Patria facendo giustizia a chi la richiede per i debbiti civili, e pacificando le criminali ; questi luoghi son ben provisti di munizioni da guerra più d'ogni altra parte di Corsica.

Si sa di certo da persona che si è ritrovato presente che i parochi di quei luoghi alla messa parocchiale predichino al popolo il non fidarsi dei Genovesi i quali l'hanno dato il nuovo regolamento per ingannarli e metterli tutti in sacco.

Il sig. Marchese Spinola, colla scusa essere stato pregato da Monsignor Curlo, vescovo d'Aleria, e dal capitan Brandimarte, dalla Porta d'Ampugnani, à concesso un amnistia a quei popoli di montagna, perchè possino rappresentare i loro gravami che trovano nel nuovo pubblico regolamento, essendosi servito di un tal ripiego, a causa che s'erano messi in campagna partita di uomini di montagna e principalmente di Campoloro, quali impedivano il commercio a quei posti di truppe genovesi. I Corsi anno accettato detta amnistia, perchè in loro favore, avendo sempre più luogo di armarsi, delle quali scarseggiano.

Il sig. Veneroso, Commissario generale in Ajaccio, consiglia ad ogni bastimento di non approdare in quelle spiaggie, affinchè non venghino rappresagliati da Corsi, come è accaduto a una gondola Aiacincha in quelle vicinanze, andando a Bonifazio.

Tutte le apparenze sono di guerra e non di pace, e che s'inoltrerà al primo attentato che la Repubblica gli farà.

Il partito del prete Andrea di Niolo ha imprestato schioppi alli Balagnini per rinforzo in caso che il sig. Colonnello Creteiler si mettesse in campagna, qual cosa si stenta a credere per non aver truppa sufficiente.

Scrive da Napoli il sig. Dottor Orticoni di Santa Reparata a Balagnini, che se incomincieranno la guerra, egli verrà immediate in favore dei medemi con quelle proviste da guerra che potrà per sacrificarsi occorrendo in loro compagnia per l'utile della patria.

Egli procura per la Spagna, ma i Corsi sin'ora sono più bene intenzionati per la Francia, della quale in ogni loro ricorso e pretesti intendono avanti di venire a niuna deliberazione sapere la sua volontà.

Il Commissario di Calvi si è dato per risposto, avendo perso la speranza di poter ottenere coi suoi panegirichi cosa alcuna dalla Balagna in favore della Repubblica, alla quale avea dato speranza di qualche progresso colle sue frivole esortazioni, colle quali l'ha più presto pregiudicata.

In San Fiorenzo è approdato bastimento genovese proveniente da quella dominante, carico di truppe e

farine per Calvi, il quale ha gettato buona parte del
suo carico per la tempesta sofferta nel canale.

È ritornato sopra del detto il capitan Creteller, fratello del colonnello, il quale non ha potuto ottenere il
suo congedo dalla Repubblica per andare a servire il
Re di Napoli, per non vedersi da quella promosso secondo gli avea promesso ; ma pero l'ha assicurato che
in avanzamento di tempo sarà ricompensato in tempo
che gratificherà il colonnello suo fratello, il quale dice di chitare il serviggio per farsi Religioso.

(M. A. E. Vol. Gênes, 112)

Calvi, 21 Janvier 1743. — Ozero, vice-consul à Calvi, à M. de Jonville. — Illustrissimo Signore Signore
Padrone Colendissimo, — O l'onore di segnificare a V.
S. Illustrissima essere il di 19 a quattr'ore di sole nel
scalo dell'Isola Rossa approdata una nave da guerra
con bandiera inglese di 50 pezzi di cannoni, il capitano della quale, dopo aver reso il saluto a quella torre,
spedì a chiamare i capi di Balagna, a quali presentò
lettere del Baron di Neoff, comunemente chiamato
Teodoro applaudito nell'anni addietro da Corsi, in numero di 6, una unitamente per li Dottori Gio : Tomaso
Giuliani, a Paolo Maria Paoli e le altre per Gio : Ambrogio Quilici di Speloncato, prete Gio : Battista Croce da Lavatoggio, Caforio di Corte, Ciavaldini d'Orezza, e Zerbino di Niolo, contenente un Indulto generale per chi l'avesse offeso nel suo soggiorno in quest'
Isola, colla notizia del di lui breve ritorno, per il di
26 andante, in Balagna, pregando i popoli di accorrere grandi e piccoli a ricevere le armi che gli verranno da suoi ufficiali somministrate.

Ricevute le risposte delle lettere della Provincia di
Balagna, si misse alla vela per la volta dell'Isola di

Leiba, ove riferi detto capitano avere lasciato il nominato Teodoro con nove navi, cinque cariche di gente di disbarco e tre di attrazzi militari con aver lasciato a terra un ufficiale di detta nave e diecidotto grossi chioppi in peso libre 15 l'uno, quattro barigiioni di polvere, continente fra tutti libre 1000, poche balle e scaglie.

Il detto ufficiale volontariamente restato in Balagna è un huomo di bella statura, di prima barba, vestito all'inglese, e per farsi intendere non parla che latino. Egli assicura i Corsi d'ogni felice avvenimento, ma alcuni più speculativi dubbitano di qualche invasione d'Inglesi, massime per aver veduto sopra detta nave duecento uomini circa di disbarco, oltre la solita guarnigione, che per cio si è intimata una consulta per Domenica in luoco di Mezzo, pieve di Sant'Andrea.

Il sudetto capitanio fece piacere su le replicate instanze dei Partisanti del sudetto Teodoro di ricevere 122 disertori francesi che non arrivarono a tempo per imbacarsi sopra la tartana del Padon Michele Venel de Marseja, per le ragioni che V. S. Illustrissima avrà inteso dal mio umilissimo foglio dei 15 andante, trasmessogli in un grosso plico di M. Du Pont, il quale ho adrisato al medemo in un sacchettino con marca.

I Balagnini portarono di subito le lettere del Teodoro in montagna con una purzione delle disbarcate munizioni, ove sentesi dopo la morte di Capone essere stati eletti dal Sig. Marchese Spinola cinque capitanj Corsi pagati dal Principe.

Le sopradette nuove parmi meritassero espresso in cotesta Dominante per la brevità della presente, affinchè V. S. Illustrissima brevemente le potesse partecipare alla Corte, persuadendomi che l'avrebbe approvato ; ma questo Signor Commissario Genovese mi ha privato di tal onore, per aver proibito ai padroni il servirmi, come distintamente l'ho raguagliato nel sopra nominato foglio de 15 andante. Io staro con ogni attenzione a quanto accaderà per farglilo raguagliato per quella via che mi si renderà possibile.

(M. A. E. Vol. Gênes, 112).

Ajaccio, 28 Janvier 1743. — L'archiprête Orto au cardinal de Fleury. — Eminenza, — Questa mattina ho ricevuto un nuovo onore, con haver letta una dell'E. V. dei 4 Corrente. La ringrazio delle insinuazioni che mi dà per questa natione. Essa dice essersi resa alle armi di Sua Maestà, e da questa attendere la sua felicità, nè l'o spera dal regolamento pubblicato, perchè non lo vede eseguito. In oggi sono colle armi alla mano ed è incominciata la guerra ; procurano con queste quella tranquillità che non hanno. Non sperano bene al comune, se non godono i particolari. L'E. V. s'intenerisce a tanto sangue che si ha da spargere, ed ora che siamo in tempo, vi dia un opportuno rimedio, e lo farebbe se si sapesse il stato dell'affari. Qui vivono con questa fiducia, nè si puole estinguere, sinchè non siamo assicurati della loro precisa intentione. Le spiegazioni che desiderava fare, non tendon che al publico riposo e libera amministrazione della giustizia.

Avendo io alcun aviso dalli SS. Marchesi Du Chatel e Crussol per la mia pensione, nè sapendo ove siano, supplico la bontà dell'E. V. d'un breve fastidio a darmene qualche notitia per mia regola. Giacchè Sua Maestà mi ha favorito della pensione, vorrei goderla, nè posso senza il mezzo di questi signori, essendo per me l'unico.

Mi dice l'E. V. che non vi è persona esente dalla contributione delle pensioni, e pure se sapesse minutamente le mie operationi a servitio del Re, sotto la di lei protezione, ardirei dimandarla e ne procurerebbe dalla di lui magnanimità la gratia. Pure sono rassegnato a loro voleri e mi dispiace non poter far altro ; e con la più profonda umiliazione del mio rispetto mi protesto ecc.

(M. A. E. Vol. Gênes, 112).

30 Janvier 1743. — Teodoro primo per grazia di Dio Re di Corsica e Gran Maestro dell'ordine della Redenzione.

Avendo, grazie al cielo ! la tanto da noi bramata consolazione di ritrovarci tra nostri fedeli sudditi nel nostro Regno, a dispetto di tanti travagli, perdite, tradimenti, persecuzioni, e sopratutto delle mostruose infami procedure, praticate in tutte le parti, non tanto dal nemico e suoi mandatarj, per frastornar ed interrompere, anzi affatto impedire il nosto ritorno co' necessarj soccorsi, ma ancora dalli spergiuri e perfidi capi, li quali, per le proprie iniquissime intenzioni e diabolici fini e chimeriche idee, non solo hanno tradito Noi, e tutto il nostro Regno, coll'abbandonarlo indegnamente, assieme con tutti i nostri Fedeli alla tirannica indiscretezza del Nemico nostro, il Genovese, ma hanno altresi avuto l'esecrabile temerità d'adoperare ogni più ingannevole industria, per sedurre non pochi semplici e malaccorti connazionali, e facilmento indurli a voltar vergognosamente le spalle alla loro miserabile Patria, nel suo maggior bisogno, per servire agli Alleati del Genovese suddetto :

Avendo inoltre la piena fiducia, anzi infallibile certezza che tutti, non meno per gli gravissimi disagi e strapazzi sofferti nel tempo della nostra assenza, avranno aperti gli occhi per conoscer l'altrui inganni, per il solenne inviolabile giuramento di fedeltà e di obedienza a noi dovuta, si riconosceranno innanzi a Dio e a tutto il mondo per dipendenti onninamente dai nostri Regj voleri, e debitori d'un vero zelo e fede incorrotta per i vantaggi nostri e del nostro Regno :

Quindi è che Noi in attestazione di nostra paterna Real Clemenza, per mezzo del presente editto concediamo a tutti i nostri sudditi un generale Perdono per tutto quello e quanto avessero macchinato ed operato contro la nostra Real Persona, contro dei nostri Regj Diritti, e contro il Ben publico del nostro Regno : con escluder pero, conforme con ogni più seria deliberazione escludiamo, ed esclusi perpetuamente vogliamo da questo graziosissimo Perdono gli infami sicarj del fu diletissimo nostro general Conte Simon Fabiani de lodevol memoria, e gli Spergiuri, Felloni e Traditori, Giacinto de Paulis, canonico Erasmo Orticoni, e Prete Gregorio Salvini, li quali non solo dichiariamo per sempre banditi dal nostro Regno, ma comandiamo ancora che tutti i loro Beni di qualunque genere restino confiscati, per esser poi colla di loro distribuzione da noi rimunerata le Vedove ed Orfani lasciati da quei nostri fideli seguaci, i quali con tanto zelo hanno sagrificato la loro vita in difesa di notre Sovrane Ragioni, ed a vantaggio dell'amata lor Patria.

Siccome vogliamo che questa nostra Dichiarazione e Comando serva per sentenza definitiva, e n'abbia sempre tutto il vigore contro suddetti perfidi Nemici de comune Bene, a disonore de quali, ed a perpetua infamia dell'odioso lor nome, ora per allora, dichiariamo, e definitivamente sentenziamo, che sieno Rei di morte la più ignominiosa, cher dar si possa, se mai avessero il temerario ardimento di metter piede nel nostro Regno.

E per contestar l'efficacia di questa nostra ben giusta determinazione, proibiamo sotto pena irremissibile di morte e confiscazione di tutti i loro Beni a tutti i nostri sudditi in genere ed a qualunque loro Persona in specie, di qualsivoglia sesso, grado, o condizione ella sia, l'aver diretta o indiretta corrispondenza con i prefatti Felloni, Giacinto de Paulis, canonico Erasmo Orticoni, e Prete Gregorio Salvini, o loro aderenti, dai quali sonosi non pochi lasciati subornare e indurre ad abbandonare il nostro Real serviggio, e la Patria nelle di lei più urgenti occorrenze, ed in vantaggio dei Genovesi a portarsi al soldo di Francia, Spagna e Napoli, ai quali pero tutti, benchè a ciò subornati e indotti, per grazia speciale concediamo il perdono colla precisa condizione, e non altrimenti, che ritornino all'obedienza nostra e nel nostro Regno nel tempo e perentorio termine di sei settemane per quelli che sono al servizio di Napoli o di Spagna in Italia, e di tre mesi per coloro che sono in Spagna o in Francia, e non presentandosi in detto termine, vogliamo e definitivamente sentenziamo che ora per allora sieno e restino Banditi per sempre dal nostro Regno, e i loro beni siano e restino parimente confiscati a beneficio di Vedove e Pupilli dei nostri veramente Fedeli sudditi.

In quanto poi a quelli sono al serviggio di S. A. R. di Lorena e Serenissimo Gran Duca di Toscana, vogliamo che persistino a servire **contra quoscumque** alla detta R. A. con il medesimo zelo e fedeltà, che sono obbligati a servire alla nostra propria Persona, ed a nostri Rappresentanti, e ciò fintanto che si compiacerà la detta R. A. gradire il loro serviggio, o licenziarli graziosamente, affinchè possino ritornarsene in Patria.

E per riprova di questa nostra invariabile volontà, facciamo sapere a tutti i nostri sudditi, che la nostra risoluzione si è, siccome è stata e sarà sempre inalterabile, e d'assistere ed accorrere con i medesimi sudditi nostri fedeli, alla difesa dei giusti Diritti di Sua Maestà la Regina d'Ungheria e di Boemia, come Erede universale di tutte le monarchie e Stati posseduti e devoluti a sua Maestà Imperiale e Cattolica, di perpetua gloriosissima ricordanza, come anche a causa comune d'assistere con tutte le forze che Iddio ci ha dato a S. A. R. di Lorena e Serenissimo Gran Duca di Toscana per la difesa e manutenzione di tutti i suoi stati.

Et in quanto a quelli si trovano al serviggio del Sommo Pontefice e della Serenissima Repubblica di Venezia, concediamo ai primi il termine di un mese ed ai secondi di mesi tre per domandar la loro licenza, per presentarsi al nostro cospetto, promettendo premiare ciascuno di loro a proporzione della loro abilità.

Finalmente in quanto a quelli che vivono pertinaci nell'indegno serviggio dei Genovesi, gli terremo per sempre Banditi ed Esuli dal nostro Regno colla confiscazione di tutti i loro beni se nel tempo e termine di 24 ore per quelli che sono nelle piazze del nostro Regno, e di giorni otto per quelli che sono nel Genovesato, non lasciano il serviggio del Genovese, nostro nemico comune, e non si presentano a Noi per esser ricevuti nel numero dei nostri sudditi con sicurezza che precedente la loro pronta e perpetua obedienza e fideltà, saranno riconosciuti con premj proporzionati alla loro capacità.

In vigore pertanto della nostra benigna condiscendenza e Perdono generale, a riserva di quei Sicarj e Traditori, dei quali abbiamo fatto espressa menzione, abbiamo certa speranza che tutti avranno il giusto impegno di raccogliere e raunar tutti quelli che sen vivono dispersi e divisi dal corpo dei nostri Fedeli, di scacciare e sterminar per sempre dal nostro Regno il comun nemico.

Ed accio niuno possa allegar ignoranza di questa nostra fiducia, e dei nostri precisi ordini e comandamenti, ordiniamo e comandiamo a tutti i nostri comandanti delle rispettive pievi il promulgar subito questo nostro Editto, accio con tal promulgazione venga a notizia ancor degli assenti dal nostro Regno, con ritenerne appresso di se e conservare copia autentica per loro regola : che tale per tutte le suddette cose si è il notro Regio volere. A tal fine l'abbiamo firmato di nostra propria mano e munito col nostro Real Sigillo.

Dato in Balagna, in S. Reparata questo di 30 gennajo l'anno di N. S. 1743 ed il VII del nostro Regno, che Dio feliciti ed esalti.

(Sans nom d'imprimeur).

(M. A. E. Vol. Gênes, 112).

Ajaccio, 5 février 1743. — L'archiprêtre Orto au cardinal de Fleury. — Eminenza, — Alli 28 gennaro ho incommodato l'E. V. nella lettura dovrà fare d'una mia responsiva a quella dell'E. V. del 4 medemo. Scrissi sino da 15 agosto e replicai a 25 novembre che il Baron di Neofh dovea venire in Corsica con l'ajuto dell'Inghilterra ; ed oggi eccolo in questo Regno. Alli 31 gennaro è arrivato in Balagna con 5 navi da guerra, e due sciabecchi con bandiera inglese, et hieri è arrivato nel golfo del Vallinco con due di dette navi, ed oggi farà la consegna dell'armi a quei popoli. Ne avanzo la notitia all'E. V. accio vi faccia sopra quelle riflessioni giudicherà la sua gran mente. Io non mancaro di darle quelle notitie saranno degne delle sue riflessioni e nell'istesso tempo offerirmi pronto all'esecutione degli ordini del Re e di V. E., e spero operare ; e con la più profonda umiliatione del mio spirito mi protesto ecc.

(M. A. E. Vol. Gênes, 112).

Gênes, 6 Février 1743. — M. de Jonville à... — Monseigneur, — Il n'y a plus lieu de douter présentement que ce soit Théodore qui soit arrivé à Livourne sur un vaisseau de guerre Anglais, ce qui fait croire avec fondement que les Anglais ont des desseins sur la Corse, soit pour s'emparer de quelque port, soit pour y établir Théodore et se servir de luy. Il paraît même que le gouverneur de Florence et la cour de Vienne, ce qui n'est qu'un, sont d'intelligence sur cela avec les Anglais. Comme ce gouvernement-ci a pour maxime de garder un grand silence sur les choses qui luy sont désavantageuses, on affecte de l'observer sur l'arrivée de Théodore à Livourne. Cela ne fait pas ici autant de bruit que cela devrait en faire. Il ne serait peut-être pas impossible que les Génois ne fussent d'accord avec les Anglais et qu'il n'y eût de la manœuvre entre cette République, la Cour de Vienne et les Anglais.

Il y a eu tous ces jours-ci **Consiglietto,** et même dimanche dernier. Comme il est fort rare qu'il se tienne le dimanche, cela fait croire qu'il a été queston d'affaires urgentes et de conséquence. Les uns disent que c'est sur les affaires de Corse, à l'occasion de l'arrivée de Théodore à Livourne et de la fermentation qu'il y a présentement dans cette isle pour une nouvelle révolte. On dit aussi que le Commissaire général de la République dans cette isle qui est un Sénateur et fort vieux, est très mal.

Je ne manquerai pas de marquer au S. Ozero, notre vice-consul à Calvi, ainsi que vous me l'ordonnez, le gré que vous lui savez de nous informer de tout ce qui se passe en Corse ; cela pourra l'encourager et même le soutenir contre le mécontentement que lui té moigne M. Coutlet, notre consul, par une jalousie mal placée, de ce qu'il m'informe de ce qui se passe dans cette isle.

(M. A. E. Vol. Gênes, 112)

Livorno, 6 Février 1743. — Lettre sans nom d'auteur ni de destinataire, arrivée avec la lettre de M. de Jonville du 13 Février. — Arrivato qui mercoledi notte da Grosseto il nipote di Teodoro, che militava in questo servigio, e colà si trovava di guarnigione portatosi subito a bordo del zio, avanti giorno di giovedi partirono da questa spiaggia assieme molti Corsi qui esistenti e venuti di fuora, sopra due navi di guerra inglesi, una di 70 e l'altra di 52 cannoni per Corsica, dove si dicono trovarsi altre 12 navi di guerra. Tuttavia non sono venuti di colà bastimenti, e nulla si sa del suo disbarco, nè delle sue operazioni. La verità si è che è ben provisto di denaro e di quanto pùo bisognarle, nulla eccettuato, dicendosi inoltre che 400 soldati disertori Tedeschi d'un Reggimento detto della Regina siano stati imbarcati sopra le riferite navi, e che possino anco l'Inglesi aver qualche truppe di sbarco, come meglio si sentirà.

Questa loro impresa vien generalmente molto biasimata in sostener li ribelli contro il suo Principe naturale, nè le fa certamente troppo onore, essendo un tal contegno detestabile a tutto il mondo per qualsivoglia ragione che possano addurre.

Qui si dice che li Francesi avendo avuto qualche sentore di questa loro idea, abbiano fatto passar in Corsica anticipatamente una barca con armi, munizioni e danaro, assieme alcuni uffiziali, e che possono avervi un grosso partito formato da una tal madame Colonna ed altri Principali dell'Isola, e che altresi il comandante della nave da guerra spagnuola S. Isidoro, esistente da molto tempo in Ajaccio, qualche poche settimane sono, fu qui a prender danaro, possa aver arrolato da 700 uomini e fatto colli cannoni della nave diverse batterie in terra, unito agli altri del partito contrario al Teodoro. Quando cio sussista, potrebbe darsi il caso non riesca si facile agl'Inglesi l'impresa dissegnata, mentre la disunione potrebbe fare il suo effetto, e con acquisitar tempo, mutar di faccia ogni loro prevenzione.

Avanti di partire ha lasciato Teodoro un bando in stampa, pretendendosi che con un'altra piccola nave da guerra sia stato spedito in Corsica diversi giorni prima di sua partenza a farlo pubblicare. In appresso si sentirà quello sia per succedere.

(M. A. E. Vol. Gênes, 112)

Ajaccio, 7 février 1743. — Giuseppe Maria Paravisino, vice-consul de France à Ajaccio, à M. de Jonville. — Eccellentissimo Signore, — Le novità di questa Isola sono che il giorno de 31 gennaio, dicesi per certo sia arrivato all'Isola rossa, confinante colla Balagna il Baron de Neuhoff, che aveva di seguito cinque navi da guerra inglesi e due sciabecchi, e venuto a parlamento con li principali comandanti di quella Provincia, abbia disbarcato gran quantità d'armi d'ogni genere e polvere e piombo, e che quella Provincia abbia fatto molte dimostrazioni di allegrezza.

Li tre febbrajo del mese corrente, sopra le Sanguinare si sono vedute due grosse navi, che hanno fatta una pessima navigazione e sono dimorate alla nostra vista sino alle hore 24. Indi hanno appoggiato verso la Sardegna. Hoggi poi che siamo alle cinque, per espresso venuto da Olmeto, luogo principale della giurisdizione d'Istria, s'è saputo che le sudette due navi abbino dato fondo in Propriano e che colà abbino disbarcato armi da fuoco parimente con polvere e palle e che debbano girare l'Isola con seminare instrumenti per eccitare una più forte guerra tra populi e la Repubblica. Staremo hora a sentire gli ulteriori progressi, e di tutto ne daro parte all'E. V. Si dice inoltre che vi siano varij principali dell'Isola stati essiliati ed in specie il Privosto di Zicavo, che fu essiliato fori del Regno dal Sig. Marchese de Maillebois.

(M. A. E. Vol. Gênes, 112)

Versailles, 9 Février 1743. — **Amelot à M. de Jonville.** — M. le marquis Doria ne m'a pas dissimulé la persuasion où il était que l'aventurier arrivé à Livourne ne fût effectivement le Baron de Neuhoff, mais il assure en même temps ne pas croire qu'il y ait aucune sorte de concert entre lui et les Anglais. C'est sur quoi nous serons vraisemblablement bientôt éclaircis.

J'ai peine à reconnaître M. Coutlet dans la manière de penser que vous lui supposez par rapport au sieur Ozero, le zèle du premier pour tout ce qui concerne le plus grand bien du service du Roy n'ayant jamais été équivoque. Je croirais ainsi plutôt que le second aurait cherché à se faire valoir auprès de vous à ses dépends ; mais c'est ce qu'après tout il vaut encore mieux ne pas relever.

(M. A. E. Vol. Gênes, 112)

Ajaccio, 11 Février 1743. — **Giuseppe Maria Paravicino à M. de Jonville.** — Eccellentissimo Signore, — Dopo avere scritto all'E. V. due altre mie lettere, una in data dei 5 et altra dei 9 del corrente febbrajo, in occasione che si porta in Genova la tartana che tiene a nolito il sign. De Lage, stimo bene scrivere questa mia per replicare a V. E. l'arrivo del Teodoro in quest'Isola, che di presente trovasi nello scalo di Propriano ; ve fa congressi con li principali capi per ultimare il suo disegno ; ma per quanto ogn'un dice, si è che li suddetti capi gli hanno chiaramente detto che essendo stati da lui burlati due volte che non vorrebbero avere la terza, e che se vuole il seguito di tutto il Regno, si renda padrone d'una piazza di mare.

Da lettera da me ricevuta da Sartene, luogo poco distante da Propriano, ho inteso ch'egli si milanta d'avere la protezione dell'Inghilterra, Regina d'Ungaria e Duca di Savoia, e che tutte le sue armi sono con la marca del Re, cioè G. R. Per tutta l'Isola vanno delle navi, ma sin'a quest'hora non si sa di certo se siano al suo seguito.

Questo Sig. De Lage vorrebbe fare una batteria, ma questo Sig. Veneroso, commissario per la Repubblica in questa città, non vuole senza ordine del Senato.

Tutti li capi di questo qua dai monti si sono presentati a risalva del Sig. Luca Ornani e Michele Durazzi e sino a quest'hora non ha dato fuori che trenta fucili. Molti pero della casa del suddetto Ornani sono stati al suo bordo, e trenta huomini della Provinca della Rocca si sono imbarcati per seguitarlo.

Se mai fosse opera dell'Inghilterra per fare un contro altare alla Spagna, se questi arrivano a farsine padroni, sarà dfficile farglila abbandonare, a caosa delli porti che sono molto a proposito per il loro commercio, e per fare ostacolo a quello delle altre nazioni.

Dicono per certo che suddetto Theodoro abbia predata una barca genovese, carica di grano, oltre molti altri piccoli battelli, carichi di grano e di olio che aveano comprato nel luogo d'Olmeto. In somma questo Regno è in un grande tumulto, e sempre più crescerà se è vero che il suo armamento di cinque navi e due sciabecchi gli siano state date dal Re d'Inghilterra con 1.400 huomini di disbarco, che è quanto meriti d'essere scritto all'E. V. e desideroso dell'onore dei suoi stimatissimi ordini, col più profondo ossequio ecc.

(M. A. E. Vol. Gênes, 112)

Ajaccio, 9 février 1743. — De Lage à M. Chaillon de Jonville, envoyé extraordinaire de France. — Au bord du vaisseau du Roy le St Isidore à l'ancre au port de la Giace. — Les nouvelles de cette isle, Monsieur, sont que le 19e du passé une frégatte de 50 canons débarqua auprès de Lisle Rousse en Balagne un homme qui se disait secrétaire de Théodore. Le 31e, 5 vaisseaux avec mesme pavillon y mouillèrent avec deux brigantins sur lesquels était Théodore. Le 2e du courant, deux vaisseaux vinrent a lantré de ce golphe, l'un mouilla à une lieues de la ville. Je m'embarqué le 3e au soleil levant dans un canot pour laler reconnaistre ; un qui me parut gros était à la voille, lautre paraissait estre de 50 canons, il avait pavillon anglais, il fit voile vers Campo moro où il arriva le soir et y donna fond ; le gros a toujours resté à la voille, sur ce que le bruict était rependeu que Théodore était sur le petit vaisseau. Je voulais en être certain et pour cet effet je proposé à un homme qui avait été avec luy une année entière, daler sur ce vaisseau.

Il y a esté et a conversé plus de deux heures avec Théodore qui y est réellement, lequel lui a dit avoir une escadre de cinq vaisseaux de guerres, qu'il revenait avec la protection du Roy Dangleterre, celle de la

Raine de Hongrie et du Roy de Sardaigne, avec mille cinq cents hommes de débarquement et vingt mille fusil, mais qu'il ne voulait pas débarquer qu'il n'eut des otages pour sûreté, puisqu'il ne voyait pas l'empressement qu'il s'était promis dans le peuple à le recevoir. Celui-cy lui répondit que lorsqu'il possèderait une ville port de mer, il trouverait des sujets, mais pas autrement. Après cette conversation, cet homme est venu me rendre un compte exact.

Théodore s'est très mal comporté à Campo moro en laissant aux Anglais prandre des bateaux corse et génois chargés de vivres qui allait et venait de Sardaigne et davoir fait vendre les danré et mis les hommes au fers, c'est le métier d'un pirate et non des officiers du Roy puisque Langleterre n'a pas la guerres avec la République.

Theodore promit à mon homme de venir prendre, la Giace aujourd'huy ; il est vray que ses vaisseaux ont passé ce matin, je les atandais de pied ferme, mais ils ont tiré vers Calvi. Iay fait des retranchements à terre à un point qui s'avance en mer qui commande toutte la Rade ; mais avent de débarquer l'artillery jay écrit au Consul de France daler trouver le commisare général pour luy en faire part, ce que ayant fait, il luy a dit qu'il ne pouvait pas consentir que lon fit des fortifications, que quoiqu'elles fussent à laventage et pour la deffense de la république, il ny pouvait consentir sans un ordre de la république, que cela servirait de prétexte aux Anglais pour comettre leurs hostilité.

Je descendis à terre et représenté vivement à ce gouverneur que sil voulait me laisser faire, je lui réponderais par écrit comme francais de conserver sa ville, citadelle et port non seulement pour et contre les cinq vaisseaux de Téodore, mais même contre touttes lescadres de lamiral Mateus, par la situation de ce port ou lon ne peut combattre à la voille à l'ancre, il ne peut y avoir que peu de vaisseaux a porté de battre la place, car il faut être très près en ce cas foudroyé par le canon de terre, sy lon séloigne il n'y a point de fond, sy nombre de vaisseaux veulent être à lancre, il faut être dans une grande Rade hors de portée de canon de la ville, tous ces avantages sont considérables pour un marin qui les connaît.

Il n'y a pas eu moyen d'obtenir de défendre le port, il m'a dit qu'il rendrait la place si les force estait supérieures, qua la paix les chosse s'acomoderais pour moy. Je luy ai déclaré aujourd'hui en sortant de l'églisse devant tous les officiers de la place que je ne voulais rendre ny mon vaisseaux ny ma personne à quelque force supérieure qui puissent venir, que tant que j'aurais de la poudre je le défenderais que ensuite je le brulerais moy mesme et me retirerais en bon ordre et gaignerais la montagne pour membarquer ou je pourrais, mais que la république payerait mon vaisseau au Roy, il m'a répondu que je ne sçaurais que faire. Jay informé de tout la république, dans peu j'espère des réponce, jay offert de servir la république trois mois comme troupe auxilierre suivent l'estat du Roy, du moins cela nous ferait vivres, il m'a toujours remis aux ordres qu'il aura, quelque chose que fasse Téodore, je crois qu'il ne réussira pas. — Jay l'honneur etc.

(M. A. E. Vol. Gênes, 112)

Gênes, 13 février 1743. — M. de Jonville à.. — Monseigneur, — Je vous envoie ci-joint le manifeste que Théodore doit avoir fait publier en Corse. Vous serez déjà informé que ledit Théodore est parti de Livourne pour la Corse la nuit du 29 au 30 du mois passé, sur un vaisseau de guerre anglais de 70 canons et qu'il y avait un autre vaisseau de guerre de 50 canons qui allait de conserve. Ces deux vaisseaux portaient, à ce qu'on dit, quelques troupes anglaises et quelques-uns des rebelles corses qui étaient restés à Livourne, avec des armes, des munitions et des provisions. Il était parti encore de Livourne quelques jours auparavant d'autres vaisseaux de guerre anglais, de sorte qu'on compte qu'il y en a présentement dans cette ville 10 à 12.

Les nobles génois sont dans une consternation et un abattement extrême ; mais ceux qui ne sont pas nobles, qu'on appelle icy de second ordre, en sont fort aises, et ils voudraient que la Corse n'appartînt plus à la République, soit parce qu'on les charge tous les jours de nouveaux impôts pour la conservation de cette isle, soit pour voir l'arrogance des nobles abattue, d'autant qu'il n'y a ici que les nobles qui aient part au gouvernement, et que d'ailleurs ces mêmes nobles traitent avec dureté et mépris tous ceux qui ne sont pas nobles, quoiqu'ils soient leurs concitoyens.

On dit une infinité de choses sur l'expédition des Anglais ou de Théodore en Corse : que les Anglais veullent s'en emparer par le moyen de Théodore, à qui ils feront faire tout ce qu'ils voudront. Il paraît bien que le gouvernement de Toscane et la Cour de Vienne sont d'intelligence avec les Anglais pour cette manœuvre, et on dit qu'une des vues de cette expédition est pour lever des troupes en Corse, les faire passer en Toscane et les envoyer ensuite à l'armée de la Reine d'Hongrie en Italie. On dit aussi que les Anglais sont fort intéressés pour eux-mêmes dans cette expédition, afin d'avoir une nouvelle place d'armes dans la méditerranée, et être maîtres de tout le commerce qui s'y fait, comme aussi pour traverser le nôtre du Levant.

Il paraît que les vaisseaux anglais sont allés dans

le golfe de St Florent et à la Bastie, ce qu'on appelle icy deça les monts, et que pour le présent les Anglais ne pensent pas encore à s'emparer des ports du delà les monts qui sont ceux de Bonifacio et d'Ajaccio. Cela serait fort heureux pour le vaisseau de guerre espagnol que M. De Lage commande à Ajaccio, car s'ils y allaient présentement en plus grande force que lorsqu'ils y furent il y a quelques mois, il courrerait grand risque d'être pris ou brûlé. Il y en a qui disent que la manœuvre des Anglais est pour nous animer et nous engager à les empêcher de s'établir en Corse, et par ce moyen nous faire commencer les hostilités.

Les nobles génois tiennent souvent des **consiglietti**, mais il ne transpire rien de leurs délibérations. Il paraît seulement qu'ils sont extrêmement tristes et embarrassés. On m'a dit que le Sénat avait envoyé il y a quelques jours un courrier à Londres et un en France.

M'étant trouvé ces jours-cy à l'opéra auprès de M. Augustin Grimaldi, qui est un des plus considérables, des plus fins et des plus fourbes de la République, je lui demandai par manière de conversation, si le bruit qui courait que les Anglais avaient porté Théodore en Corse était vray ; à quoy il me dit que cela n'était que trop vrai, et qu'il n'aurait jamais pu s'imaginer que l'Angleterre qui était une puissance considérable et respectable, se fût portée à une action aussi noire et aussi indigne. A quoi il ajouta qu'il croyait que c'était un projet formé entre plusieurs puissances pour ôter la Corse à la République et la donner par convenance à quelque autre puissance. Il me demanda ensuite ce que j'en pensais : je lui dis que je ne savais qu'en penser, sinon que je voyais depuis longtemps que les Anglais agissaient contre toute sorte de règles et avec violence. Ensuite je lui dis : Vous souvenez-vous, Monsieur, de tout ce qui s'est passé il y a quelques années, et des deux différentes propositions que le Roy a fait faire à votre République ? Il me dit qu'il s'en souvenait avec regret, et voulant se faire avec moy un mérite, car je ne me fie pas plus à lui qu'aux autres, il me dit qu'il n'avait pas dépendu de lui que les choses n'eussent été autrement, c'est à dire qu'on eût accepté les propositions que le Roy avait fait faire. J'en restay là, en le laissant sur les regrets et sur les chagrins où il me paraissait être de la situation dans laquelle étaient présentement leurs affaires.

M. Grimaldi m'a dit aussi que ce qui lui faisait croire que c'était un projet formé contre la République est que ledit Théodore était parti d'Angleterre sur un vaisseau de guerre qui avait touché à Lisbonne et à Villefranche. On attend icy avec impatience des nouvelles de tout ce qui se sera passé en Corse. Les premières qui viendront ne peuvent être que fort intéressantes, mais on n'en recevra peut-être pas sitôt, soit par le mauvais temps qui empêche les bâtiments d'arriver, soit parce que les Anglais empêchent qu'ils ne sorte des bâtiments des ports de la Corse, ou parce que les Génois n'en laisseront partir que ceux qui apporteront des instructions pour le gouvernement.

M. Spinola, commissaire général de la République en Corse, continue à être très mal ; il a demandé son rappel ; on parle d'en nommer un autre à sa place.

Il semble que tout ce qui arrive aux Génois présentement soit une punition marquée de Dieu par rapport à leur mauvaise conduite, leur fourberie et leur arrogance et il semble qu'ils prennent à tâche de suivre en toutes choses le plus mauvais parti ; par exemple, par rapport à nous qui sommes les seuls qui aient pu véritablement les secourir, protéger et assister, quelle mauvaise conduite n'ont-ils pas eue dans les grandes et les petites affaires qui ont intéressé le service du Roy !

Il ne serait pas impossible que le Roy de Sardaigne ne fût aussi d'intelligence avec les Anglais et la Cour de Vienne pour le nouveau projet sur la Corse. — J'ai l'honneur etc.

(M. A. E. Vol. Gênes, 112)

Calvy, 13 Février 1743. — **André Ozero à M. de Jonville.** — Monsieur, — J'ay l'honneur de vous faire part que des quatre vaisseaux anglais desquels j'ay eu l'honneur de vous parler dans une de mes précédentes du 4 du courant, il en est retourné un le 10 de ce mois à Lille rousse avec Théodore et les chefs de Balagne qui sont débarqués avec des fusils, poudre, balles, pistolets et pierres, sabres et cartouches, et la nuit du 11 voyant que les autres vaisseaux n'arrivaient pas, il a mis à la voile pour les aller chercher, ayant embarqué tous les déserteurs allemands qui étaient en Balagne et a refusé aux Français comme catholiques l'embarquement, qui sont au nombre de 22. Avant de partir, il a envoyé un billet au capitaine commandant des postes de Lille Rousse et Largayolle, de décamper dans le terme de cinq jours, et à cette nouvelle le commissaire génois d'icy lui a sur le champ fait abandonner lesdits postes et retirer les canons et munitions de guerre et de bouche. Cette manœuvre fait croire à ces messieurs d'icy que ledit Théodore aille de concert avec la République. Luy se vante en peu de temps de prendre Calvy, laquelle sera une place des premières assiégées de l'isle.

Du côté de Lajasse, il a représaillé des bateaux ajassins chargés d'huile et de marchandises, et de même il a fait du temps qu'il était à l'Isle Rousse à un bateau de la Bastia, où il a laissé aller lesdits bateaux vides avec leurs équipages.

Il s'est vanté aussi d'aller brûler le vaisseau S. Isidore du Roy d'Espagne, qui est à Lajasse se déclarant aussi ennemi encore des Français.

Depuis être parti le nommé Théodore, ce commissaire a renvoyé armer lesdits postes de l'Argayolle et l'Isle Rousse. J'ai l'honneur etc.

(M. A. E. Vol. Gênes, 112)

Gênes, 18 Février 1743. — M. de Jonville à... — Monseigneur, — Je profite du retour de votre courrier pour vous rendre compte de ce qui se passe en Corse, de la part des Anglais et de Théodore, ce que je ne puis mieux faire qu'en vous envoyant une lettre que j'ai reçue depuis peu de M. De Lage, et deux* de notre vice-consul à Ajaccio, qui m'a adressé une lettre de l'archiprêtre Orto à l'adresse de M. le cardinal de Fleury, et que j'ai cru devoir vous adresser.

Non obstant les allarmes des Génois et leurs justes plaintes des Anglais, je soupçonne qu'ils soient d'intelligence. Je m'étendrai plus dans la lettre que j'aurai l'honneur de vous écrire après demain par l'ordinaire, ne voulant pas retarder votre courrier. — J'ai l'honneur etc.

(M. A. E. Vol. Gênes, 112)

Gêns, 20 Février 1743. — M. de Jonville à... — Monseigneur, — Les 450 mille florins d'Allemagne que la Reine d'Hongrie a emprunté ici sur les pierreries qu'elle y a envoyé, n'ont pas été fournis par la République, mais par des particuliers, parmi lesquels il y a de riches nobles qui ne se font pas de scrupule de prêter sur gage à gros intérêt et avec hypothèques.

Cette affaire vient d'être consommée et l'argent remis à celui qui a consigné les pierreries.

Quant aux ménagements que les Génois ont pour cette princesse, c'est une suite de l'attachement et de la dépendance que la maison d'Autriche s'est toujours attirée de la part de cette République. Il est vrai qu'indépendamment de cela, les sommes considérables que les Génois ont placées sur la banque de Vienne, sur la Bohême et sur la Moravie, lui font prendre beaucoup de part à ce qui intéresse la Reine d'Hongrie, mais je ne sais si nonobstant toutes ces raisons, la République ne reviendra pas de son attachement par rapport à tout ce qui se passe présentement en Corse. Il n'est pas douteux que la Reine d'Hongrie n'agisse de concert avec les Anglais. Comme j'ai eu l'honneur de vous envoyer il y a deux jours par votre courrier qui revenait de Rome une lettre de M. De Lage et deux de notre vice-consul à Ajaccio qui contiennent le détail de ce que les Anglais et Théodore font en Corse, je n'ai rien à vous marquer de plus à ce sujet.

J'ajouterai seulement ce que me dit il y a quelques jours M. Augustin Grimaldi, que le ministre de la République à Turin ayant parlé à M. D'Ormea, de ce que les Anglais faisaient présentement en Corse M. D'Ormea lui avait répondu que le Roy son maître avait lieu de se plaindre des Anglais vu que dans la bonne intelligence où ils étaient présentement ensemble, la Cour d'Angleterre n'aurait pas dû former ni entreprendre aucun projet sur la Corse sans l'avoir communiqué au Roy son maître. Mais M. Augustin Grimaldi pense que ce n'est qu'une défaite de la part de M. d'Ormea, et il croit que le Roy de Sardaigne est sur cela d'intelligence avec les Anglais et la Cour de Vienne. Je lui ai dit que pour lui donner de nouvelles marques de mon zèle pour le service de la République, je ne voulais pas différer à lui communiquer ce que je venais d'apprendre par une lettre très franche que j'avais reçu de M. De Lage et la lui donnai à lire. Il m'en a beaucoup remercié. Quoique l'on m'ait assuré de bonne part que la République a envoyé un courrier à Londres, M. Grimaldi m'a dit qu'il n'en était rien, mais j'ai compris par ce qu'il m'a dit que cela pourrait bien être. Il me demanda si j'avais écrit à la Cour sur ce qui se passait en Corse. Je lui ay dit que je vous avais rendu compte de ce qu'on disait à ce sujet, mais que je ne savais pas si j'aurais quelque réponse, d'autant que ce gouvernement ne m'ayant requis de rien, il se pourrait que la Cour ne me donnât aucun ordre, mais que je ne doutais pas que la République n'en eût envoyé sur cela à M. Doria.

Vous verrez, Monseigneur, par ce que me mande M. De Lage et le vice-consul d'Ajaccio, que les Anglais et Théodore ne réussiront pas aussi facilement qu'ils se l'imaginent. M. Grimaldi est toujours de sentiment qu'il y a un projet formé entre plusieurs puissances pour s'emparer de la Corse. Il y a lieu effectivement de le croire, et que ce projet est concerté entre la Cour de Vienne, celle de Londres et celle de Turin. M. Grimaldi m'a encore dit que si l'intention des Anglais était de s'emparer de la Corse, ils le pouvaient faire très facilement et qu'il leur était honteux pour cela de se servir de Théodore.

Je pense que les Anglais n'ont pas intention véritablement de s'emparer de la Corse, mais je crois que s'ils parviennent à s'y impatroniser, et que par la suite ils la rendent aux Génois, ou qu'elle soit donnée à quelque puissance dont on conviendrait, ils pourraient bien stipuler qu'ils y conserveraient un ou deux ports. Peut-être y aurait-il quelque projet d'ériger la Corse en République, ou peut-être, ce que j'ai toujours soupçonné, les Génois sont-ils d'intelligence sur le projet en question avec les Anglais, et ce qui me le fait penser, c'est que cette République, sentant que la Corse est la cause de sa ruine, et que les peuples de cette île ne se soumettront jamais, elle voudrait peut-être trouver quelque moyen de vendre ou d'échanger cette isle, et pour ne pas nous donner occasion de nous en plaindre, elle est capable d'avoir conseillé aux Anglais de s'en rendre maîtres. Je crois avoir remarqué de l'affectation dans ce que m'a dit M. Grimaldi, que la République n'avait point envoyé de courrier à Londres. C'était cependant une occasion ou jamais, et ils y en ont envoyé souvent pour des affaires peu considérables. Ce qui me donne encore de la méfiance des Génois est qu'il y a quelques mois, ils se louaient beaucoup du ministère anglais, qui, à ce qu'ils disent, avait écouté favorablement leurs plaintes contre le vice-amiral Matthews et paraissaient fort contents du dit ministère...

La République a envoyé ces jours-ci en Corse une galère avec quelques principaux officiers, des soldats, des bombardiers, beaucoup de fusils, des munitions et 160 mille livres en argent pour le payement des troupes. Il doit partir encore dans quelques jours deux autres galères.

(M. A. E. Vol. Gênes, 112)

Extraits de quelques lettres du consul de Gênes à Livourne à M. Viale, dont la dernière est datée du 20 février 1743. — A la moitié de janvier, il parut dans le golfe de l'Isle rouge, en Corse, un vaisseau de guerre anglais ; il envoya sa chaloupe à terre, sous prétexte de faire de l'eau. Quelques-uns de Monticello accoururent à la chaloupe, demandèrent des armes et des munitions. La chaloupe retourna à bord du vaisseau avec quelques habitants de Monticello qui retournèrent ensuite à terre avec un officier du même vaisseau qui débarqua trois gros barils de poudre, quatorze fusils et autant de baionnettes. L'officier resta à terre et la chaloupe retourna à son vaisseau.

Cet officier dit qu'il était venu en Corse pour voir si elle était révoltée ou si elle était dans l'obéissance de la République de Gênes ; que dans le premier cas il voulait savoir l'intention de ces insulaires et s'ils étaient toujours portés pour Théodore, auquel cas il serait venu lui-même dans l'isle avec des armes et des munitions pour les aider à se défendre contre les Génois. Plusieurs chefs des soulevés lui répondirent qu'ils auraient reçu volontiers Théodore et prièrent l'officier de lui faire savoir leur bonne volonté et dispositions. Le susdit vaisseau partit avec cette réponse et l'officier resta à terre.

A la fin du même mois de janvier il parut en Corse 4 vaisseaux de guerre anglais ; le premier du courant, ils s'approchèrent de l'Isle Rouge. Les Corses ayant aperçu ces vaisseaux, accoururent en foule à la plage, pour avoir des armes et des munitions. Un de ces vaisseaux leur envoya par sa chaloupe un gros baril de poudre et un sac de boulets. Ensuite deux officiers decendirent pour aller trouver l'autre officier qui était à Monticello. Ils dirent que Théodore était sur un de ces vaisseaux, et que s'ils l'auraient bien reçu, les chefs devaient aller à bord le complimenter.

Sur cela six chefs de la Balagne s'embarquèrent sur la chaloupe avec les trois officiers susmentionnés et allèrent à bord du vaisseau qui remit ensuite à la voile avec les autres. Les mêmes officiers dirent que Théodore voulaient faire le tour de l'Isle de la Corse pour savoir les sentiments d'un chacun, et qu'ensuite il serait descendu à terre avec plusieurs officiers, armes et munitions. Les mêmes officiers conclurent que Théodore était assisté de l'Angleterre et des puissances alliées, et que les Corses n'auraient eu aucun lieu de craindre. Les 4 susdits vaisseaux dont l'un se nomme **le Revenger** et l'autre **le Salisbury,** remirent à la voile. L'un alla à Ajaccio, et l'autre à Campomoro où il débarqua un autre gros baril de poudre et une petite quantité d'armes et de munitions. L'on a remarqué qu'il y a eu plusieurs allées et venues des vaisseaux à la Corse pour sonder les peuples, mais Théodore n'a jamais débarqué. Il a fait entendre à ces insulaires qu'il attendait 7 vaisseaux, partie anglais et partie hollandais, chargés de toute sorte d'armes et de munitions de guerre ; que deux de ces vaisseaux hollandais étaient déjà arrivés à Port Mahon, escortés d'un vaisseau de guerre anglais, et qu'après qu'il aurait reçu tous ces secours, il serait /débarqué en Corse.

Théodore ensuite est descendu du vaisseau le **Revenger** et s'est embarqué sur le **Fowleston,** commandé par le capitaine Balcher. Les 4 vaisseaux partirent de l'Isle rouge avec les six chefs de la Balagne et allèrent vers Ajaccio. Il n'y eut qu'un vaisseau qui aborda et il débarqua quelques fusils. Un autre alla à Campomoro et y débarqua environ 20 fusils, aussi bien que le prévôt de Zicavo qui était réfugié à Livourne. Ce vaisseau y arrêta quelques gondoles chargées de marchandises, que les Anglais s'approprièrent. Ensuite ils prirent un petit bateau de la Capraja avec quatre matelots. Ils en dépêchèrent un le 12 au commandant de la tour pour lui signifier de se rendre, mais le matelot n'est plus retourné. Ce vaiseau retourna le même soir du 12 à l'Isle rouge, où il débarqua 25 barils de poudre, quelques fusils et armes blanches et quatre Corses de la Balagne.

Théodore qui était à bord de ce vaisseau envoya ordre de se rendre en terme de 24 heures au commandant de l'Isle rouge, mais celui-ci ne lui donna aucune réponse. Ensuite un officier mit pied à terre, et c'est le même qui avait débarqué le mois dernier à Monticello ; le vaisseau partit pour Livourne, et lorsqu'il fut du côté du Cap Corse, il fit appeler les trois matelots qu'il avait arrêtés sur le bateau de Capraja. Après les avoir questionnés sur le nombre des canons et des tours qu'il y a dans ladite Isle de Capraja, il leur demanda les noms des chefs des communautés de ladite Ile, pour lesquels il leur remit une lettre, et il les chargea d'arrêter le commissaire de la République, et de le conduire à son bord. Il leur ajouta que pour récompense, il aurait pris à sa solde douze gondoles de Capraja, mais qu'autrement il aurait coulé à fond tous les bâtiments de cette Isle. Les matelots de ce vaisseau ont dit qu'après avoir été à Livourne, ils retournèrent en Corse avec d'autres provisions. Jusqu'à présent Théodore n'a pas trouvé beaucoup de partisans dans cette isle, mais il y a apparence qu'il y en aura un grand nombre dès qu'il leur donnera des armes et des munitions.

Les deux autres vaisseaux de guerre anglais qui ont été à l'Isle rouge, c'est à dire le Revenger et celui commandé par le capitaine Osburn, sont allés trouver l'amiral Mathews.

(M. A. E. Vol. Gênes, 112)

Versailles, 5 Mars 1743 — X... à M. de Jonville. — Il me faudrait, Monsieur, plus de loisir que je n'en ai pour discuter avec vous les différents jugements que vous entendez faire de ce qui se passe actuellement en Corse. Je vous dirai donc seulement, après vous avoir remercié du détail si exact où vous êtes entré à ce sujet, et des réflexions dont vous l'avez accompagné que je ne saurais comprendre ce qui a pu engager M. Grimaldi à vous nier que ses maîtres eussent envoyé un courrier à Londres. Les marquis d'Oria, bien loin d'en faire ici un mystère, m'a communiqué tout au long les représentations qu'ils avaient ordonné à leur ministre en cette cour d'y faire. On ne peut disconvenir qu'elles ne soient bien fondées, et je ne sais pas comment les Anglais s'y prendront pour pallier aux yeux de l'Europe, je ne dis pas même justifier, une entreprise aussi odieuse. Au reste j'ai bien de la peine à croire qu'elle puisse avoir été faite de concert avec les Génois.

(M. A. E. Vol. Gênes, 112)

Gênes, 27 février 1743 — M. de Jonville à... — J'ai reçu la lettre que vous m'avez fait l'honneur de m'écrire le 12 de ce mois. On assure que le baron de Neuhoff est de retour à Livourne sur le vaisseau anglais qui l'avait porté en Corse. Je pense que les Anglais ne voudront pas en rester là, et qu'ils n'ont remmené ledit Baron de Neuhoff à Livourne que pour prendre des mesures plus justes avec le gouvernement de Toscane pour exécuter leur projet sur la Corse. Indépendamment des raisons d'intérêt pour s'emparer de quelque port de cette isle, ils prendront peut-être pour prétexte de mécontentement des Génois, l'affaire qui arriva il y a quelques mois dans le golfe de la Spezia, dont je vous ai rendu compte, lorsque le gouverneur du fort de Ste Marie fit tirer à boulet sur la chaloupe d'un vaisseau anglais qui visitait les bâtiments qui y étaient. Ils pourront dire aussi que ce gouvernement a eu plus de partialité pour les Espagnols que pour eux ; cela sera cependant injuste, mais les plus forts prétendent toujours avoir raison, et un petit état comme celui-ci a bien de la peine à contenter par la neutralité les grandes puissances.

Le gouvernement de Florence prétendra aussi avoir un sujet de mécontentement contre les Génois, de ce qu'ils ne veulent pas terminer une affaire de limites au sujet d'un village contesté de part et d'autre, et qui est de conséquence par sa situation et son passage.

Le gouvernement de Gênes est aussi fort mécontent de celui de Florence, non seulement parce qu'il est d'intelligence avec les Anglais sur le projet de la Corse, mais aussi parce qu'on a imprimé à Pise l'édit ou manifeste de Théodore, que sans doute M. Lorenzi vous aura envoyé.

On m'a assuré que le Sénat a encore envoyé depuis peu un autre courrier à Londres.

M. Spinola qui était sénateur et commissaire général de la République en Corse, y est mort depuis peu. Il avait près de 80 ans, et était Corse ; on est assez embarrassé pour le remplacer.

Il y a très souvent **consiglietto,** et ce qu'on appelle ici **officiature,** qui est l'assemblée des deux Collèges de Sénateurs. Il ne transpire autre chose que beaucoup d'inquiétude, et ceux qui sont dans les affaires ne parlent jamais de la Corse dans le public. Il y en a qui croient que la République veut augmenter le nombre de ses troupes, mais les fonds manquent.

On a ordonné des prières publiques dans plusieurs églises principales par rapport aux maladies qui courent et à la grande sécheresse, n'étant pas tombé de pluie depuis longtemps. Mais je crois qu'un objet de ces prières est par rapport à la situation présente des affaires de la République en Corse, où la révolte est presque générale.

Il m'est revenu que dans cette isle, il y a un parti pour le Baron de Neuhoff, mais qu'il y en a aussi un beaucoup plus considérable pour l'Espagne, c'est à dire pour l'infant Don Philippe. Nous y avons aussi beaucoup de partisans, mais ils ont cru que nous les avions abandonnés. La galère qui partit d'ici, il y a quelques jours pour la Corse, ainsi que je vous en ai rendu compte, ayant touché à Lerice, et y ayant trouvé un vaisseau de guerre anglais, elle salua de quatre coups de canon, et le vaisseau répondit de trois. Il doit partir encore ces jours-ci une autre galère pour la Corse.

(M. A. E. Vol. Gênes, 112)

Février 1743. — **Plaintes du marquis d'Oria, contre le sieur Ozero, vice-consul de France à Calvi.** — **MEMOIRE.** — Pendant que la Sérénissime République de Gênes, pour donner au Roy une preuve de son attention, accordait aux deux déserteurs d'Ajaccio la grâce que Sa Majesté lui avait fait demander, le vice-consul Ozero, de Calvi, eut l'impudence de faire sortir de l'isle de Corse soixante et sept déserteurs des troupes de la République, dont quelques-uns même n'étaient pas français.

Le marquis d'Oria son envoyé extraordinaire auprès du Roy, eut l'honneur de faire part à S. E. M. Amelot de la grâce que la République venait de faire, porta ses plaintes contre la conduite irrégulière de ce vice-consul, et en demanda les réparations convenables.

S. E. après la demande de la République, promit qu'on écrirait à Toulon pour prendre des informations au sujet des déserteurs, et fit espérer que la Cour aurait égard à ses représentations.

On apprit successivement que ledit vice-consul avait rassemblé à Speloncato une trentaine de déserteurs, dont il n'y avait tout au plus que trois des troupes de France ; que le vice-consul avait été quelques jours dans la Balagne, qu'il y avait eu commerce avec les chefs des rebelles, qu'il leur écrivait continuellement, et qu'on avait lieu de croire qu'il insinuait aux peuples que le règlement n'était pas garanti par la France.

Le marquis D'Oria, par ordre de la République, fit là-dessus de nouvelles plaintes à S. E. M. Amelot contre ce vice-consul et en demanda le rappel auquel le consul général Coutlet avait paru ne pas oser se déterminer sur la demande que lui en avait déjà fait faire la République, eu égard à la correspondance qu'il avait directement avec M. de Jonville et aux appuis qu'il peut avoir ici.

On a reçu depuis un détail très circonstancié des manœuvres du vice-consul, où l'on voit, outre ce qui est exposé ci-dessus, qu'il n'a rien négligé pour débaucher les troupes de la République, qu'il entretenait des émissaires pour en attirer de Bastia et des postes des montagnes, leur insinuant de se dire déserteurs de France ; qu'il a été à Livourne afin de fréter une tartane française pour l'embarquement desdits déserteurs ; qu'ayant touché pendant son voyage à Centuri et dans la Capraja, il obligea le patron d'une gondole de Calvi, sur laquelle il était, à déployer pavillon français, refusa de prendre pratique, descendit dans l'isle de Capraja sans la vouloir recevoir, et se soustraïa aux recherches des députés de la Santé, en disant qu'il avait pratique et patente par le seul pavillon français ; que n'ayant pas trouvé de Tartane, il était revenu à Calvi, où ayant su qu'on veillait à ses démarches, il se répandit en invectives et parla avec mépris contre le gouvernement et ses représentants ; que les déserteurs de Speloncato, sur le retranchement qu'il leur faisait de leur paye, s'en étaient allés à Lavatoggio, chez le prêtre Croce, chef des rebelles, qui, dans l'envie de faire déserter toute la troupe de Corse, leur promit de les faire passer à Livourne ou à Longone, si le vice-consul n'en voulait pas, mais que le vice-consul ayant eu avec lui une nouvelle conférence, calma les déserteurs par de meilleurs arrangements, et en obtint la restitution à condition de lui fournir des armes à feu.

Que le vice-consul, sans profiter des avis que M. le Commissaire de Calvi, instruit de sa conduite, lui avait donnés pour le détourner, s'était servi d'une tartane française arrivant dans le port de Calvi, et avait fait tantôt avec elle, tantôt avec sa chaloupe, plusieurs courses dans les côtes de la Balagne, sans pouvoir débarquer d'armes, ni embarquer de déserteurs, en ayant été empêché par le détachement envoyé par terre, et par les gondoles que M. le Commissaire de Calvi faisait croiser, avec ordre partout de respecter toujours le pavillon français.

Mais qu'enfin le 12 Janvier au matin, la tartane après avoir côtoyé l'Isle Rousse, s'empara de l'échelle de Lozari, débarqua par le moyen de la chaloupe des fusils et des munitions et y embarqua des déserteurs à la faveur des rochers où étaient postés des paysans armés qui tiraient sur les gondoles et les empêchaient d'approcher.

L'abus que le vice-consul Ozero a fait dans toutes ces manœuvres tant de son emploi que des égards que les représentants de la République y ont eus, a produit les effets les plus funestes à la République. La désertion augmente de jour en jour, et le trouble et l'émeute commencent à devenir sérieux. Une conduite si irrégulière et si criminelle est absolument insupportable et mérite un prompt châtiment.

Le marquis d'Oria, persuadé de la justice de S. M. et de la droiture de ses intentions, se flatte qu'elles sera sensible au rapport qu'il vient de faire en abrégé des irrégularités de ce vice-consul, en demande par ordre de la République une prompte réparation, et prie V. E. d'en présenter au Roy, ses très humbles et très vives instances.

(M. A. E. Vol. Gênes, 112)

Février 1743. — Mémoire présenté au Roi d'Angleterre par l'envoyé extraordinaire de Gênes à Londres.
— Sire, — Sono ben noti alla Maestà Vostra, alli di lei ministri e a tutta la Nazione Inglese, i sentimenti della mia Repubblica, portati sempre a conservare una stabile ed attenta corrispondenza colla corona d'Inghilterra, e con cio meritarsi la benevolenza dei monarchi che la governano ; e in ogni congiuntura ha provata indicibile la sua compiacenza in vedersi, per mezzo dei suoi inviati e ministri presso questa Corte, assicurata del benigno reale gradimento alla sua rispettosa condotta ed attenzione.

Dopo che l'Augustissimo Imperator Carlo VI di gloriosa memoria, Padre della Regina d'Ungheria, si compiacque di accordare alla Repubblica le sue truppe ausiliarie per sottomettere il Regno di Corsica all'ubbidienza del suo legittimo sovrano, essendo indi insorta al ritorno delle stesse in terra ferma una nuova sollevazione in quell'Isola, il Re Cristianissimo si degno d'offerire rinforzj delle sue truppe, accio con questi potesse la Repubblica conseguire l'intento di ridurre alla sua ubbidienza i popoli della Corsica ed a vivere in quiete.

Non trascurò la Repubblica di fare palesa alla M. V. il trattato con supplicarla a volere entrare in così giusto impegno, accordando la garantia della Corsica, unita a quella che con reciproca intelligenza veniva assicurata dalla Maestà del fu Imperatore e dal Re Cristianissimo.

Quantunque la M. V. non giudicasse accedere per allora a detta garantia, stante gli incidenti che correvano in quel tempo, con tutto ciò fu per parte di V. M. risposto al ministro della Repubblica avere pienamente gradita l'attenzione della medesima, e che considerava come ottimo ed unico espediente per sottomettere i ribelli, il generoso soccorso offerto dalla Francia, e poter essere persuasa la Repubblica del buon genio di V. M., essendone date le prove prima d'ogni altro Principe, con l'ordine pubblicato a tutti gli ufficiali di bastimenti di bandiera inglese di non sbarcare in Corsica nè armi nè munizioni da guerra, nè avere alcun commercio coi ribelli della stessa.

Dopo tali e sì accurati contrasegni della reale sua benevolenza, anche confermata in alcuni incidenti ultimamente occorsi riguardo la squadra del vice-ammiraglio Mathews, si sono avuti avvisi da più parti che Theodoro di Neuhoff, già noto per turbatore della Corsica, ritrovavasi nei navi della Gran Britagna, con disegno di trasferirsi nel Mediterraneo. Indi s'intese essere questo comparso sulle coste del Portogallo sopra la nave da guerra inglese comandata dal capitan Giorgio Barclai, e che correva pubblica voce in Lisbona dover egli passare con armi e munizioni da guerra in Corsica.

Si ebbe avviso in appresso essere giunto colla detta nave in Villafranca e successivamente verso la metà del passato gennaro, fosse pure colla detta nave arrivato in Livorno, che ivi raccolti a suo bordo alcuni principali capi di Corsi fuorusciti e tumultuanti, prima sparsi in varie città della Toscana e avendo tenuta una segreta conferenza di più ore col generale

Breitwitz, trasferitosi da Firenze e passato a bordo col solo accompagnamento del console inglese era finalmente detto Teodoro partito con li seguenti capi ribelli, imbarcati tutti sopra la detta nave la notte de 30 gennaro prossimo passato N. S., facendo vela verso la Corsica in compagnia d'altra nave pure inglese da guerra, comandata dal cap. Pietro Hostorn, detta il **Salisbury,** con aver fatto precorrere in Corsica alcuni giorni prima un suo emissario sopra altra nave da guerra inglese nominata il **Vinces,** spargendo preventivamente un temerario suo editto segnato l'anno settimo del suo regno, nel quale anche con espressioni non misurate verso le altre corone d'Europa si discuopre di nuovo perturbatore della quiete di quel Regno.

Sono indi arrivate alla Repubblica notizie più recenti da suoi commissarj generali e comandanti delle piazze di Corsica, di essere in quell'Isola sceso a terra dalla nave inglese **Vinces** il sovrasegnato emissario del Teodoro, che già concitava i popoli a nuova rivolta, promettendo l'imminente arrivo del detto Teodoro con altre navi da guerra inglesi con truppe da sbarco, e con grandiosa provista d'armi da fuoco e munizioni, e successivamente avvisano suddetti commissarj generali e comandanti essere comparse le riferite navi **Revange** e **Salisbury,** ed in una parte della Corsica, detta l'Isola Rossa, avere sbarcato a terra polvere ed altre munizioni da guerra, bordeggiando dette navi in quell'acque, con disegno, secondo la voce che ne correva, d'impedire le provigioni che venissero da Genova in soccorso dei Presidj, ed intanto con l'attuale effetto di sorprendere e trattenere col mezzo delle loro lance i piccoli legni di bandiera genovese che transitano da un luogo all'altro della Corsica, rappresagliando le robbe e ritenendo a bordo per qualche tempo i marinari e passaggeri, e che in oltre dal Teodoro sopra l'istessa nave **Revange** siano state inviate intimazioni in iscritto ad alcuni ufficiali comandanti di piccoli forti, di evacuare i medesimi con minaccia altrimenti di trattarli col maggior rigore di guerra.

Persuasa la Repubblica dei magnanimi sentimenti di V. M. e della saviezza del suo ministero che fa esempio al mondo d'equità e di giustizia, e che fra le sue massime si pregia che tutti i Principi siano conservati nei loro diritti e dominj, è rimasta sommamente sorpresa e confusa la stessa Repubblica delli suddetti recenti espositivi avvisi dei suoi commissarj generali di Corsica, nè sa conoscere nè congetturar la cagione di si fatali avvenimenti.

Non puo persuadersi che li comandanti e capitani delle navi inglesi possano arrogarsi a nome privato e per proprio interesse l'autorità di praticare simili e cosi estravaganti attentati, e molto più è sicura la Repubblica che quando da insussistenti rapporti rimasto fosse conturbato il reale animo di V. M. riguardo la stessa Repubblica, si sarebbe sempre degnata partecipare al suo ministro i reali suoi sentimenti per ricevere le adattate giustificazioni e restarne quindi pienamente sodisfatta.

Per tanto vengo incaricato dalla mia Repubblica con dispaccio speditomi con espresso di fare il tutto presente alla M. V. per poter ricavare quei lumi che in tale sua perturbazione sono tanto necessarj ed opportuni alle stesse per regolare con accerto i suoi passi, sempre intenti a meritare la giusta approvazione della corona brittannica.

(M. A. E. Vol. Gênes, 112)

Versailles, 12 Mars 1743. — Amelot à M. de Jonville. — ... Les différents avis qui me viennent ne donnent pas lieu de juger que le Baron de Neuhoff ait trouvé en Corse un parti aussi fort qu'il se l'était promis. Au reste les Anglais paraissent se mettre fort peu en peine de rendre raison de tout ce qu'on leur voit faire depuis quelque temps. Leur fureur est si grande de n'être pas encore parvenus à jeter l'Europe en combustion, qu'ils ne savent en vérité à qui s'en prendre. J'ai bien de la peine à croire que les Génois soient aujourd'hui d'accord avec eux, car je ne vois pas quel avantage, ni quel dédommagement la Cour de Londres aurait pu leur offrir.

(M. A. E. Vol. Gênes, 112)

Livourne, 21 Mars 1743. — Relation de ce qui s'est passé à Ajaccio le 2 Mars 1743, entre le vaisseau de guerre espagnol le St Isidore et les vaisseaux de guerre Anglais. (Cette relation a été faite par le consul d'Espagne à Livourne, sur la déposition des matelots du vaisseau espagnol et traduit de l'espagnol). —

Par la déclaration unanime des matelots du vaisseau du Roy le St Isidore, on a appris que le 28 février, le secrétaire de Théodore étant sur une des chaloupes de l'escadre anglaise qui était à dix milles à la vue d'Ajaccio vers où elle allait, prit terre à Ajaccio et alla parler au gouverneur de ladite place pour reconnaître le camp et les magasins de marine dudit vaisseau **St Isidore**, qui était à terre, ce qui lui fut accordé d'abord par ledit gouverneur, avec l'assistance du capitaine Giannetti et son frère, officiers allemands au service de la République et de la garnison d'Ajaccio. Après que cela fut, la chaloupe retourna à l'escadre anglaise qui vint donner fond la nuit du 1ᵉʳ de ce mois sous le canon d'Ajaccio, consistant en deux vaisseaux de haut bord et une frégate de 40 pièces de canon, auxquels se joignit le lendemain un autre vaisseau de ligne, laissant vers le midi le vaisseau **Fulston,** avec le dessein de prendre ou brûler le vaisseau espagnol, ce que le commandant anglais fit connaître le deux, faisant approcher les vaisseaux à une portée de fusil de celui le **St Isidore,** et faisant dire à M. le Chevalier De Lage par un de se officiers que, s'il tardait à rendre son vaisseau, il ne donnerait quartier ni à lui ni à son équipage. M. De Lage répondit qu'une telle proposition ne se faisait pas à un homme comme lui, qu'il savait son devoir, qu'étant capitaine d'un vaisseau de Sa Majesté Catholique, il devait le défendre, que M. le commandant anglais pourrait faire ce qu'il voudrait, et que luy ferait son devoir.

En effet, d'abord que la chaloupe de l'officier anglais se fut éloignée du vaisseau **St Isidore,** M. De Lage fit décharger toute son artillerie contre les vaisseaux ennemis, entre lesquels celui du commandant étant le plus exposé, il perdit un de ses mâts et fut si maltraité dans le côté qu'il se trouva d'abord hors d'état de manœuvrer, ayant huit pieds d'eau. Le chevalier De Lage voyant le bon effet qu'avait fait sa première décharge, voulut en faire une seconde, mais voyant que les quatre autres vaisseaux allaient le cribler de coups et qu'il courrait un risque évident de sacrifier tout l'équipage, et laisser à l'ennemi la gloire de prendre ou de brûler son vaisseau, il se détermina à le prévenir, faisant donner feu, et ordonnant à l'équipage de se retirer ; il fut obéi et se sauva et son équipage à la nage, laissant le vaisseau en flammes. Il y eut trente hommes de noyés, entre lesquels neuf Espagnols, sans comprendre cinq autres qui furent tués par le canon, les autres étant des déserteurs allemands recrutés en Corse. M. De Lage fut obligé de se retirer la nuit avec son équipage à la montagne, le gouverneur d'Ajaccio lui ayant refusé de lui donner azile dans la place, ainsi qu'il avait fait de le défendre par son artillerie, ni de lui permettre de décharger la sienne à terre. Le commandant anglais fut obligé de rester jusques au six, ayant renvoyé le secrétaire de Théodore, qui fut témoin, avec le vaisseau **le Fulston,** de l'action, et on fut détrompé des idées chimériques que Théodore avait données à ses alliés.

(M. A. E. Vol. Gênes, 112)

Calvi, 3 Mars 1743. — Le vice- consul Ozero à M. de Jonville. — Les deux vaisseaux qui étaient à la rade à l'Isle-Rousse avec Théodore, desquels j'ai eu l'honneur de vous en parler dans une de mes précédentes du mois dernier, ont abordé le 27 du mois passé du côté de Lajasse sur la côte du port de Sagona, un bâtiment génois et plusieurs bateaux de Ste Marguerite de la Rivière de Gênes qui étaient sortis de ce port de Calvi pour aller à la pêche du corail en Sardaigne lesquels ils ont amené à leur bord et jusqu'à présent on ne sait pas s'ils leur ont donné la liberté. Il réussit à l'équipage de ce premier avec leurs meilleurs butins de se sauver à terre avec la chaloupe à lesquels les Anglais leur ont tiré plusieurs coups de fusil, les appelant en langage espagnol de ne pas se sauver et d'aller à bord prendre leur bâtiment. Et voyant que les Génois continuaient de décamper, ils prirent leur chaloupe et l'emmenèrent à bord de leur vaisseau, et après avoir déchargé la chaloupe l'ont ramenée au même endroit à terre avec un billet dedans où ils déclaraient être anglais, et d'aller à leurs bords prendre leur bâtiment.

La même nuit, ce patron avec tout l'équipage s'est rendu à Calvi avec sa chaloupe, lequel disait avoir vu l'après diné du jour qu'il a été pris, venir du ponant trois gros vaisseaux à l'encontre de ces deux premiers.

La galère génoise est encore dans ce port, n'ose pas aller à Lajasse à cause de ces dites nouvelles.

Cafory, Endriane et Zainting, capitaines au service de la République dans Corte, se sont rendus aux rebelles assiégeants, moyennant l'accord de la franchise de leur vie et bien, s'étant obligés en deux mois de temps de leur donner encore le château où sont 60 hommes de troupe réglée, qui ne peuvent se soutenir faute de bois. De trois cents fusils qu'avaient les dits capitaines, n'ont donné la moitié aux rebelles, et tous ensemble sont allés à Campolore, pour faire de même aux deux compagnies corses qui sont dans le pays. Il a mouillé dans le golfe de Lozari, à une lieue de l'Isle Rousse, un gros pink de six pièces de canon, avec pavillon anglais, qu'on dit pour charger d'huile.

Les chefs de Balagne rassemblent tous leurs docteurs en théologie de l'isle pour consulter s'ils doivent recevoir Théodore, et comme ces gens sont plus rebelles que les autres, on croit qu'ils feront plaisir à Théodore.

Il est arrivé en Balagne environ 200 hommes armés de la montagne pour avoir de la poudre qu'ont débarquée les Anglais.

Une felouque venant de Lajasse dit que le 1er mars avoir vu mouiller dans le port de Lajasse trois vaisseaux de guerre anglais, et le jour après avoir rencontré deux autres dans le golfe qui entraient dans ledit port, et ce même jour étant à 40 milles au large avoir entendu beaucoup de coups de canon dans ledit port qu'on prétend être contre le vaisseau espagnol, commandé par M. De Lage, qui est dans le port.

Les vaisseaux anglais ont renvoyé les pêcheurs de corail après leur avoir pris leurs armes et le bâtiment qu'ils ont mené avec eux à Lajasse avec pavillon anglais.

Théodore a envoyé un manifeste par tout le pays au-delà des monts, pour aller prendre des armes à la rade de Laliza près l'Ajasse.

(M. A. E. Vol. Gênes, 112)

Gênes, 6 mars 1743. — M. de Jonville à Amelot. — Monseigneur — ... Les principaux des nobles génois affectent de tenir le même discours que celui que M. D'Oria a tenu, lorsqu'il vous a dit qu'il ne croyait pas qu'il y ait aucune sorte de concert entre les Anglais et le baron de Neuhoff ; il ne vous aura pas dit cela sans ordre, et cela me confirme dans l'idée que j'ai eue, bonne ou mauvaise, que les Génois eux-mêmes pouvaient être de concert avec les Anglais.

Au surplus comment concilier que le baron de Neuhoff soit parti d'Angleterre sur un vaisseau de guerre de 70 canons, qu'il soit arrivé à Livourne, qu'il y ait eu une conférence secrète avec le général Breitevitz, qu'après ladite conférence le commandant ait envoyé en Corse une ou deux frégates, qu'ensuite le Baron de Neuhoff y soit passé sur le même vaisseau de 70 canons, avec un autre de 60, que n'ayant pu y faire une descente, il soit revenu avec les mêmes vaisseaux à Livourne, après avoir pris autour de la Corse plusieurs bâtiments chargés d'huile ? Tout cela donne lieu de croire que les Anglais et le Baron de Neuhoff agissent de concert.

Il faudra voir ce que diront les Génois après le retour du courrier qu'ils ont expédié à Londres. Comme ledit Baron de Neuhoff est reparti de Livourne le 21 du mois passé, j'attends d'apprendre s'il sera repassé en Corse, comme on l'a dit, et ce qu'il y aura fait. On m'a écrit de Livourne qu'il a porté avec lui beaucoup d'armes qu'il a troquées à Livourne contre les chargements d'huile qui ont pris.

Ce gouvernement n'agissant que par fourberie, et c'est la base de sa politique, on ne peut pas être trop en garde contre tout ce qu'il fait insinuer.

Je vous demande excuse, Monseigneur, si je vous répète si souvent la même chose, mais je crois y être obligé ; je vois ces gens-ci de près, et leur mauvaise manœuvre en toutes choses ; ils n'agissent jamais de bonne foi et veulent toujours surprendre.

La galère qui devait passer en Corse, outre celle qui y est déjà et dont je vous ai fait mention, a eu contr'ordre ; peut-être est-ce pour attendre le nouveau commissaire qui doit remplacer M. Spinola ; on est assez embarrassé sur le choix, car tel qui conviendrait ne veut pas sortir de Gênes.

Quoique vous ayez peine à reconnaître M. Coutlet dans ce que j'ai eu l'honneur de vous marquer par rapport au Sieur Ozero, je vous supplie d'être persuadé que je ne lui suppose rien, que je n'en suis pas capable, et que tout ce que j'ai l'honneur de vous écrire est exactement vrai ; je ferai profession toute ma vie de dire et écrire la vérité.

Pour répondre aussi à ce que vous me faites l'honneur de me marquer, que vous croyez plutôt que le second aurait cherché à se faire valoir auprès de moi aux dépens du premier, je vous supplie très humblement, Monseigneur, d'avoir la bonté de vous expliquer et de vouloir bien vous éclaircir. Je ne connais d'autre mérite que le zèle pour le service du

Roy ; ledit sieur Ozero m'a paru toujours en avoir, soit pendant que les troupes du Roy étaient en Corse, soit depuis ; nos généraux lui ont rendu sur cela justice. Ce même zèle suffit à tous ceux qui en ont pour s'attirer la haine et l'inimitié de ces gens-ci, qui voudraient qu'on ne relevât rien et qu'on leur passât tout. Il est incompatible d'avoir leur amitié en faisant son devoir.

Ledit Sieur Ozero m'a écrit assez exactement tout ce qui se passait dans cette île, dont je vous ai rendu compte, et même vous m'avez ordonné par votre lettre du 22 janvier de lui marquer le mérite que son zèle lui faisait auprès de vous, Monseigneur. C'est aussi ce qui a réglé mes sentiments pour lui. Je ne crois pas qu'il y ait rien en cela aux dépens dudit sieur Coutlet, qui est plus génois que français.

(M. A. E. Vol. Gênes, 112)

Marseille 6 mars 1743. — Le marquis de Mirepoix à Amelot. — Monsieur, — Un capitaine de vaisseau marchand de cette ville venant de Corse, m'a rendu compte à son retour en France qu'étant à Calvi, un prêtre fort accrédité dans le pays lui demanda une conférence ; que s'étant rendu où il désirait, ce prêtre lui avait témoigné que les inclinations des peuples de Corse penchaient pour l'infant Don Philippe, et lui avait voulu remettre un plan pour faire passer ce royaume sous la domination de ce prince.

Le capitaine de vaisseau, dans la crainte de se faire de mauvaises affaires, ne voulut point se charger du mémoire que le prêtre voulait lui donner, et cependant pour ne le pas éconduire entièrement, lui répondit qu'il n'était en Corse que pour ses affaires particulières, qu'il allait partir pour retourner en

France, qu'il reviendrait bientôt en Corse, et qu'il lui donnerait de ses nouvelles dès qu'il y serait de retour.

Le prêtre lui promit de l'attendre et que le Roy Théodore ne débarquerait point en Corse et n'y serait pas reçu jusques à temps qu'il eût de ses nouvelles.

Ce capitaine de vaisseau est arrivé à Toulon depuis peu, d'où il m'écrit pour me rendre compte de son aventure.

Mon premier soin est d'avoir l'honneur de vous en informer et vous demander vos ordres, en cas que vous jugiez que cette affaire mérite quelque considération.

(M. A. E. Vol. Gênes, 112)

Versailles, 19 mars 1743. — Amelot à M. de Jonville. — ... En me marquant que M. Coutlet voyait avec peine que le sieur Ozero vous informât de ce qui se passe en Corse, vous ne m'avez point fait connaître par où vous aviez lieu de le juger, et j'ai supposé que vous n'aviez parlé qu'après le témoignage même de ce vice-consul. Je ne sais pas au reste comment vous aviez pu imaginer être dans le cas d'avoir à vous justifier personnellement à ce sujet ; vous devez connaître depuis trop longtemps la justice que je rends à votre zèle et à la pureté de vos sentiments.

(M. A. E. Vol. Gênes, 112)

Gênes, 20 Mars 1745. — M. de Jonville à M. de Maurepas. — Monseigneur, — Le sieur Ozero, vice consul à Calvi, m'écrit qu'il est au désespoir des plaintes injustes qu'on vous a portées contre lui.

Il n'est pas extraordinaire que ce gouvernement soit indisposé contre lui, par rapport au zèle qu'il a toujours marqué pour le service du Roy, soit pendant que les troupes du Roy étaient en Corse, soit depuis. Vous savez, Monseigneur, qu'il suffit qu'un Génois soit sous la protection du Roy ou ait du zèle pour le service de Sa Majesté pour que sa perte soit jurée ; cela n'arrive que trop, ce qui nous discrédite beaucoup ici. Ledit Sieur Ozero m'ayant envoyé copie de la lettre dont vous l'avez honoré le 2 de ce mois, je prends la liberté de représenter, que je suis persuadé que tout ce dont on l'accuse est un faux exposé, et dont ses délateurs ne pourront donner aucune preuve valable. Comme il est Corse, il est obligé de vivre avec ses compatriotes, et il n'a ni assez de crédit ni assez de fortune pour faire aucun mal à la République ; mais comme il a du zèle pour le service du Roy et qu'il est Corse, cela suffit pour le noircir. Il a fait plus de bien que de mal à la République, lorsqu'il s'est employé pour faciliter l'embarquement de nos déserteurs qui étaient en assez grand nombre dans cette isle, et dont la plupart étaient répandus dans la montagne assistant les rebelles.

M. Coutlet depuis un an lui en veut beaucoup et lui cherche querelle par un motif de jalousie mal fondé. Il est sans difficulté que ledit Ozero doit avoir pour M. Coutlet de la subordination, du respect et de l'obéissance, et je crois qu'il satisfait à tout cela. Mais non seulement ledit sieur Coutlet est jaloux de ce que ledit sieur Ozero a l'honneur de vous écrire pour vous informer de ce qui se passe dans l'isle, ainsi qu'au ministre de la guerre, pour se faire un mérite des soins qu'il a pris pour l'embarquement de nos déserteurs, mais il a poussé même la jalousie à lui savoir mauvais gré de la correspondance qu'il entretient avec moi, et de celle qu'il entretient en mon absence avec mon secrétaire ; c'est un fait constant et dont j'ai des preuves ; je ne dis pas que ledit sieur Ozero ne puisse faire des fautes, mais il serait à souhaiter qeu les autres vice-consuls corses fussent aussi bon français que lui.

Vous aurez appris, Monseigneur, que Don Ferdinand de la Torre est arrivé heureusement à Antibes avec les drapeaux, malgré les galéotes armées d'Oneille et la chaloupe anglaise qui l'attendaient au passage.

Ce que j'ai eu l'honneur de vous marquer par ma dernière que M. De Lage, ayant été attaqué par les Anglais à Ajaccio, avait mis le feu à son vaisseau est très vrai ; je n'en ai pas encore le détail, mais sur ce qui m'est revenu, il s'est très bien défendu, et ce n'est qu'à toute extrémité qu'il a donné feu à son vaisseau, après en avoir fait sortir son équipage, et qu'il a préféré de le brûler lui même à le laisser prendre ou brûler par les Anglais.

Ce gouvernement est fort inquiet comment la Cour d'Espagne prendra cette affaire. Il est certain que si le gouverneur ou le Commissaire d'Ajaccio eût voulu favoriser et assister M. De Lage et faire dire au commandant des vaisseaux anglais qu'il ferait tirer le canon de la forteresse sur eux, s'ils faisaient des hostilités dans le port à M. De Lage, cela les en aurait empêchés. Sur quoi les nobles génois disent que les Anglais ont brûlé dans le port de Saint Tropez les galères d'Espagne, sans que nous en ayons témoigné du ressentiment ; qu'ainsi ils ont osé de même. Mais c'est une mauvaise raison, car outre qu'il y a eu de la surprise dans l'incendie des galères de St Tropez, il n'y avait pas, je crois, assez de canons dans le port pour les défendre. D'ailleurs les Génois ont bien tiré à boulet dans le golfe de la Spezzie sur la chaloupe du vaisseau espagnol qui visitait les bâtiments qui y passaient ; ainsi ils auraient pu tirer aussi dans le port d'Ajaccio contre les vaisseaux anglais lorsqu'ils ont commis les hostilités contre le vaisseau espagnol, et M. De Lage en avait souvent prévenu ledit commissaire en lui demandant assistance, ce qu'il n'a pu obtenir, en sorte que la Cour d'Espagne pourra être fondée à demander des dédommagements de son vaisseau.

J'attends des nouvelles de M. De Lage. Il sera persuadé que les Génois lui donneront le tort et auront déjà fait écrire en Espagne à son désavantage sur ce qu'ils disent que c'est lui qui a tiré le premier sur les Anglais qui l'avaient sommé de se rendre ; mais il sera juste d'attendre sa relation, et je crois qu'à son tour il aura bien des plaintes à porter des Génois qui ont voulu le prévenir à la Cour d'Espagne. On avoue même ici que lorsque les vaisseaux anglais entrèrent dans le port d'Ajaccio, le commandant anglais envoya sa chaloupe au commissaire génois qui, à ce qu'on dit, protesta de tout ce que les Anglais feraient de contraire contre le vaisseau espagnol.

(M. A. E. Vol. Gênes, 112)

Versailles, 21 Mars 1743. — **Amelot à M. de Mirepoix.** — J'ai reçu, Monsieur, la lettre que vous m'avez fait l'honneur de m'écrire le 6 de ce mois. J'ai rendu compte au Roy de l'avis qui vous a été donné par un capitaine de vaisseau marchand de Marseille à son arrivée de Corte à Toulon. Sa Majesté m'a ordonné de vous marquer que son intention n'était pas de prendre aucune part à ce qui a été proposé à ce capitaine.

(M. A. E. Vol. Gênes, 112)

Gênes, le 13 Mars 1743. — **M. de Jonville à...** — Monseigneur, — Il se tient ici de fréquents conseils sur les affaires de Core, qui occupent beaucoup le gouvernement ; je crois qu'il est question de quelque chose de considérable, car il y a quelques jours le Grand Conseil ayant été indiqué, vous savez, Monseigneur, qu'il est composé de 5 à 600 nobles, le Doge y proposa d'autoriser le Petit Conseil à prendre tous les arrangements qui paraîtraient convenables pour ce qui regarde la Corse ; mais, quoique la proposition ait été reportée plusieurs fois, elle fut toujours rejetée, et ne passa pas. Il m'est venu aussi que quelques-uns du Grand Conseil qui n'ont pas entrée dans le **Consiglietto,** se plaignirent de ce qu'on voulait se passer d'eux dans les grandes affaires et reprochèrent même à ceux du Petit Conseil, que les années précédentes les troupes étrangères auraient été introduites en Corse sans l'autorité du Grand Conseil. Le fait de la proposition rejetée est certaine, car dans le Grand Conseil, le secret ne peut pas se garder comme dans le Petit.

Je juge par ce que je viens de vous marquer que ce gouvernement a des vues secrètes par rapport à la Corse.

On a nommé un successeur à M. Spinola, c'est M. Pierre Marie Justiniani, qui a déjà été commissaire général de la République en Corse ; il passe pour avoir la tête chaude et peut-être fort intéressé. Cette charge aurait dû être confiée par le grand Conseil, mais il avait autorisé le **consiglietto** à faire un choix, et le Petit Conseil en avait cédé le pouvoir au Sénat qui a nommé M. Justiniani.

A mesure que la République s'affaiblit, le gouvernement tâche de donner atteinte aux prérogatives du Grand Conseil.

(M. A. E. Vol. Gênes, 112)

Ajaccio, 16 Mars 1743. — Giuseppe Maria Paravicini à M. de Jonville. — Eccellentissimo signore, — Con altra mia scritta a V. E. e consegnata a M. De Lage partito per Livorno dopo avere incendiato la sua nave avrà V. E. inteso qualmente il primo marzo approdarono in questo porto cinque navi da guerra inglesi, comandate da un tal Monsieur Marten. Una hora dopo arrivo una delle sue scialuppe in terra con un officiale che si porto da questo signor Veneroso, commissario generale per la Repubblica, per renderle il complimento che per mezzo d'un officiale genovese aveva prima fatto fare al di lui comandante. Terminate le solite ceremonie, soggiunse l'officiale inglese ad suddetto sign. Veneroso : « Signore, il mio comandante sa di certo che la nave spagnuola ha fatto una batteria di cannoni in terra, che pero desiderava sapere se cio sia vero o no, per poter io di conformità relatare. » Al che rispose per mezzo dell'interprete, che era il signor Colonnello Varena, irlandese, che cio non era in alcun modo vero, a caosa ch'egli, non ostante le replicate instanze del comandante della nave S. Isidoro, non gli l'aveva voluto permettere, e che, se voleva certiorarsene, poteva visitare tutti li posti di terra, che avrebbe riconosciuto essere falsa la voce sparsa.

Preso dunque congedo dal signor Veneroso, si porto a fare la visita in compagnia del detto colonnello irlandese e varij altri ufficiali, e trovato che il fatto non reggeva, nel di lui ritorno fu incontrato ad una chiesa intitulata la **Vergine delle grazie** vicina alla spiaggia del mare dal Sign. De Lage, che aveva fatto preparare varij rinfreschi con del vino di Borgogna, e fattisi reciprochi brindisi, rientrato in città, si porto alla casa del Sign. Veneroso e da colà nell'instante al suo bordo. Il giorno seguente che fu li due del corrente mese di marzo, spedi quasi sul mezzo giorno altro officiale a Monsieur De Lage per farle le seguenti ambasciate.

Monsieur Marten mi ha imposto di riverire il sig. De Lage, e gli dispiace farle sapere che tiene ordine espresso dell'ammiraglio Matthews di prenderlo, e percio quando voglia rendersi, per esser noi superiori di forze, che egli le farà capitulazioni onorevoli che convengono ad un cavaliere ed officiale d'onore, altrimenti che gli farà fuoco adosso.

Rispose il Sig. De Lage che rendeva grazie al suo comandante per li boni officij passati seco, ma che il Re di Spagna, suo padrone, non gli aveva consegnata la nave per darla all'inimici della sua corona. Cio seguito, parti l'officaile inglese per il suo bordo, ed il sig. De Lage riflettendo che se avesse ritardato non sarebbe stato più un tempo a dar fuoco nè pur ad un cannone, giudico bene sbarare per il giorno sopra gl'Inglesi, e con una sola andana di cannonate, ne ha ridotta una in poco buon stato, a quali subito risposero le navi inimiche con un diluvio di cannonate, anche con mitraglia ; onde vedendo di non poter resistere, prese il partito di far fuoco alla nave con delle camiccie incatramate e salvare quella parte dell'equipaggio che era restata illesa e se stesso, non ostante ferito in una mano, con portarsi in terra e rifugiarsi in un luogo detto Alata, lontano da qua miglia cinque in circa. Per relatione di due disertori hijbernosi, s'è inteso che una delle dette navi è restata assai tormentata, per essere passate più balle da parte a parte, e quasiche fracassato l'albero della maestra, in modo che è convenuto restar due giorni per rendersi in stato di poter navigare, con la perdita di sessanta e più persone, onde il sig. De Lage ha fatto mirabilia per trovarsi senza provisione da bocca e da guerra, e senza il convenevole equipaggio. La notte poi delli quattro fecero partenza sulle ore sei della notte, ma non si sa per quale parte abbino tenuta la rotta.

Il Teodoro poi con due navi inglesi andava approdando hora in questo, ora in quell'altro scalo di mare, affine di porre in moto li popoli per venire all'assedio di questa città, ma non gli è riuscito il disegno, perchè li detti popoli, prima di fare simili passi, richiedevano di essere tutti armati, e che esso col seguito delle sue navi si facesse padron di qualcheduna delle piazze marittime, che poi in seguito gli avrebbero prestata ubbidienza, e che s'era vero cio che scriveva nelle sue lettere circolari a popoli, d'avere la protettione dell'Inghilterra, Regina di Bohemia e Re Sardo, con mille e e quattro cento huomini di disbarco, colle navi che erano nel porto d'Ajaccio, bastavano per ultimare l'impresa. Ma poi riconosciuto da suddetti popoli, che le navi inglesi che esso milantava d'avere a sua disposizione, non erano che per puramente accompagnare, come suol dirsi, il sposo, non avendo praticato alcuna ostilità a questa piazza, come fortemente si temeva, hanno conceputo che Teodoro voleva metterli in ballo la terza volta senza alcuna protettione di corona, e cosi se ne ritornavano dalle spiaggie di mare dove erano in gran numero concorsi, alle loro case. Niente meno, si sono mostrati sempre più antipatici con la Repubblica e gli hanno fatto apertamente conoscere che non vogliono stare sotto la dominazione dei Genovesi. E siamo in hoggi, come il primo giorno in cui hanno principiato li tumulti in quest'Isola.

Questa povera città su le voci che Teodoro spargeva dubitava delle navi ch'erano in porto, e di non avere il sacco, e pero quella parte di populo che dimora fuori delle mura si era ritirata in città colle loro robbe, e molti principali di questa città, dubitando di bombe, s'erano ritirati nelle loro case di campagna con le loro rispettive famiglie con avere pero seco della gente armata per loro custodia ; cosi pure hanno fatto li PP. Gesuiti. Hora pero, Dio mercè, siamo in calma e non ritrovansi altro che due navi, che vanno girando l'Isola e seminando armi da fuoco e polvere. Una simile operatione delle navi da guerra inglesi, non manca di essere brocardi, e quanto più vi si pensa, tanto meno se ne capisce il ministero. Da Monsieur De Lage mi fu consegnata la lettera di V. E. in data dei 17 febbraro, in seguito della quale non manchero renderla informata di quanto arriva a mia notizia.

Da corriere venuto in questo hoggi da Bonifacio si è inteso che li Corsi si sono impadroniti della torre detta del Saracco, poco distante da Bonifacio e di quella della Padulella poco distante dalla Bastia. E non avendo altro che sia degno di avviso di S. V., col più profondo rispetto mi dichiaro ecc.

(M. A. E. Vol. Gênes, 112)

Paris 26 Mars 1743. — Amelot à M. de Jonville. — Monsieur... Les affaires de Corse se trouvent en effet dans une situation à donner matière à bien des assemblées, mais il paraît que dans celles qui avaient déjà été tenues, la jalousie de quelques membres du gouvernement à l'égard des autres, avait plus éclaté qu'un désir sincère de travailler aussi promptement que sûrement à remédier au mal présent. Ce désir ne se fait pas plus voir dans le choix du succeseur donné au feu marquis Spinola, dès qu'il a les qualités que vous dites.

(M. A. E. Vol. Gênes, 112)

Gênes, 3 avril 1743. — M. de Jonville à Amelot.
Monseigneur, — Le courrier que la République a envoyé à Londres est de retour et a apporté, à ce qu'on dit, une réponse favorable et une lettre ouverte du ministère anglais pour M. Matthews. C'est pourquoi on va faire partir M. Viale, dont je vous ai fait mention dans ma précédente, afin qu'il remette ladite lettre à ce vice-amiral: Quoique ces gens-cy paraissent contents de la réponse qu'ils ont reçue par leur courrier, je ne comprends pas en quoi ils peuvent faire consister leur satisfaction après tous les mauvais traitements qu'ils ont reçus des Anglais. M. le comte Lorenzi vous aura sans doute rendu compte de ce qu'il m'a marqué, que selon ce que le Baron de Neuhoff avait dit à une personne de sa confiance, il ne paraissait pas que la Cour de Londres s'intéressât a la réussite des projets dudit Baron, et que le Roy d'Angleterre ne lui avait accordé passage sur le vaisseau de guerre qui l'a porté dans la méditerranée qu'à la prière de la comtesse d'Yarmouth. Si cela était vrai, ce serait, à ce qu'il me semble ajouter la raillerie à l'insulte par rapport aux Génois, et en ce cas les capitaines des vaisseaux de guerre anglais, qui ont tranporté deux fois le Baron de Neuhoff seraient bien coupables, d'autant que l'arrivée de cet aventurier a augmenté la révolte en Corse et qu'il y a introduit beaucoup d'armes. Comment excuser aussi le capitaine du vaisseau de guerre, d'avoir pris autour de la Corse plusieurs bâtiments génois chargés d'huile ?

De plus ce qui s'est passé à Ajaccio est encore une entreprise très injurieuse aux Génois. Je joins ici la relation de cette affaire que j'ai reçue du Consul d'Espagne à Livourne, qui l'a faite sur la déposition des matelots du vaisseau le S. Isidore que M. De Lage avait renvoyé après l'incendie de son vaisseau. Ce Consul me marque avoir envoyé ladite relation à sa cour ; il m'écrit en même temps que M. De Lage s'était embarqué à Calvi pour passer à Antibes ; les Génois ont fait tout ce qu'ils ont pu pour jeter sur M. De Lage la faute de ce malheur, mais lorsqu'il aura été entendu de sa cour, il y a lieu de croire qu'elle reviendra des mauvaises impressions que les Génois ont données de sa conduite.

(M. A. E. Vol. Gênes, 112)

Gênes, 16 Avril 1743 — M. de Jonville à Amelot. — Monseigneur, — ...On dit que M. Viale va bientôt partir pour remplir sa commission auprès de M. Matthews. Il me paraît qu'il y a bien du mystère dans ce qui se passe de la part des Anglais et de cette République. Je ne puis y rien comprendre. J'avais pensé qu'il pouvait y avoir de l'intelligence pour faire un échange de la Corse et je ne suis pas encore tout à fait revenu de mon opinion. Mais d'un autre côté les mauvais traitements des Anglais à l'égard de cette République, le peu de ressentiment qu'elle en témoigne et le consentement qu'elle paraît avoir aujourd'hui sur la réponse du ministère anglais, tout cela est pour moi une énigme, et ce que j'en infère, est que ces gens-ci ne considèrent que ceux qui leur font du mal.

J'ai l'honneur de vous envoyer une copie du mémoire que ce gouvernement a fait présenter en Angleterre, et qu'on m'a dit avoir été présenté le 3 du mois passé. Le courrier qui l'a porté était parti d'ici le 24 février. J'ai eu ce mémoire par un homme qui me donne quelquefois des nouvelles et qui fait les **gazetine** que je vous envoie. Ledit mémoire m'est parvenu trop facilement pour ne pas donner lieu de croire qu'on veut le rendre public. Cependant il m'a paru qu'il y avait des expressions qui ne nous convenaient pas. J'y ai fait quelques remarques en forme de traduction. Je ne vois pas jusqu'à présent que le ministère anglais ait donné à cette République la satisfaction qu'il lui devait sur ce qui est contenu audit mémoire. Si nous eussions donné à la République la centième partie des plaintes qu'elle a justement contre les Anglais, elle en ferait porter à la Cour des représentations respectueuses, mais vives et réitérées.

(M. A. E. Vol. Gênes, 112).

Versailles, 23 Avril 1743. — **Amelot à M. de Jonville** — Monsieur, ... Le marquis d'Oria m'avait communiqué dans le temps le mémoire à présenter par M. Gastaldi à la Cour de Londres. Je ne me suis pas souvenu alors de vous le marquer, mais je ne puis y avoir regret, l'envoy que vous m'avez fait de ce mémoire vous ayant donné occasion de l'accompagner des réflexions dont il vous a paru susceptible. Quoique je me borne à vous en remercier, je n'en sens pas moins tout ce qu'elles ont de solide.

Quand même les Génois n'auraient pas tout à fait lieu d'être contents de la réponse délivrée à M. Gastaldi, il leur convient d'affecter de l'être entièrement, afin de diminuer d'autant plus la confiance que les rebelles de Corse pourraient avoir mise dans les Anglais. Ainsi je regarderai toujours les démonstrations extérieures de la République à cet égard, comme très équivoques.

(M. A. E. Vol. Gênes, 112).

Gênes, 8 Mai 1743. — M. de Jonville à Amelot. — Monseigneur, — Je suis charmé que les réflexions que j'ai pris la liberté de vous communiquer sur le mémoire des plaintes de cette République à la Cour de Londres vous ait paru mériter quelque attention. Comme je n'ai depuis longtemps rien à traiter, je m'occupe de réflexions et de spéculations, et pour répondre à ce que vous me faites l'honneur de me marquer qu'il convient à la République d'affecter de paraître contente de la réponse qui a été donnée à son ministre à Londres, afin de diminuer d'autant plus la confiance que les rebelles de Corse pouvaient avoir aux Anglais, il ne me paraît pas que ces insulaires aient ni confiance, ni inclination pour les Anglais.

La différence de religion sera toujours un grand obstacle, mais les Corses ont profité de l'occasion qu'ils ont eu d'acheter des armes et des munitions de guerre qui leur ont été apportées par les vaisseaux de guerre anglais.

Comme M. Viale est arrivé présentement auprès de M. Matthews, je serai attentif à ramasser ce qui pourra transpirer du résultat de sa commission. Malgré tout le mal que les Anglais font aux Génois, je crois que ceux-ci appréhendent encore beaucoup des Anglais, soit pour qu'ils s'emparent de Savone pour remettre cette place au Roy de Sardaigne qui y a des prétentions, soit pour prévenir qu'ils ne s'emparent des ports d'Ajaccio et Calvi en Corse, et comme les Génois savent que M. Matthews ne les aime pas, et qu'il est capable de leur faire encore plus de mal qu'il ne lui est ordonné, ils auront tenté de l'adoucir par un compliment accompagné de présents. Peut-être sera-t-il question de quelque négociation, car malgré l'aveuglement des Génois sur leur faiblesse pour réduire les Corses, et malgré leur orgueil, je crois qu'ils commencent à sentir, quoique bien tard, qu'ils ne peuvent plus conserver cette isle, et je pense que s'ils trouvaient le moyen de faire quelque échange avec le Roy de Sardaigne, avec le Grand Duc ou quelque autre puissance, ils pourraient y consentir ; ils auraient cependant bien de la peine à se détacher de leur couronne de Corse. Ce qui me donne occasion de vous écrire cet article est parce qu'enfin le Petit Conseil a obtenu le consentement du Grand Conseil pour faire ce qui serait jugé à propos touchant la Corse, ce que le Grand Conseil avait refusé plusieurs fois, mais le gouvernement se sert de tant de moyens qu'il fait passer ce qu'il veut par le Grand Conseil.

(M. A. E. Vol. Gênes, 113).

Calvi, 17 Juillet 1743. — Extrait d'une lettre du sieur Ozero à M. de Jonville. — ...Deve farsi altra consulta in ogni rispettiva pieve per avere l'autorità dalli popoli di poter trattar l'accomodamento che credesi sicuro poichè il commissario generale l'assicura di concederli quanto domanderanno, e non trattarli da giudice, ma d'avvocato, avendogli di già promesso d'accordargli cinque capitoli più essenziali : la dichiarazione di convenzionati, le armi colle patenti di soldi cinquanta per ogn'una, la taglia fissa, il non poter fa catturare nessuno per puro sospetto, tre vescovati, Calvi, San Fiorenzo ed Aleria, a quali non potranno concorrere che Corsi, et altri honori et utili ; ma avanti che si metta in pratica, si crede che si passerà il mese di dicembre, poichè tal liberalità insospettisce molto i Corsi.

(M. A. E. Vol. Gênes, 113).

Bastia, 6 août 1743 — **Lettre de Giustiniani, commissaire général en Corse, au gouvernement de Gênes.** — Credevo avere la consolazione di partecipare a VV. SS. Serenissime il totale aggiustamento dell'affari di questo Regno, ma li vedo improvisamente incagliati, e quanto ho conceputo di speranza di terminarli con felicità nella prima e seconda convocazione di questi Deputati delle Pievi, temo ora altrettanto di non condurli a buon fine. Li buoni ufficj delli vescovi, Massei, Mariotti e Centurione, hanno molto contribuito alla prontezza e rassegnazione che hanno dimostrata dopo il mio arrivo questi popoli, e quando nelle diete delli 16 et 23 luglio passato scrissi le loro domande ristrette alli soli sette capitoli che umigliai a VV. SS. Serenissime, per la pubblicazione e ratificazione solenne dei quali mancava solamente l'intervento di poche pievi allhora assenti, giudicai del tutto terminata una cosi ostinata sedizione, e che nel corso di tredeci anni tanto ha portato di molestia e di spese all'afflitta Repubblica.

Fino a che le domande di questi incontentabili sono nella moderazione e nell'ordine civile, io posso secondo le instruzioni di VV. SS. Serenissime accordarle ; ora pero che s'inoltrano a chiedere e pretendere autorità e commando, ed anco quasi supremo, sono costretto a chiedere l'oracolo di VV. SS. Serenissime ;oltre li quattro luogotenenti che pretendono sempre nazionali, vogliono che li Dodeci **pro tempore** del Regno abbiano in uno di questi modi :

1° Autorità di intervenire e votare in tutte le sentenze criminali che faranno li Governatori **pro tempo-**

re contro li delinquenti, che secondo le leggi del Regno di Corsica dovranno essere condannati alla pena di morte o di galera, e la sentenza debba farsi e valere secondo la pluralità dei voti.

2° Quando non si voglia accordare l'intervento alla votatura, che abbiano li Dodeci del Regno la facoltà di rivedere le sentenze fatte dalli governatori **pro tempore** di morte o galera e di rivocarli, ed in caso che non vi sia nullità o eccesso nella sentenza che possano alla pluralità delli voti graziare tanto dell'una quanto dell'altra li delinquenti e formare come un senato in Bastia, capo del quale debba essere il Governatore **pro tempore**, come in Genova il Serenissimo capo del Senato.

Bene vedono VV. SS. Serenissime quanto sia ardita questa nuova dimanda, e quale autorità, accordandola, resti alli Governatori, ai quali oltre levar loro il **jus sanguinis et potestatem gladii,** pare che si pretendano o testimonij o esposti al Sindicato nelle caose criminali.

Spedisco pertanto a VV. SS. Serenissime il secretario del mio predecessore, accio oltre quanto ne scrivo nella presente, esponga a viva voce a VV. SS. Serenissime l'autori sospetti di questa cosi indiscreta pretensione e supplico VV. SS. Serenissime ad ordinarmi coll'illuminatissimo loro intendimento come debba 'n cio regolarmi intorno ad una dimanda cosi avanzata.

Io intanto per non mancare ai miei doveri, vado coltivando li capi che giudico di più numeroso partito ed i più accreditati presso dei popoli, ma non ritrovo in essi quella sincerità e quella buona fede che sarebbe desiderabile.

Oltre la nuova pretensione delli Dodeci del Regno avvisata di sopra altra debbo esporne a VV. SS. Serenissime universale in tutti li popoli di quest'Isola, cioè un'ostinata repugnanza a voler guardare e custodire le spiaggie aperte, accio non s'introducano bastimenti infetti o sospetti d'infezione, nè vale a persuaderli qualunque buono ufficio delli Piovani che di mio ordine non solo privatamente, ma nelle chiese ancora hanno inculcata alli Paesani la necessità d'invigilare, accio non s'introduca nell'isola il male contaggioso.

Anco supplico in questo VV. SS. Serenissime ad impormi come debbo regolarmi, non potendo io colla truppa regolata far custodire le spiaggie, e non essendo sufficienti le torri, che assai rare stanno, alla guardia della circonferenza dell'Isola, a custodire le spiaggie, mentre in più seni e da più parti puole introdursi qualunque bastimento nell'oscurità della notte e sbarcare, se non le merci, almeno le persone che fossero infette.

Le occorrenze giornali di questa città e le cose rimarcabili dell'Isola, VV. SS. Serenissime le vedranno colle lettere ordinarie delli vicarj e cancellieri, ed attendendo con rassegnazione eguale alla premura li oracoli di VV. SS. Serenissime, faccio loro profonda riverenza.

(M. A. E. Vol. Gênes, 113).

Relation de ce qui s'est passé dans plusieurs consiglietti sur la proposition qui s'est faite d'échanger la Corse avec quelque puissance voisine. — Nelle radunanze che si sono tenute in questa settimana, il soggetto delle quali è stato la domanda ardita ed indiscreta fatta dai popoli della Corsica al nuovo Commissario generale, partecipata al Governo con sua lettera particolare, si sono fatte diverse considerazioni.

Si è considerato che la pretensione delli Corsi di voler censurare e coreggere, o non intervenendo, avere la facoltà di revocarne le sentenze, alla pluralità delli voti delli Dodeci rappresentanti il Regno, portava in conseguenza una totale indipendenza di quel Regno dalla Repubblica nelli affari criminali, e solamente aver quella nell'ordine civile ed economico, e per conseguenza esser poco meno che semplici pensionarij, non conveniva al decoro della Repubblica, dopo tanti impegni di forze straniere e proprie, per risoggettare quell'Isola, di accordare una si alta pretensione ; quindi è che dopo molti partiti, ma che tutti incontrano delle difficoltà insuperabili, due soli si sono giudicati praticabili, cioè :

1° Di scrivere al nuovo Commissario generale di maneggiarsi colli vescovi, Massei, Mariotti e Centurione e con altri dei principali Corsi in modo che desistano da una cosi indiscreta pretensione, facendo comprendere a quei popoli che una tale domanda non solamente disconveniva alla sovranità della Repubblica alla quale si dimostrano prompti a risoggettarsi, ma ancora quanto sia per apportare di pregiudicio alli medesimi Corsi, mentre avendo pretesa la libera delazione delle armi da fuoco, questa permissione porta seco assai prossima la occasione alle risse, alle vendette e omicidij alli quali sono pur troppo inclinati li Corsi. Che se la facoltà che loro porge la delazione delle armi non viene corretta dal timore della giustizia criminale, e questa (non) venga fatta dalla Repubblica, saranno sempre quei popoli in continue discordie e nelli antichi impegni di distruggersi l'un l'altro, colla speranza che li Dodeci del Regno possano graziare li delinquenti di criminalità ; che il commissario con queste ed altre ragioni, procuri di fare insinuare alli popoli la desistenza di tale pretensione.

2° Il secondo partito preso nelle radunanze si è che si dia ad esaminare alla gionta che si chiama di Corsica, se convenga per uscire una volta dall'impegno di quell'Isola, di fare proporre alle Corti di Vienna e

Torino, o separamente o unitamente un trattato di permuta della Corsica, con una delle due Corti o con ambe insieme, con altri Stati di Terraferma e specialmente di esaminare che facendosi una tale permuta col Re di Sardegna, si potrebbe avere in cambio, il Montferrato, li feudi delle Langhe, le provincie di Cortona, Novara ed altro che venisse a corrispondere con proporzione alla Corsica.

Che se giudicava la gionta suddetta che meglio sia il trattare la permuta colla Corte di Vienna, questa potrebbe dare una parte della Toscana, compreso Livorno, ed altra dello stato di Milano, colla dovuta proporzione.

Che se giudicasse che questo trattato di permuta della Corsica si potesse maneggiare e concludere più facilmente con tutte due insieme le dette Corti di Vienna e Torino, mentre nel trattato provisionale che passa fra dette Corti, si giudica vi sia la promessa de fare smembramento dello stato di Milano, cioè che la Regina Austriaca darà al Re Di Sardegna il paese del Ticino in qua, compresa la città di Pavia, con proporre la Corsica potrebbero accordarsi le due Corti e dare alla Repubblica parte della Toscana, cioè da Pontremoli sino a Livorno la Regina sudetta, ed il Montferrato e le Langhe il Re di Sardegna, ed avere esso poi la Corsica, e la detta Regina risparmiare il nuovo smembramento dello Stato di Milano dal Pavese in qua. A questa permuta inclinarebbero molti vassalli del Re di Sardegna, che tengono feudi nel Montferrato.

E attenderà di sentire il parere della giunta di Corsica intorno a quest'affari.

Dopo la lettera scritta dal Commissario Generale di Corsica, di cui si vede il tenore d'altra parte, altra ne ha trasmesso per Livorno, in cui avvisa il governo che li popoli di quel Regno hanno fatto ulteriori instanze intorno alle esposte due domande, chiedendo la resoluzione, ed averle esso risposto che le deliberazioni le attendeva dalla Repubblica, onde si querelavano e della tardanza, e che li avesse come ingannati apprendendo che non sia stato sincero nell'invito che fece delli deputati ad esporre le loro pretensioni, mentre fece loro sapere che aveva dalla Repubblica la necessaria autorità per l'aggiustamento delli affari di quell'Isola.

Aggiunge in terza lettera che la domanda mentovata nella sua precedente lettera era stata fatta più dalli paesani o sia dalli deputati dei luoghi aperti che dalli quattro presidj, ma che aveva motivo fondato di temere che fossero consigliati e sedotti dalli cittadini, tanto più che pretendevano ancora di essere trattati in avvenire e considerati come popoli convenzionati e non come sudditi, perchè la Repubblica non li ha conquistati e soggiogati con la forza, ma venivano volontarij a trattare, ora che erano come liberi.

Si è letta nella radunanza di sabato la sovramentovata lettera, e si è confermata la deliberazione di imporre al Commissario Giustiniani di maneggiarsi colle insinuazioni e buoni ufficij delli vescovi ed accreditati dell'Isola ben affetti alla Repubblica per dissuadere li popoli di così ardite e non accordabili domande.

(M. A. E. Vol. Gênes, 113).

Extrait d'une relation d'une Séance du Consiglietto, envoyé par M. de Jonville le 25 Septembre 1743. — Scrive il Commissario generale di Corsica che quelli popoli sono oltremodo insolenti e malizoisi, che a nulla riuscivano le sue industrie per redurli a dovere ed a moderare le indiscrete loro pretensioni ; che li capi che prendono il soldo secretamente dalla Repubblica son con le apparenze impegnati a persuadere la pace e reconciliazione, e seriamente a soffiare nell'animo dei malcontenti sempre più contumaci.

Scrive in oltre che avendo fatto comprendere per mezzo delli vescovi e delli piovani la improprietà della ultima domanda, principalmente di quella di volere che li Dodici rappresentanti il Regno intervengano nelle sentenze e possano rivocarle, hanno dimostrata una maliziosa dimostrazione cioè che non più pretendono l'intervento e la rivocazione delle sentenze tanto criminali che civili, ma solamente che in ciascheduna Corte del Regno vi sia o cancelliere o sottocancelliere corso, che però vogliono essere a parte del governo della Repubblica di Genova, coll'avere da 50 in 60 vocali corsi nel minore Consiglio, mentre la Corsica è una porzione del Dominio e Stato della Repubblica che avanza le due Riviere, mentre vi sono nel Consiglio molti soggetti di esse Riviere, che sono egualmente sudditi della Repubblica, quanto si pretende lo siano li Corsi.

Termina finalmente il Commissario la lettera con riflettere che li popoli di colà hanno gustato il dolce della libertà e comando, e però di malgrado si dispongono a risoggettarsi.

Letta tale lettera nel Consiglietto, ha dato luogo alli poco inclinanti a dare la piena facoltà ai Collegi di disporre della Corsica, di replicare la incongruenza delli mezzi che si pretendono praticare per ridurre all'antica ubbidienza l'Isola di Corsica, poichè la dolcezza si deve usare dal principio della sedizione, quando li popoli non erano ancora avezzi al libertinaggio, ed avevano ancora del rispetto per la Repubblica, non ora che in tanti modi hanno disprezzato le leggi, gli ordini e rifiutati li trattati, anco dopo di averne giurata la osservanza ; dovere però disfarsi di quell'Isola e permutarla anco senza eguaglianza di compenso con altri stati di Terraferma secondo le instruzioni date all'inviato Spinola.

Ma perchè questo Inviato scrive intorno a questa permuta che li ministri della Corte di Vienna le hanno risposto che meglio era trattarla col Re di Sardegna, come più confinante di Stati colla Repubblica che colla Regina d'Ungheria, e che possedendo e governando in quiete la Sardegna, che in pochi anni ha cambiato tre diversi padroni, senza mostrare o disubbidienza o sedizioni, così saprà ancora governare e possedere per uscire con decoro dall'impegno di quell'Isola. Il Consiglietto ha deliberato di rimettere ai Collegi tutta la incombenza, e questi stanno presentemente consultando questo affare, ma senza conclusione. La deliberazione più probabile sarà quella di pregare il Re Cristanissimo che voglia mandare in quell'Isola un suo commissario, con ordine di intimare a quei popoli che, se dentro certo termine non fisseranno discretamente le loro dimande senza più rivocarle ed ingrandirle intorno a quello che desiderano dalla Repubblica, che S. M. Cristianissima si valerà della Regia autorità e forza per domarli e risoggettarli.

(M. A. E. Vol. Gênes, 114).

Idem envoyé avec la lettre de M. de Jonville du 2 Octobre 1743 — I popoli della Corsica continuano nella loro durezza, disubidienza et armi, nè mai si uniscono li capi che non consultino una qualche nova pretensione e domanda alla Repubblica. Novissimamente si sono protestati che vogliono che la Repubblica mantenga in quell'Isola 4.000 di quelli nazionali nel piede di truppe regolate divisi in 4 Reggimenti, i di cui ufficiali e soldati debbono essere Corsi, senza poter essere chiamati alla custodia o difesa della terraferma, ma col solo obligo di custodire l'Isola in quelli posti in quali saranno assegnati e di ricevere dal solo governatore **pro tempore** gli ordini e che le sia mensualmente somministrata la paga nei rispettivi quartieri.

Per due ragioni avanzano queste pretensioni. La 1° perchè se li Corsi saranno trattenuti allo stipendio di questa Repubblica nell'Isola, in terra ferma non partirà, come ora succede, un così grande numero di essi militare nei servizij dei Prencipi stranieri. La 2° perchè se pretende la Repubblica che suo sia il Regno di Corsica, è ragionevole che sia custodito **alle di lei spese.**

Si va esaminando e consultando dal Collegio senatorio il modo di terminare una volta l'impegno di quell' Isola, che tanto costa di denaro e di decoro alla Repubblica, e si dirà quanto prima il mezzo che sta per deliberarsi per tale intento.

(M. A. E. Vol. Gênes, 114).

Ajaccio, 4 Octobre 1743. — L'archiprêtre Orto à...
— Eccellenza, — Mi sono dato l'onore d'incommodar l'E. V. con altra mia della quale non ho avuto sin qui la sorte di saperne l'esito. Qual io mi sia, ed a che fine continuasse il carteggio l'Em^{mo} de Fleury, di felicissima memoria, l'E. V. lo saprà dalli (le mot manque) di sui ministri, che avranno lette le mie, e fattemi le risposte. Io sono stato onorato dal Re d'una pensione essendo stati stimati degni di tal mercè li miei servitij dalla di lui munificenza.

Il desiderio vivo di sempre più procurar la mia felicità nello di lui servitio mi spinge a cercarne l'occasione per sempre segnalarmi. Non resta che all'E. V. di darmene l'apertura ed in risposta sentirà il mio operato.

Con quest'occasione fo sapere all'E. V. essere questi popoli sul principio d'una nuova guerra, che Dio sa quando ne vedremo il fine. Essi hanno procurata la pace, ma non gli sono riusciti i mezzi, e però prego vivissimamente l'E. V. di una instruzione come debba contenermi, se uscirò alle montagne a procurare la quiete o attenderò unicamente a me e rimirar a occhj chiusi l'effetti luttuosi d'una sollevatione. Li di lei sentimenti saranno per me la mia guida, e con una brama viva dei di lei comandamenti colla maggior espressione del mio spirito sono ecc.

CARLO MICHELE ORTO, Arciprete.

Note du ministère. Le sieur Charles Michel Orto, archiprêtre à Ajaccio en Corse, le 4 Octobre 1743, témoigne son inquiétude d'une lettre qu'il a écrite à Monseigneur, et dont il n'a pas eu jusqu'ici réponse, s'en rapporte aux lettres respectivement écrites entre le feu cardinal et lui pour juger du mérite de ses services qu'il dit d'ailleurs avoir été récompensés dans le temps d'une pension du Roy. Les Corses étant sur le point de renouveler la guerre il demande s'il doit travailler à l'éloigner ou demeurer tranquille à cet égard. — Je propose la voie de M. Coutlet pour lui faire réponse.

Gênes, 16 Octobre 1743. — M. Coutlet à Amelot. — Monseigneur, — J'ai enfin reçu une lettre du sieur Ozero du 21 du mois dernier. Mais m'étant venue dans le paquet de M. de Jonville, M. Du Pont ne me l'a remise qu'un jour après le départ du courrier apparemment pour se faire honneur auprès de V. E. du peu de nouvelles qu'elle contenait. Quoi qu'il en soit, il paraît suivant ce que le vice-consul nous marque que les affaires de cette isle sont toujours au même état. Les rebelles continuaient à se gouverner par eux-mêmes au moyen de la Régence qu'ils s'étaient établie, demandant continuellement la réponse de la République à leurs prétentions, que M. Justiniani assurait n'avoir pas encore reçue. Comme il est très certain qu'on la lui a envoyée, il faut que ce Commissaire général en craigne la suite, et qu'elles ne soient pas d'une nature à contenter ces mutins qui cependant commencent à menacer d'agir de nouveau contre les Génois et de se procurer les armes à la main la justice qu'on leur refusait.

(M. A. E. Vol. Gênes, 114).

Extrait etc. envoyé avec la lettre de M. de Jonville du 20 Novembre 1743. — ... Le ultime lettere del commissario generale di Corsica, portano che quelli popoli, dopo aver tenuto un nuovo congresso generale, le hanno fatto intendere che le domandavano un anno di tempo a spiegare le loro finali domande e pretensioni, e che poi da qualche confidente intervenuto al Congresso ha inteso che la richiesta di un anno è fatta ironicamente e con disprezzo per fare contraponto all'anno di autorità stata concessa al medesimo Commissario generale di poter aggiustare gli affari di Corsica.

Che da altro confidente ha inteso che oltre il detto fine, una tale richiesta d'un anno di tempo è stata per vedere come va a sortire il disegno dei Spagnuoli per intrare nell'Italia, argomentando da ciò il detto Commissario o una lusinga o una speranza nelli Corsi di essere sotto il comando di quella nazione.

(M. A. E. Vol. Gênes, 114).

Gênes, 11 Décembre 1743 — Coutlet à M. de Maurepas. — Monseigneur, — Il faut que les affaires de Corse soient accommodées ou sur le point de l'être, puisque l'on assure que l'on va en retirer un bataillon, y ayant déjà été envoyé plusieurs barques à cet effet avec 22 brevets de capitaine pour y lever autant de compagnies de ces insulaires. Comme depuis que les bâtiments qui viennent de cette isle vont faire leur quarantaine à la Spezzia, je n'en reçois plus de lettres que par la voie de Livourne, je ne puis entretenir Votre Excellence de ce qui se passe dans ce pays-là que sur les bruits confus et incertains qui s'en répandent ici. Il est assez probable que dans la situation où se trouve aujourd'hui cette République, elle se soit prêtée à bien des choses en faveur des Rebelles qu'elle ne leur aurait pas accordé dans d'autre temps.

On apprit la semaine dernière par une expédition venue de cette Ise, que quatre corsaires de Tunis, c'est à dire deux barques, un chabec et une grosse felouque, avaient, par une violente tempête survenue le jour de Ste Catherine, échoué à la plage d'Aleria, où l'on avait déjà arrêté 210 hommes de leurs équipages ; 10 ou douze avaient été tués ou bessés ; le reste avait gagné les montagnes où on leur donnait la chasse. Il paraît que cet événement que l'on peut regarder comme un grand bonheur pour les Italiens, n'a point fait plaisir à ce gouvernement, par la réflexion que cela était arrivé dans un lieu qui est au pouvoir des mécontents ; ils n'auront pas manqué de se saisir des armes et munitions de guerre dont les Barbaresques étaient munis, ces barques ayant chacune douze pièces de canon, ce qui pourrait les encourager dans leur révolte et les rendre moins traitables dans la conjoncture présente.

Quant aux esclaves, il y a une convention entre la République et les Corses, qui est de leur payer jusqu'à raison de 100 livres l'un. C'est un renfort qui viendra fort à propos pour les galères de Gênes.
(M. A. E. Vol. Gênes, 114).

Gênes, 18 Décembre 1743. — M. Du Pont à Amelot.
— Monseigneur, — Il y a quelques avis de Corse que les levées qu'on se flattait de faire dans cette île n'auraient pas tout le succès désiré. Les chefs des mécontents ne se sont point laissé éblouir par la patente de colonel et ne veulent point passer en terre ferme, surtout Luca Ornano qui se borne à consentir que son fils vienne servir en qualité de capitaine. De plus il y a toujours, malgré l'accomodement, quelques mouvements en Balagne, et les munitions de guerre que les insulaires ont retirées et prises des 3 bâtiments barbaresques échoués sur les côtes de l'Isle, comme vous l'avez vu, Monseigneur, dans mes deux dernières lettres à M. le comte de Maurepas, ne forment point une circonstance avantageuse à la République, ni propre à porter les rebelles à la tranquillité.
(M. A. E. Vol. Gênes, 114).

Calvi, 18 décembre 1743. — Le vice-consul Ozero à M. Du Pont. — Monsieur, — Terminò dopo tre giorni la nota generalissima consulta di Caccia, che ebbi l'honore significarle nell'ultima mia dei 30 dello spirato mese, con poca sodisfazione dei capi di montagna e Balagna. I primi desiderarono si cantasse il **Te Deum** per un atto solatizio che erasi fatto per l'accettazione dei 7 capitoli. L'ultimi avvedutisi di tal frode colli schioppi alla mano dissero al prete Grimaldi, pievano di quel luogo, che ritrovavasi in pergamo a tal oggetto, che intonasse invece del **Te Deum** la **Dies iræ**, di modo che il Dottor Limperani, dubbioso di qualche disordine, prese un mezzo termine di venire all'elezione di tre Deputati da dover portarsi prima in Bastia, e poi in Genova per venire colla Repubblica all'ultima negoziazione del Regno a tenore delle instruzioni che verrebbero datele per la Reggenza, ed in questa guisa sciolsesi la Consulta coll'elezione di tre soggetti nelli Signori Monsig. Mariotti, vescovo di Sagona, Dottori Limperani e Mariani di Corte.

Il primo, richiesto dal Dottor Mariani per questa elezione, risponde essere ammalato e pensa di partir per Vico, sua residenza, consigliato ad evitar tal incarico, avendo di subito portato con lettere le sue scuse al marchese Giustiniani in Bastia, tutto che sia stato assicurato non esservi di opo di avanzarsi in Genova a causa dell'ultimi ordini stati trasmessi dal Serenissimo Governo al detto marchese di dover trattare i Corsi con ogni maggior dolcezza ed accordarle quanto hanno domandato per mezzo di loro rappresentanti, su la necessità che ha di fare leve di gente corsa in suo servigio.

Io mi ritrovo privo di suoi stimatissimi caratteri, non avendone ricevuto che un solo dopo la partenza per Parigi del Sig. Inviato, il che mi provoca dell'inquietudine per non sapere quanto sia resultato delli miei affari costì perche questo Commissario genovese, dico Commissario Genovese (1) si burla delle mie instanze e continua alle sue solite tirannie di modo che dubito che non mi obblichi ad un ressentimento ono-

---

(1) Ozero désigne probablement ainsi le Consul Coutlet, dont il était le vice-consul à Calvi, et avec lequel il était en mauvais termes.

rato e civile, ed allora certamente che la Corte verrà a qualche ultima determinazione di far recompensarme dei danni dal medemo causatimi e far punire un pubblico finimico della nazione francese. Signor Du Pont, se lei non vi pone rimedio, certo si è che eminenti sono i pericoli perchè un huomo d'onore a costo del proprio sangue non può soffrire la superbia di quest'huomo che con la sua autorità mi noce, mentre desideroso dei suoi stimatissimi caratteri, con tutto l'ossequio ecc.

(M. A. E. Vol. Gênes, 114).

Extrait des relations des séances du Consiglietto, arrivé avec deux lettres de M. Du Pont, du 25 décembre 1743. — Le lettere di Bastia portano che li due capi Ornano e Brandoni si sono finalmente rassegnati, ed accetteranno le patenti, faranno la leva delli due battaglioni e permetteranno ancora che si faccino l'altri desiderati dalla Repubblica in quell'Isola. Li capitoli dell'accordato sono nel piede già significato, con avvisi antecedenti e solamente resta aggiunta altra domanda : Cioè che daranno li Corsi alla Repubblica li schiavi Turchi, che hanno investito nelle spiaggie di Aleria ; ma domandano la liberazione di tutti li condannati e detenuti nelle galere e nelle carceri di loro nazione, senza alcuna eccezione di tempo o delitto dei quali siano rei tanto in terra ferma quanto nell'Isola.

(M. A. E. Vol. Gênes, 114).

Autre extrait envoyé avec la même lettre. — Si è letta nella radunanza lettera del Commissario generale di Corsica con ulteriori infauste nuove di quell'Isola, cioè che li due capi dei malcontenti erano già in grado di accettare la patente di colonnello loro offerta, ma che tenuta da essi una nuova dieta, hanno esposto a quei popoli che se la Repubblica ha sincere le sue intenzioni di volerli seco lei riconciliati, deponga le diffidenze e timori che aveva di loro fedeltà e però non volere essi accettare nè le patenti offerteli nè radunare li battaglioni, se la Repubblica non accorderà che li due battaglioni restino sempre in due delli quattro presidij del Regno, alternativamente con cambio da uno ad altro presidio ; al più che sole quattro compagnie, due per battaglioni, debbano passare in terraferma ; e quando non voglia la Repubblica questo accordare, doversi argumentare che mantenga viva l'aversione ai popoli della Corsica, e continui nel pensiere di volerli sacrificati al loro risentimento.

Porta inoltre detta lettera che dopo tale deliberazione notificata in forma di protesta, mentre già si cominciava con felicità la nuova leva in Balagna, che doveva essere di 3,000 huomini, uno dei capi si è portato in persona a fare il giro di quella provincia, ed ha sedotti quei popoli, dicendo loro che se si fossero arrollati al servigio della Repubblica, senza di essi capi, che ne hanno sostenuto finora il decoro, la libertà e l'esenzione del castigo, e venissero in terra ferma, si metterebbero alla discrezione della Repubblica, dalla quale non potevano aspettare che di essere trattati come rei, o anche come ribelli ; avere in oltre il suddetto capo dato ad intendere ai popoli che la vera intenzione della Repubblica era di levare gli huomini della Corsica per levarle le forze e mettere poi li paesi a discrezione militare colle sue truppe paeselle, tedesche e di fortuna, onde avere fatta tale insinuazione in quei popoli tale dissuasiva che non solamente ricusavano li Balagnini di arrolarsi, ma che molti di essi già arrolati in Bastia, si sono ritornati alle loro case. La risposta che si è deliberato di fare al Commissario, è di non dare alcuna diffinitiva risposta alli due capi suddetti, e di non innovare cosa alcuna in quell'Isola, ma governarsi con prudenza e dissimulazione, secondo le prime instruzioni.

(M. A. E. Vol. Gênes, 114).

Gênes, 5 Février 1744 — M. Coutlet à Amelot. — Monseigneur, — ... L'affaire de Corse est toujours pour nous un mystère impénétrable. Il n'y a pas à douter que mes lettres n'en soient interceptées, n'en recevant plus d'aucun des quatre vice-consuls que j'y ai. Je ne suis pas le seul dans ce cas ; cela est général. Quelques particuliers écrivent cependant de Livourne qu'ils avaient appris de la Bastie que les députés principaux de l'isle y avaient fait une pompeuse entrée, y étant venus au nombre de 200, tous bien montés, pour ratifier l'accommodement convenu, ayant chacun à leur service un esclave des corsaires de Tunis qui firent dernièrement naufrage vers la plage d'Aleria.

(M. A. E. Vol. Gênes, 115).

Risposta data alle dimande dei Corsi dal Marchese Giustiniani, e per mezzo del Dottor Matteo Limperani, comunicata alla Reggenza, residente al luogo detto il Fieno di Moriani. (Arrivé avec la lettre de M. Du Pont du 23 Février 1744).

Alla prima dimanda. La Repubblica Serenissima

concede un generale perdono a tutti coloro che avessero in qualsivoglia modo cooperato alle passate e presenti sollevazioni in questo Regno, anche prima dell'anno 1733, dal principio in cui sono insorti sino al giorno della pubblicazione del medesimo, ampliando in questa parte il capitolo primo del perdono concesso dalli Serenissimi Collegi li 30 aprile 1742, ed il capitolo secondo pure ampliato come sopra, comprendendo in esso ogni sorta di delitto, sì pubblico che privato, e qualunque sia stato il delinquente sì secolare che ecclesiastico, suddito e feudatario, ad esclusione dei non nazionali Corsi, come pure comprende tutti quei nazionali Corsi che esistono in Terraferma, compreso il maggior Gentile, quale, pubblicato detto perdono, sarà rilasciato dalle carceri e riposto in libertà.

Rimette la sopradetta Serenissima Repubblica tutte le taglie, imprestanze, sussidij ed imposizioni non esatte ed ogni altra cosa condonata nei fogli già pubblicati, a riserva della taglia arretrata del 1742, dovuta pagarsi in tutto a tenore della terza delle sette dimande gia presentate.

Dichiara parimente, affine di rimovere qualunque fomento di nuovi disordini ed amarezze, per quali venga ad intorbidarsi la pubblica quiete, che non si ammetteranno richiami per danni sofferti da qualunque corpo, università o persona privata, a riserva di quei ricorsi che venissero fatti per qualche invasione seguita di alcuno stabile ancora esistente presso degli invasori o sia detentori.

Alla seconda. Concede le armi da fuoco col pagamento della patente, come si dirà in appresso, ed ad oggetto di conservare i popoli nella tanto desiderata quiete, con dare a qualunque persona esistente e che esisterà nel Regno, la facoltà libera di portare ogni sorta d'armi, comprese quelle da fuoco, eccettuato però li stili, coltelli da palmo e pistole da stacca con condizione che per compensare le spese delle patenti che si pagavano prima del divieto fatto per tale delazione, sia obbligato ogni fuoco annualmente pagare oltre la solita taglia due seini, esclusi però da tale pagamento i mezzi fuochi, con dichiarazione che i detti due seini non s'intendano accrescimento di taglia, ma semplice imposizione per la sola permissione delle armi, e con la espressa dichiarazione altresì, che abbino **ipso facto** a cessare i detti due seini, qualvolta venissero vietate le armi.

Alla terza. Sgrava i popoli dalli due seini apposti per la proibizione delle armi sopra la taglia, purché intiera sia dagl'istessi pagata la taglia del 1742, senza detta diminuzione. Rispetto alla fissazione della taglia si sono date le note ricavate in archivio per quelle della Bastia e loro imposizioni, come pure si avverte che restano per nuovo regolamento abolite qualunque imposizioni di livrea, vitella e altro per l'intrattenimento del Governatore. Si fa sapere pure che per i ricorsi fatti per l'imposizioni o sia pagamento dei boatici, si sono portati a notizia dei Collegi Serenissimi, da quali si attendono le risposte.

Alla quarta. Dichiara che nessuno verrà punito, nè carcerato trovandosi armi da fuoco in vicinanza della casa, e ciò per togliere ogni aura alle imposture.

Alla quinta. Non metterà nuovi aggravj sopra la taglia che, avuto riguardo alli ricorsi dei popoli, verrà a fissarsi dalla detta Serenissima Repubblica o nella forma come era fissata prima dei presenti tumulti, o in quell'altra che giudicherà la stessa dovere fissare, nè sopra altra cosa, persona o beni senza il consenso dei Nobili Dodeci, quali non possano darlo senza espresso assenso delle comunità, del quale assenso debba risultare per atto particolare, nè possa bastare un assenso presonto, e tutto ciò per qualsivoglia motivo o caosa.

Alla sesta. Estende anco il sopradetto perdono a che niuna persona di qualunque stato, grado o condizione possa essere carcerata per meri sospetti di aver avuto parte nelle passate e presenti rivoluzioni.

Dichiara inoltre che quando alcuna persona, fosse per qualunque delitto, anche supposto, di lesa Maestà carcerata, non possa ritenersi priggione se non per giorni quindici, entro dei quali rimanendo il fisco tuttavia destituito di pruove, o siano indizj sufficienti a cattura, debbasi liberamente rilasciare, nè potra alcuna persona sottoporsi alla tortura, e non precedenti gl'indizij che legalmente si richiedono per detto tormento, a riserva del delitto di lesa Maestà, nè potrà più il Governatore o altro ministro supremo della Repubblica procedere **ex informata conscientia** o **more militari.**

Alla settima. La Repubblica Serenissima non porrà inpedimento alcuno, anzi da sua parte, per quanto gli sarà possibile coadiuverà che venghino provveduti di soggetti di padre e madre corsi, i vescovati del Regno, a riserva di quelli della Bastia ed Ajaccio, quali averanno sempre a conferirsi a soggetti Genovesi ; siccomie non mancarà di prestare buoni ufficij verso dei soggetti corsi per la collazione dei semplici benefizj che vaccheranno nel Regno.

Concederà quattro luogotenenti, cioè Corti, Aleria, Vico e Sartene a quattro soggetti nazionali Corsi da padre e madre, da doversi fare la elezione in tutto come in appresso si dirà, e quando mai si avesse a dividere in due quello di Aleria, come più ampio di giurisdizione, in questo caso rimanendo cinque li detti luogotenenti, dichiara che tutti cinque debbano conferirsi a soggetti Corsi come sopra.

La suddetta elezione si avrà a fare per via di nomina dai Nobili Dodici del di qua dai monti, e dai Nobili Sei del di là da monti quattro mesi prima dell'elezione dei suddetti luogotenenti, e dovranno rispettivamente i suddetti Nobili Dodeci di qua dai monti e dei Nobili Sei del di là, venire alla nomina d'un dupplicato per ogni luogotenentato, e così nominare tanti soggetti dupplicati quanti fossero i luogotenentati, quali, nominati che siano, abbino a presentarsi all'Eccellentissimo General Governatore ad effetto di prendere sopra le persone nominate le dovute informazioni per rimetterle un mese prima al Governo Serenissimo che ne avrà da fare l'elezione.

Dichiarando che dette nomine da farsi dei suddetti Duplicati, tanto per il di qua, come per il di là dai monti dai Nobili Dodeci e dai Nobili Sei, abbino da riportare le due terze parti dei loro voti favorevoli nell'occasione che dovranno sottoporre li nominati all'approvazione, e con che le suddette elezioni o sia nomine da farsi dei Dupplicati dai Nobili Dodici del di qua dai monti, si abbino a fare di due soggetti per ogni terziere, con che non possa rimanere eletto che un solo soggetto per terziere di ogni luogotenentato.

In oltre la Repubblica Serenissima creará un ordine di nobiltà matricolata, alla quale verranno ascritte tutte quelle persone e famglie che si apprenderanno degne e capaci di tale prerogativa dai Serenissimi Collegi, con tutti quei onori e titoli, cioè di magnifico et altri che si convengono, permettendo loro di potersi coprire nanti i Serenissimi Collegi, ed altresì coprire e sedere nanti li Magistrati della Repubblica e l'Eccellentissimi Generali Governatori del Regno **pro tempore**, riguardo a quali goderanno nel luogo di loro residenza la distinzione di una anticamera in cui non saranno ammessi quelli che non saranno nobili, o nel numero dei Giudici e Magistrati del Regno in tutto e pro tutto come vengono conceduti da Serenissimi

Collegi a quali spetterà fare detta elezione nel numero e nella qualità che a loro piacerà.

Goderanno perfine i detti Nobili il diritto di stabilire nelle loro famiglie l'ordine di primogenitura per via di fidei commissi perpetui che ognuno di essi potrà costituire, e tutto ciò sarà conceduto ogni volta che i popoli del Regno diino segno di un generale sincero ravvedimento e sommissione all'ubbidienza della Repubblica Serenissima, e tutte dette concessioni saranno pubblicate, poste alla stampa, colla conferma di tutte le altre grazie concesse prima di ora dalla Repubblica Serenissima.

(M. A. E. Vol. Gênes, 115).

Extrait du procès-verbal des Séances du Consiglietto arrivé avec la lettre de M. Du Pont du 23 Février 1744. — Il vescovo di Calvi in Corsica ha prodotto un suo nipote e spedito in Bastia al Commissario Generale colla seguente proposizione. Che questo si offeriva di fare a sue spese la leva di 3,000 Corsi e condurli in Terra ferma, se la Repubblica avesse provveduto le armi e li vestimenti, e data la paga e pane a detta truppa ; che l'offerente domandava di andare alla testa della medesima alla difesa di Finale, ma voleva comandarla senza alcuna dipendenza. In oltre il titolo di sargente maggiore di battaglia e lo stipendio di f. 500 al mese, titolo e soldo che già fu accordato al sergente generale Restoro, che difese la città di Savona e la Riviera di Ponente dalle armi del duca di Savoia l'anno 1672, ed anco domanda l'iscrizione, come pur l'ebbe il Restoro, al libro di questa nobiltà.

Questa offerta è stata rigettata dalla radunanza, re-

pugnante all'accordare all'offerente l'indipendenza del
commando, e li dui caratteri militare e civile a soggetto di ignota condotta e fede, ma perchè dal rifiuto
non prenda motivo di ravivare la sedizione ormai terminata, si è risposto al Commissario Giustiniani di
far sapere al vescovo ed offerente che volendosi fare
del merito, avrebbe la Repubblica condisceso a darle
apertura di farsi distinguere nella sua condotta e zelo, ma con la dovuta moderazione e consiglio, lasciando luogo alle gratificazioni proporzionate a quello saprà operare in pubblico serviggio. Li Collegi hanno
ordinato al Segretario di Stato di scrivere lettere particolare officiosa al vescovo suddetto e conceputa nelli suddetti termini.

(M. A. E. Vol. Gênes, 115).

**Calvi, 27 Février 1744. — Extrait d'une lettre du
vice-consul Ozero à M. Du Pont.** — Arrivarono in Bastia due Procuratori di questa Balagna, come haverà
inteso dall'ultima mia che le feci scrivere, a quali
due quel Commissario generale ripresentò quanto cotesta Repubblica gli concedeva che sono le stesse concessioni ultime. I Procuratori suddetti le inviarono ai
Popoli di questa Balagna, per il che intimarono una
Consulta al Convento di Santa Reparata, ove risposero ai medesimi in Bastia con un espresso che assolutamente non vogliono pagare più di lire tre e mezzo di
taglia pro toto saculo, compreso anche la patente delle armi, e non voler sentir parlare della taglia di 1742
a questa parte nè di redificare le muraglie del forte
d'Algaiola mostrandosi questi popoli sempre più irritati contro cotesti Signori ed inclinati a guerreggiare,
che è quel che ho sempre detto, poichè la mala inclinazione dei Corsi è sempre grande.

(M. A. E. Vol. Gênes, 115).

Gênes, 8 Mars 1744. — M. Coutlet à M. d'Argenson.
— Monseigneur, — Suivant les lettres que j'ai reçues de Bastia du 28 du mois dernier, les députés des pièves y étaient encore en conférence pour convenir de l'accommodement sans qu'il s'en soit fait jusque alors aucune publication. Quoiqu'on ait accordé à ces insulaires presque tout ce qu'ils ont demandé, ils ne laissent pas de venir encore chaque jour avec quelque nouvelle prétention, affectant même de ne paraître pas d'accord entre eux, peut-être par stratagème pour gagner du temps, étant certain qu'ils conservent une entière répugnance de retourner sous le joug de la République.

(M. A. E. Vol. Gênes, 115).

Proposizione stata fatta al Governo dal capo Greco della Colonia di Corsica intorno a quell'Isola (Arrivé avec la lettre de M. Dupont du 21 Mars 1744). — Offerisce dieci mila suoi nazionali che si porteranno in Corsica e prenderanno le armi sotto il comando di uno o più capi nominandi dalla Repubblica per risoggettare all'ubbidienza li sediziosi di quell'Isola e ridurla alla primiera ubbidienza colle seguenti condizioni:

Che la Repubblica provveda di bastimenti, per le spese e per la cibaria per li suddetti 10.000 sino all'effettivo sbarco nella Corsica.

Che sbarcati saranno, le siano somministrate le armi, le munizioni da guerra, il pane giornale durante l'impegno di risoggettare li paesi sediziosi dell'Isola.

Che quelli paesi verranno soggettati a viva forza dalli Greci non vengano incendiati, come si è fatto nella passata guerra, ma siano ceduti in colonia alli conquistatori colli rispettivi territorij per loro domicilio e sostentamento con obligo di pagare le tasse ed ogni altro diritto che dovrà accordarsi, e per li beni spettanti a Nobili particolari di Genova, pagheranno li locatori l'annuo fitto.

Stabiliti che saranno li Greci in Corsica, presteranno solenne giuramento di fedeltà alli Governatori pro tempore della Repubblica e lo rinnoveranno annualmente all'uso militare.

Ridotta all'ubbidienza e soggettata che sarà la Corsica, possano li colà dimoranti Greci far venire in Corsica e convivere con le loro famiglie, et in quanto alli Ecclesiastici, viveranno nella dovuta dipendenza delli vescovi rispettivamente e secondo il rito latino

È stata esaminata e poi rigettata nell'adunanza la proposizione.

Anche si è giudicato non esser regola di buon governo l'introdurre senza alcuna garantia un tanto numero di gente straniera, d'indole ignota, di fede incerta e forse ancora scismatica di religione, e l'introdurre numero minore non serve ad intento

(M. A. E. Vol. Gênes, 115).

Extrait du procès-verbal des séances du Consiglietto (Arrivé avec la lettre du 11 Avril de M. Du Pont....
E gionta la notte delli 7 barca di Corsica con due dei nuovi capitani e 200 soldati di nuova leva, ma radunati con difficoltà, spesa ed anco pericolo, perchè sempre repugnanti quei popoli ad accettare le proposizioni, tutto che discrete di quel Commissario Generale, nè per altra ragione se non quella di non voler soggezione. Scrive esso Commissario che succedono frequenti omicidij tra quei popoli per quali sono in

armi e tra di loro discordi, ma quando spedisce un qualche distaccamento di truppe contro di essi, depongono l'impegno privato ed unitamente si oppongono per conservarsi senza dipendenza, e vedeva sempre più lontana la probabilità di vederli rassegnati.

(M. A. E. Vol. Gênes, 115).

3 Août 1744. REGLEMENT DE LA REPUBLIQUE DE GESNES POUR L'ISLE DE CORSE

Doge, Governatori e Procuratori della Repubblica di Genova.

Avendoci l'Illustrissimo Pier Maria Giustiniano, nostro Commissario Generale nel Regno di Corsica participato il tenore delle nuove concessioni fatte da esso in nostro nome ultimamente fissate, in vigor del presente, ne abbiamo decretato l'approvazione ed ordinata la pubblicazione ; approvando eziandio di cooperare che resti stabilita l'esclusiva delli originarij Genovesi di vescovati dai Nebbio, Sagona ed Aleria, nei termini espressi in dette concessioni unicamente ad oggetto che resti meglio schiarita e fissata la loro collazione a favore delli antichi nazionali del Regno, ed approvando ancora la limitazione di giorni cinquanta a compilare i Processi informativi, prorogabile rispetto ai delitti occulti e di difficile prova sino a tre mesi stata in esse concessioni inserita senza alcun previo nostro ordine, o participazione, per avere osservato che tale limitazione è stata desiderata dai popoli, non già ad effetto di facilitare l'evasione dei delinquenti, o di soffocare le prove necessarie a condannarli, ma per impedire soltanto che gl'inquiriti non marcischino nelle carceri, o non si consumino nelle spese per trascuraggime del Fisco in compillare con la dovuta sollecitudine i Processi. Ma avendo avvertito eccettuati dal generale perdono diversi reati senza l'espressa riserva di cui era stato positivamente da noi incaricato il prefato Illustrissimo Commissario Generale a favore di coloro che in occasione dei passati moti hanno servito il Serenissimo Governo, nel caso che fossero autori o complici di alcuno dei delitti eccettuati, abbiamo giudicato conveniente l'aggiongervela, dichiarandosi pronti di rendere ancora a tutti gli altri comune questo nuovo atto di nostra clemenza, allorchè fra il termine di due mesi prossimi ce ne venga avanzata dai popoli del Regno l'instanza, approvando e confermando siccome approviamo e confermiamo in tutto il rimanente le sudette nuove concessioni, le quali con l'aggiunta sopra mentovata sono dell'infrascritto tenore :

Doge, Governatori e Procuratori della Repubblica di Genova

Per rendere sempre più manifesta ai Popoli del nostro Regno di Corsica la somma nostra Clemenza e generosa amorevolezza, che riguarda singolarmente di rimettere col Perdono alla nostra Grazia quelli che ne sono decaduti in congiuntura dei passati moti, e di condiscendere altresi alle sette Dimande fatte prima d'ora al fu Eccellentissimo Domenico Maria Spinola, e rinnovate all'Illustrissimo Pier Maria Giustiniani, moderno generale Commissario, dai Popoli del detto Regno per mezzo dei loro Deputati, dopo aver noi rivolte le prime nostre applicazioni al possibile sollievo di sudetti popoli, ci siamo deliberati di dichiarare e notificare col mezzo del presente le seguenti concessioni da durare perpetuamente.

I

Concediamo un generale e generalissimo perdono a tutti coloro che avessero in qualsivoglia modo cooperato alle passate e presenti sollevazioni nel detto Regno di Corsica, anche prima del 1733 sino allo giorno della pubblicazione del presente, ampliando in questa parte il capitolo primo del perdono concesso li 30 agosto 1742, ed il capitolo secondo di detto perdono, comprendendo in questo perdono ogni sorta di delitto, si pubblico che privato, e qualunque sia stato il Delinquente, si secolare che Ecclesiastico, suddito o feudatario, nazionale o non nazionale Corso, purchè attualmente abiti in Corsica, o ivi abbia casa aperta, come anche tutti quei nazionali Corsi, che esistono in Terraferma, compresi il già maggior Gentile ed il già Cap. Colonna, quali qualora resti acquietato l'Universale del di quà dai Monti, rispetto al detto già Maggior Gentile, e l'Universale del di là dai Monti rispetto al detto già Cap. Colonna, saranno restituiti respettivamente nella loro primiera libertà, intendendosi che allora resti quieto l'Universale respettivamente del di qua e del di là dà Monti, quando le pievi o sia le podestarie di tutte le pievi ritorneranno all'ubidienza del Serenissimo Principe, con intelligenza però che se mai o qualche pieve o podestaria in particolare non concorressero con le altre alla detta ubbidienza, ciò non ostante, s'intenda quietato l'Universale, e conseguentemente debbano ridursi nella pristina libertà il già sopradetto Maggior Gentile respettivamente, come sopra, al di qua dai Monti, ed il gia Cap. Colonna al di là dai Monti.

Che s'intendano altresi esclusi dal presente perdono le seguenti persone come ree degl'infrascritti rispettivi delitti, e sono :

I Rei dell'omicidio commesso in persona di Gio : Pietro Virgilio di Luciana.

I Rei dell'omicidio commesso in persona di Giuseppe del Poggio di Campoloro.

I Rei dell'omicidio commesso in persona di Carlo Giovanni della Ferlaccia.

I Rei dell'omicidio commesso in persona del q. Francesco q. Paolo del Vignale.

I Rei dell'omicidio commesso in persona di Carlo Francesco q. Domenico di Bustonico di Bozio.

I Rei dell'omicidio commesso in persona di Anna Maria, moglie di Carlo Fabrizio q. Tommasino di Ampugnani.

I Rei dell'omicidio commesso in persona di Paolo Giovanni, q. Simone della Riventosa di Venaco.

I Rei dell'omicidio commesso in persona di prete Andrea Micheli della Ferlaccia di Casacconi.

I Rei dell'insulto forzoso fatto a Lucia, figlia nubile di Angelo Pietro delle Forchine di Rostino.

I Rei dell'omicidio commesso in persona di Gio : Annibale del Serragio.

I Rei dell'omicidio commesso in persona di Tiberio q. Gio : Stefano di Talazzano di Tavagna.

I Rei dell'omicidio commesso in persona di Luiggi di Francesco Luiggi del Poggio di Tavagna.

I Rei dell'omicidio commesso in persona di Gio : Bernardo del capitan Bastiano del Forno di Rostino.

I Rei dell'omicidio commesso in persona del capitan Pier Francesco Paganelli in Cervione di Campoloro.

E finalmente tutti i rei di qualunque omicidio o insulti gravi che fossero commessi appostatamente dal giorno 21 Febbraro 1743, in cui seguì la morte del q. Eccellentissimo Domenico Spinola, generale commissario del Regno, sino all'intiera pubblicazione dei presenti regolamenti.

Con dichiarazione però che qualora di alcuno dei suddetti delitti eccettuati fossero autori o complici persone, che a giudizio del General Governatore o commissario del Regno, avessero servito il Governo Serenissimo, le medeme rimangano, ciò non ostante, comprese nel general perdono.

E rispetto alli delitti d'omicidio ed altri privati particolari delitti commessi anche prima dell'anno 1733, sino e per tutto il giorno, in cui ne i quattro Presidj di Corsica sarà eseguita la publicazione del presente, restino tutti compresi nel detto generale perdono, e s'intendano perdonati quantunque non fossero stati commessi per causa o sia occasione delle sollevazioni, ma per vendetta o odio particolare o per qualsivoglia altra causa (ad esclusione però sempre di quelli sopra segnati). E per tutti li sudetti delitti confermiamo la dichiarazione, o sia li articoli II, III, IV, V e VI della stampa dei 30 Agosto 1742, relativa all'articolo primo dell'altra stampa della stessa data.

Inoltre rimettiamo tutte le taglie, imprestanze, sussidj ed imposizioni decorse e non esatte, ed ogni altra cosa condonata nei regolamenti pubblicati e respettivamente nelli anni 1733, 1738 e 1742, come pure rimettiamo e condoniamo tutte le grandiose spese da noi fatte nel 1729 inclusivamente in poi, e parimente rimettiamo, condoniamo e rilasciamo a tutti i popoli del Regno tanto del di quà quanto del di là da Monti la taglia del 1743, come altresi quella arretrata del 1742, rispetto a quelli che non l'avessero ancora pagata. Con dichiarazione però che rispetto a quelle altre pievi, paesi e persone, che prima d'ora l'avessero pagata, s'abbia questa interamente a bonificarsela al tempo dell'esigenza della taglia de 1744, e ciò in seguito delle ultime suppliche a noi dai medesimi presentate.

Dichiariamo parimente, affine di rimuovere qualunque fomento di nuovi disordini ed amarezze, per quali venga ad intorbidarsi la pubblica quiete, che non si ammetteranno richiami per danni sofferti da qualunque corpo, università o persone private, a risalva di quei ricorsi che venissero fatti per qualche invasione seguita di alcuni stabili tuttavia occupati dalli Invasori o Detentori, ed ancora per qualunque detenzione d'animali derubbati che fossero tuttavia presso dei derubatori o detentori.

II

Concediamo l'armi da fuoco, cioè la facoltà libera di portarle e tenerle così in casa, come fuori, andando e stando, a qualunque persona esistente e che esisterà nel Regno, ed ogni altra sorta d'armi, eccetto però stili, o sian Coltelli da palmo, e pistolle da tacca, purchè in vece della Patente che si pagava prima del divieto di dette armi da fuoco, stato fatta nell'anno 1715, si paghino due seini all'anno per ogni fuoco, i quali si esigano separatamente dalla taglia, con ricevuta a parte nel tempo delle taglie, e s'intendano da tal pagamento esclusi i mezzi fuochi, come lo erano per lo divieto ; con dichiarazione che non s'intendano li detti due seini accrescimento di taglia, ma semplice imposizione per la sola concessione o sia permissione delle armi. E con dichiarazione ancora che abbiano **ipso facto** a cessare i detti due seini qualunque volta ad instanza dei popoli venissero vietate le armi ; con che però nei presidij e luoghi rispettivamente di residenza dei giusdicenti, si osservi per la delazione di dette armi da fuoco il solito che si praticava prima di detto divieto, da quelli che avevano le patenti, cioè, di levare la chiappa prima di entrare in detti presidij e luoghi, non compresi in questa li-

mitazione gli abitanti dei medesimi, ed altresì quelli
che saranno Nobili e giusdicenti e quelli pure che sono e sono stati Nobili Dodeci per il di quà dai Monti,
e Nobili Sei per il di là dai Monti, siccome quelli che
sono e saranno nel bussolo di detti Nobili Dodeci e
dei Nobili Sei.

III

Dichiariamo terminata la tassa fatta dei due seini imposta sopra la proibizione delle armi, che adesso si
concedono; quali due seini per detta proibizione imposti,
ed ora abboliti non si averanno più a pagare in appresso.

IV

Dichiariamo parimente che nessuno verrà punito nè
carcerato, trovandosi armi da fuoco proibite, o sian stili o coltelli da palmo in casa o sue vicinanze, o in qualunque altro luogo, e ciò per togliere ansa alle imposture.

V

Non si metteranno nuovi aggravij sopra la taglia che
si fissa nella somma che si pagava avanti dei presenti
tumulti, con la deduzione però dei soldi due per la livrea
dei Generali Governatori, che si pagava per ogni biennio, già abboliti nei passati regolamenti, e con la deduzione altresì di soldi otto e denari otto per ogni fuoco,
e di soldi quattro e denari quattro per ogni mezzo fuoco,
tanto nel di quà quanto nel di là dai Monti, che ora generosamente rilasciamo ed annulliamo sopradette Taglie,
in maniera che siano questi rilascj in beneficio che venga a risentire tutto il Regno, o sia tutti i popoli di esso.
E nè tampoco si metteranno nuovi aggravj o imposizioni sopra altra cosa, persona o beni senza il consenso dei
Nobili Dodeci, quando sia per il di qua dai Monti, e dei

Nobili Sei, quando sia per il di là dai Monti, i quali rispettivament non possano darlo senza l'espresso assenso delle comunità rispettive, del qual assenso debba risultarne per atto pubblico particolare, nè possa bastare un assenso presonto ; e tutto ciò per qualsivoglia motivo o causa. Con espressa dichiarazione che in detta taglia fissata come sopra, fatte le suddette deduzioni, restino comprese tutte le deliberazioni ed imposizioni che si pagavano prima dei presenti tumulti. E per maggior chiarezza si pubblicherà a parte il piano di quanto per l'avvenire doverà pagare ciascuna pieve e paese.

E perchè oltre la solita taglia solevano i popoli della Provincia della Balagna contribuire alla Camera Eccellentissima una quantità di grano ed oglio, il tutto compreso sotto nome dei Boatici ed oglio della Signoria, e li popoli del Nebbio, Bigorno, Caccia, Pietralba e Rustino solevano altresì contribuire una tassa che ascendeva alla somma di lire tre mila quattro cento novanta e soldi dodici, dalla quale contribuzione e tassa rispettivamente hanno li medesimi richiesto di essere sgravati, perciò abbiano noi accondisceso che rispetto alla contribuzione del grano ed oglio che si pagava annualmente dai popoli della Balagna, questa si riduca, come di fatti si riduce, oltre la taglia come sopra fissata, nella somma di soli soldi dieci a fuoco, e soldi cinque per ogni mezzo fuoco. E rispetto alla tassa che pagavano li suddetti popoli del Nebbio, Bigorno, Caccia, Petralba e Rustino, questa abbia a diminursi, siccome si diminuisce, e si riduce alla semplice contribuzione di soldi sei e denari otto per ogni fuoco all'anno, esclusi i mezzi fucchi, oltre la taglia come sopra similmente fissata.

VI

Estudiamo anche il sopradetto perdono a che niuna persona di qualunque stato e condizione possa essere carcerata per mero sospetto d'aver avuto parte nelle passate e presenti rivoluzioni.

Dichiariamo inoltre che quando alcuna persona nazionale Corsa fosse per qualunque delitto, anche supposto, di lesa Maestà carcerata, non possa ritenersi prigione se non per giorni quindici, entro dei quali rimanendo il Fisco tuttavia destituto d'indizij legalmente sufficienti a cattura, debbasi liberamente rilasciare ; Ed avendo acquistato fra detti giorni quindeci gl'indizij a catturare, debba il Fisco almeno fra giorni cinquanta avere compilato il processo informativo, perche l'Inquirito od Inquiriti non marciscano nelle carceri, e non si consumino nelle spese, prorogabili questi, rispetto a delitti occulti, e di difficile pruova, sino a mesi tre, compresi detti giorni quindeci ; altrimente debba o debbano essere liberalmente rilasciati : ed in caso che in detto processo informativo, il Fisco non abbia acquistato se non che indicij legalmente sufficienti a tortura, debbasi assegnare al Carcerato il termine di giorni quindeci di difesa, prorogandi per altri giorni 15, affine di purgare detti indicj a tortura, e ciò anche in caso di delitto di lesa Maestà, quali purgati debba rilasciarsi : Nè potrà il Governatore o altro ministro supremo e subalterni procedere **ex informata conscientia** o **manu militari.**

Non si porrà da Noi impedimento alcuno, anzi da nostra parte si coopererà positivamente presso la Santa Sede e si presteranno li nostri buoni ed efficaci ufficj che debbano essere provveduti di soggetti Corsi in ogni tempo a venire li Vescovati di Nebbio, Sagona ed Aleria, quali Vescovati dovranno sempre conferirsi a puri soggetti nazionali di padre e madre Corsi, come doveranno sempre conferirsi a soggetti Genovesi li Vescovati di Bastia ed Ajoccio, con espressa dichirazione che i nazionali di padre e madre Corsi s'intendano quelli li ascendenti dei quali tanto paterni come materni siano almeno anni cento che abbiano avuto domicilio in Corsica ; ad esclusione però che quando vi fossero soggetti Genovesi, gli ascendenti dei quali avessero avuto domicilio in Corsica per anni cento e più, non s'intendano mai per il suddetto effetto nazionali. Ed inoltre dichariamo che per la detta elezione di Soggetti Corsi da farsi dei tre Vescovati sovracennati, vi si presterà sempre il nostro positivo assenso.

Si coadiuverà pure da noi efficacemente presso la Santa Sede a che si divida in due Vescovati quello d'Aleria, come più ampio di diocesi, e capace nelle sue rendite di sostenerli, quale vescovato diviso in due, si abbiano sempre a conferirsi li stessi Vescovati a soggetti nazionali Corsi come sopra. Siccome anche si coadiuverà che se mai il vescovo attuale d'Aleria risolvesse rinonciare, permutare o eleggere coadiutore, abbia detta renoncia, permuta e coadiutoria a cadere in soggetto nazionale Corso, come sopra.

Ed inoltre si coadiuverà presso la detta Santa Sede a che li beneficij semplici che anderanno in appresso vacando in Corsica, si applichino da Sua Santità all'erezione e mantenimento di un Collegio in Corsica per l'educazione della gioventù pure nazionale corsa ; o che almeno abbiano sempre a conferirsi a detti nazionali Corsi ; ad oggetto di che s'instarà presso la detta Santa Sede per quanto sarà a Noi possibile, che venga fatta Bolla, che tutti li suddetti beneficj publici e Vescovati accordati come sopra a Corsi, debbano in ogni tempo a venire essere conferiti, cioè, i Vescovati a detti Nazionali Corsi, come sopra, e detti Beneficj all'opera del Collegio erigendo, oppure agli Ecclesiastici secolari nazionali Corsi come sopra.

Concediamo quattro luogotenentati, cioè, Corti, Aleria, Vico e Sartene a quattro soggetti nazionali Corsi, come sopra, con l'assegnazione dell'istesso emolumento o sia onorario, ed altresì con tutti gli onori, autorità e Privilegj proprj di dette cariche, in tutto come per il passato da doversene fare l'elezione come appresso. E quando mai s'avesse da dividere qualcheduno delli stessi, qualora fosse riconosciuto di maggior ampiezza e giurisdizione, in tal caso, quello o quelli pure divisi doveranno provvedersi le cancellerie di sudetti Luogotenentati.

La detta elezione adunque, a risalva di questa prima volta che avrà ad eseguirsi immediatamente dopo la pubblicazione del presente, si doverà fare ogni biennio, tre mesi prima che vadino a terminare le cariche, nella maniera che segue.

In primo luogo chi vorrà aspirare alle suddette cariche, tanto di Luogotenenti, come di Cancellieri, doverà quindeci giorni prima dei tre mesi come sopra prefissi, far scrivere il proprio nome e produrre i suoi requisiti nelle rispettive cancellerie di Bastia ed Ajaccio ed indi nel giorno che sarà destinato, doveranno li medemi passare sotto l'esperienza dei voti dei Nobili Dodeci e dei Nobili Sei rispettivamente, ad effetto che dalli stessi resti approvato il Dupplicato tanto dei Luogotenti, come dei Cancellieri col maggior numero dei voti favorevoli. E nel caso che per due volte li soggetti concorrenti che avessero riportato maggior numero di voti s'incontrassero nell'equalità dei medemi, debba o debbano essere preferiti quello o quelli che sarà o saranno dichiarati dal General Governatore **pro tempore,** a cui in tal caso spetterà il voto decisivo.

Successivamente fatta la sudetta elezione dei Duplicati, doveranno gli eletti presentarla al General Governatore in autentica forma, ad effetto che possa egli prendersi le informazioni, per indi rimetterle al Governo Serenissimo un mese prima del tempo di sudetta elezione, al quale doverà spettare di scieglere da ciascuno di detti Duplicati quel soggetto rispettivamente che apprenderà più idoneo, con far indi pervenire al General Governatore la notizia di quei Soggetti che saranno stati prescielti alle sudette cariche, affinchè li medemi possano dare nanzi detto General Governatore, le loro rispettive cautele e sigortà **de bene et fideliter administrando et exercendo,** per poter successivamente prendere le spedizioni delle loro patenti.

Dichiariamo però che non possa essere nominata al detto Ufficio di Luogotenente e Cancelliere alcuna persona che sia della stessa giurisdizione, e che dai Nobili Dodeci si abbia a fare l'elezione di due Soggetti per ogni terziero, come pure che non possa rimanere eletto che un solo soggetto per terziero ad ogni Luogotenentato e Cancelleria ; con condizione che chi sarà stato eletto a ciascuna delle suddette cariche, debba avere la vacanza al medemo posto per anni otto, da computarsi dopo la carica esercitata. E riguardo all'attendenza delli altri posti ed ufficij, averà ad essere la vacanza d'anni due.

E siccome nell'elezione che si averà a fare di detti Luogotenenti e Cancellieri doverà aversi la mira a che le due terze parti di detti posti spettino a soggetti del di quà Monti, ed una terza parte a quelli del di là dai Monti, nè potendo annualmente repartire li sudetti Luogotenentati e Cancellerie, così dichiariamo che nei primi due biennij abbino a spettare tre de i sudetti posti, cioè Corte, Aleria e Vico al di quà dai Monti, ed in conseguenza le nomine à Nobili Dodeci, e nel terzo biennio debbano spettare solamente due, cioè Aleria e Corte al di quà dai Monti, tanto riguardo all'elezione dei Duplicati, quanto a soggetti, e li altri due, cioè Sartene e Vico, debbano spettare similmente al di là dai Monti rispeto alle nomine, ed ai Soggetti, e così debba successivamente regolarsi di tre in tre biennij.

Dichiariamo ancora che quando mai si risolvesse da noi di rimettere in piedi li Capitani delle Compagnie dei Cavalli leggieri, saranno le stesse cariche di Capitani provvedute di soggetti pure nazionali Corsi come sopra.

Inoltre si creerà in Corsica un ordine di nobiltà matricolata, alla quale verranno ascritte tutte quelle persone e famiglie che si apprenderanno degne e capaci di tali prerogative dai Serenissimi Collegi, da farsi detta creazione immediatamente dopo la pubblicazione dei presenti regolamenti con tutti quelli onori e titoti di Magnifico ed altri che si convengono, cioè a dire, di potersi coprire nanzi li prefati Serenissimi Collegi e potersi coprire e sedere nanzi li Magistrati della Serenissima Republica e nanti gli Eccellentissimi Generali Governatori del Regno **pro tempore,** riguardo a quali goderanno nel luogo di loro residenza la distinzione di un'anticamera, in cui non saranno ammessi quelli che non saranno nobili, o nel numero dei Giudici o Magistrati del Regno.

Goderanno i detti Nobili il diritto di stabilire nelle loro famiglie l'ordine di Primogenitura per via di Fidei commessi perpetui che ognuno di essi potrà constituire.

Ed oltre tutto quanto sopra, confermiamo tutte le altre concessioni e Provvedimenti stati fatte e fatti rispettivamente prima d'ora nei fogli già pubblicati in quelle parti che non contrariassero alle presenti nuove concessioni e provvedimenti.

E per fine assicuriamo detti nostri popoli che sarà in tutti li tempi inviolabilmente e perpetuamente osservato il contenuto nelle presente concessioni da tutti li Generali Governatori, Commissarj, Plenipotenziarj ed altri Ministri supremi e inferiori, di modo che restino pienamente assicurati di quanto si contiene nelle presenti concessioni, delle quali come pure di detti fogli già publicati se ne manderanno al più presto le stampe in libro da parte, da consegnarsene uno almeno per ogni Podestà, ed ogni Podestà averà l'obbligo di consegnare detto libro al suo successore per atti di pubblico notaro.

Si dichiara per ultimo che tutto quanto sopra sia e s'intenda solamente concesso a favore di quelle pievi o popoli del Regno, i quali, o col mezzo dei loro Procuratori, o dei rispettivi Podestà e Padri del Comune avessero di già dimostrata, o fra il termine di due mesi immediatamente decorrendi dal giorno che sarà seguita la pubblicazione delle presenti nelle quattro città di Bastia, Calvi, Ajaccio e Bonifacio, dimostreranno ed attesteranno al nostro General Commissario la loro sommissione ed ubbidienza, o per qualunque altro mezzo ne daranno le pruove. Ed a maggior cautela vogliamo che la pubblicazione da farsi come sopra nelle dette quattro città, vaglia come se fosse eseguita in ciascuna pieve e paese del Regno.

Dat. in Genova nel nostro Real Palazzo, li 3 agosto 1744.

Gio : BATTISTA PICCALUGA, Segretario di Stato.

In Genova — Dalle stampe di Paolo Scionico, sulla Piazza Grande delle Scuole — (Con licenza dei Superiori).

(M. A. E. Vol. Gênes, 116).

Manifesto della Repubblica di Genova. (Reçu avec la lettre de M. de Jonville du 14 Septembre 1744. — Strano, non v'ha dubbio, parerà al mondo intiero che la Repubblica dei Genovesi, vissuta da molto tempo nella sua pace e tranquillità, intenta soltanto a quelle negoziazioni che Lei non meno che l'Europa tutta puonno arrichire, sia per fine uscita da questi limiti, e niente curata la neutralità, siasi esibita di soccorrere con truppe armate le due rispettabili monarchie

... ... e Spagna. Ma chi vedesse le requisitoriali piene d'arroganza e malvagità, colle quali vorrebbero indurre la Repubblica allo sborzo di ducento settanta mila Genovine la Regina d'Ongheria, il Re Sardo e l'Inghilterra, intimando alla medesima ingiusta guerra per terra e per mare, e privazioni di commercio, in caso di contradizione, si unirebbero, a questa, ed anzi che strano, dovere e giustizia si chiamerebbe. Se fiorisse la pace e meno d'ambizione di dilatarsi coll'oppressione d'altrui regnasse nelle accennate ultime tre corone, alle dimande avrebbe forse accondesceso la Repubblica, essendo in lei erario d'altrettante verso molte città, oltre la fiducia che ha nei suoi sudditi, che di buon grado perderebbero la vita e sostanze per aderire alle savie e mai sempre limitate inclinazioni d'una Patria, che mai li ha messi in catena e fin qui non ha loro fatto provare il peso di mal fondate contribuzioni, e la disgrazia di sagrificare alla passione e al genio le vite di loro primogeniti. Ma in queste agitazioni e presentanei tumulti di aleanze, d'esazioni e di fede franta, tolga il cielo che la Repubblica fosse venuta neppure nella leggiera dubbiezza, se dovesse o no dare la ricercata considerabile somma di denaro, ma piuttosto assolutamente gliela negò.

Quindi sapendo che alla negativa succederebbe la promessa o sia vera intimazione di guerra e privazione di commercio, espediente cosa ha riputato assistere a quelle Potenze alle quali la stessa Repubblica è tanto debitrice, e dalle quali può all'occasioni compromettersi aiuto non medicore per rintuzzar l'orgoglio di ogni sorta di nimici e sottrarsi dalle loro insidie. Le *promesse firmate a carattere di tutto il senato, fatte già al Gran Luigi Quarto Decimo, sono registrate non tanto in Genova che in Parigi, ed ogni sillaba ricerca da lei presentemente la ben dovuta esecuzione*, per 'o che con pubblico e solenne giuramento il di 27 dello cadente mese d'Agosto, ha giurata nuovamente fedeltà, unione ed alleanza colla Corte di Francia e sua Colleghi per un intiero novennio, col rendere manifesto, eziando ai sudditi, che forse vivono sotto alcun dei cieli nemici, a niente sgomentarsi se hora le confische fossero loro intimate, perchè hanno una madre, alle cui poppe ricorrendo, saranno onninamente alimentati.

Non è vendetta, livore o politica che stimoli la Repubblica ad una tale aleanza ma si bene la data e giurata fede al Gran Luigi di dovere, anzi che proteggere e prestare soccorso ai nemici di Francia, in vera, reale ed ingiusta azione di guerra, dovere, dissi, unirsi a lei con quelle reciproche condizioni che hor hora non è d'uopo di manifestare.

Provi l'Inimico risoluto così nelle sue colere un corpo che nella tranquillità della pace con scelerate Requisitoriali si è studiato offendere, e impari che all'humiltà e non all'arroganza deve essere congionta la necessità, e che la Repubblica di Genova, anzi che rendersi, resiste alla minaccia di coloro che sono in odio agli uomini e a Dio, da cui ne spera, anzi humilmente ne priega la Repubblica per se e per li Gallispani, consiglio, aiuto e vittoria.

(M. A. E. Vol. Gênes, 117).

Note. — Dans les lettres précédentes, les agents de France, envoyé et consul, parlent souvent des embarras d'argent dans lesquels se trouvaient le Roi de Sardaigne et la Reine de Hongrie, ainsi que des insolences des Anglais. — L. L.

Gênes, 14 Septembre 1744. — M. de Jonville à M. de Maurepas. — Monseigneur, ... L'escadre anglaise, après son départ d'ici, a été longtemps entre la Gorgone et la Corse, et non seulement elle a visité une felouque qui venait de Corse ici, mais même a ouvert les dépêches que le Commissaire Général envoyait à la République. Il ne serait pas impossible que présentement les Anglais n'eussent quelque dessein sur la Corse, d'autant qu'ils entretiennent toujours quelque intelligence avec le Baron de Neuhoff qui est en Toscane, et à qui ils envoient des remises.

(M. A. E. Vol. Gênes, 117).

Ajaccio, 15 Avril 1745. — L'Archiprêtre Orto à M. d'Argenson. — Quei pochi servitij prestati dalla mia debolezza nell'esecuzione dell' ordini di Sua Maestà, quando qui erano li di lei ministri hanno incontrato la di lei approvazione, e la munificenza reale l'ha compensati con la pensione di lire 800 annue sopra l'abbatia di San Martino a Pontoise, che attualmente godo.

Quest'istessi mi hanno fatto godere la confidenza della felice memoria dell'Eminentissimo di Fleury, che sino all' ultimi giorni della sua vita mi ha felicitato con le sue lettere, e se l'Eccellenza Vostra ne desidera il vero con la lettura delle sue e mie, potrà anche comprendere l'idea dello stesso dai di lui officiali.

Dopo la di lei morte mi sono due volte addirizzato al sign. d'Amelot, ma o egli non l'habbia ricevute, o non abbia voluto rispondere, io non ho avuto l'onore di sentire il di lui giudicio.

Al presente che siamo in una crisi di questo Regno, mi stimo in obligo d'incommodare l'E. V. e farle sapere che qui si attende il spesso nominato Teodoro. La di lui comparsa e le di lui machine al certo porteranno delle alterazioni. Io ho eseguito l'ordini datimi dall'Eminentissimo di Fleury et Sig. de Villemur e sono sempre con l'espettativa di quel tanto gli è stato promesso in voce ed in scritto dalli Signori Ministri di Sua Maestà a questi popoli.

Se mi fosse possibile un imbarco, io volontieri mi porterei costì per meglio spiegarmi, ed anche per meglio sentire. L'Eminentissimo di Fleury mi avea dato quest'ordine, che poi sospese, sul motivo d'attendere una congiuntura più favorevole.

L'E. V. rifletta e mi dia l'onore per la via di M. Jonville, residente in Genova, di sentire i di lei oracoli, perchè non solo in questo, ma in qualunque altro affare per servitio di Sua Maestà e dell'E. V., vederanno che con sincerità opererò sino al possibile, e con la più rispettosa maniera mi stimo fortunato d'essere ecc.

(M. A. E., Vol. 118).

Toulon, 6 Mai 1745. — **M. de La Villeheurnoy à M. du Theil.** — Monseigneur, — Je crois devoir vous faire part d'une lettre que j'ai reçue hier de Corse; j'en rends compte aussi à Mgr le Comte d'Argenson J'ai eu l'honneur de vous parler à Paris, Monseigneur, de cette Madame Colonna, dont on a fort mal reconnu les services qu'elle a rendus à la France pendant que les troupes du Roy étaient en Corse; la République de Gênes n'a cessé de la persécuter depuis ce temps; elle serait satisfaite si la Cour lui accordait une patente par laquelle le Roy la prendrait sous sa protection et sauvegarde, avec prière au Sénat de Gênes et Commissaires Généraux de la République en Corse, de lui accorder leurs bons offices ; il peut n'être pas indifférent d'avoir cette dame dans le parti de la France.

On assure qu'il y a 50 vaisseaux anglais dans nos mers. — Je suis, etc...

(M. A. E. Vol. Gênes, 118).

Ajaccio, 22 Avril 1745. — Traduction d'une lettre de Madame Colonna à M. de la Villeheurnois. — M. Rivarola, Corse, a obtenu du Roy de Sardaigne la permission de lever deux régiments de notre nation; sa capitulation est des meilleures. Comme j'ai senti que cela est préjudiciable à Sa Majesté Très Chrétienne, avec qui le Roy de Sardaigne est en guerre, je me suis jointe avec ceux qui me sont attachés pour mettre obstacle à cette levée. Je n'ai cependant jusques ici eu pour les services que vous n'ignorez pas que j'ai rendus aux Français, d'autre récompense qu'une haine trop marquée de la part de la République, mais je veux continuer dans la fidélité que j'ai vouée à votre Couronne en empêchant, si je puis, la levée de ces régiments, qui aurait réussi, si de concert avec M. d'Ornano, le Recteur du Séminaire, le Prévôt de Zicavo et autres chefs des pièves de cette partie des monts, je n'eusse traversé cette nouvelle levée, qui aurait été aussi très contraire aux recrues du Régiment Royal Corse, parce que la paye promise par le Roy de Sardaigne est beaucoup plus forte. M. Rivarola ayant appris l'obstacle que je mettais à son entreprise, en a fait part à la Cour de Turin, dont il a demandé pour moi la protection et une pension. Il a cru que je l'accepterais, parce que j'ai besoin d'un asile, et de la protection d'une tête couronnée pour me mettre à couvert des mauvais traitements de la République, que je me suis attirés pour avoir rendu des services essentiels aux troupes françaises, lorsqu'elles étaient en Corse.

Deux officiers, qui travaillent à cette levée, me sont venus offrir la protection du Roy de Sardaigne et la commission de capitaine pour mes deux fils, en cas que je voulusse les envoyer au service de Sa Majesté Sarde. Je les ai refusés, en les assurant que je suis trop affectionnée à la France pour la trahir, que j'avais déjà un de mes fils dans le Régiment Royal Corse, et j'y en envoie un autre, afin qu'ils sacrifient tous les deux leur vie pour Sa Majesté Très Chrétienne, dont j'espère la protection, des ministres de laquelle je vous supplie de m'obtenir une pension, quelque modique qu'elle soit, ou tout au moins une patente qui fasse voir que Sa Majesté me prend sous sa protection. Si je suis refusée, je ne réponds pas que le désespoir où me mettent les mauvais traitements de la République, ne me fassent prendre un parti contraire à mon inclination. C'est ce qui m'engage à vous prier de me marquer à quoi je dois m'en tenir, afin qu'une fois pour toutes, je prenne un parti sûr pour ma tranquillité et ma conservation. La République tient toujours mon père en prison, et a ôté à mon mari la compagnie qui par la capitulation doit toujours être dans ma famille.

Il y a environ un mois que Théodore a écrit de Sienne au curé prévôt de Zicavo, qu'il doit venir dans peu de temps en Corse avec les Anglais. Suivant cette lettre, il marque qu'ils viendront ouvertement s'emparer des places fortes, et qu'il espère réduire notre isle en peu de temps, par l'affection qu'il croit que le peuple lui conserve.

Les Corses persistent à refuser de rien payer à la République, ce qui va encore occasionner de nouveaux troubles. Théodore prie aussi le prévôt de Zicavo de m'engager à ne point m'opposer à la levée des deux Régiments. J'ai prié ce prévôt au contraire de faire un parti contre et opposé à Théodore, sentant combien il serait préjudiciable à la France que les Anglais s'emparassent de la Corse. Il n'est pas nécessaire que vous m'exhortiez de bien servir la France; mon inclination m'y porte, mais en vérité on fait bien peu d'attention aux services que j'ai rendus, et je n'aurais jamais cru que M. le Maréchal de Maillebois les eût oubliés. Mon fils que j'envoie à son oncle vous rendra cette lettre.

(M. A. E. Vol. Gênes, 118).

Tournay, 22 Mai 1745. — **M. d'Argenson à l'archiprêtre Orto, à Ajaccio.** — J'ai reçu, Monsieur, la lettre que vous avez pris la peine de m'écrire le 15 du mois dernier. Je vous fais mes remerciements très sincères de tout ce qu'elle porte de prévenance et d'attention à mon égard. Trouvez bon au reste que je vous prie, pour tout ce que vous croirez avoir à dire et à faire de relatif à l'intérêt que le Roy veut bien prendre, que je vous prie, dis-je, d'entrer là-dessus en commerce de toute confiance avec M. de Jonville que je préviens aujourd'hui de tout ce que je vous marque.

(M. A. E. Vol. Gênes, 118).

Au Camp de Tournay, 31 Mai 1745. — **M. Du Theil à M. de Villemur.** — J'ai reçu, Monsieur, avec la lettre que vous avez pris la peine de m'érire le 6 de ce mois, la copie d'une que vous aviez eue depuis peu de Mme Colonna de l'isle de Corse. Vous avez très bien fait d'adresser la même chose à M. d'Argenson. Comme tous les services que cette dame peut avoir rendus à la France réfléchissent sur le militaire, il jugera mieux que moi de ce qu'ils méritent. La patente de protection qu'elle demande a quelque apparence de plus de relation avec mon ministère ; mais outre que cela ne s'accorde guère dans les Pays d'une puissance aussi absolument indépendante du Roy que l'est la République de Gênes, cela ne servirait peut-être qu'à augmenter la haine qu'elle prétend qu'on lui porte, et si elle venait à en éprouver quelques effets marqués, il faudrait pour soutenir l'honneur de cette protection déclarée, entrer dans quelque sorte d'engagement avec le Gouvernement de Gênes.

(M. A. E. Vol. Gênes, 118).

9 Septembre 1745 — Lettre de Théodore aux Salvey. — A quoi dois-je attribuer, mes chers messieurs Salvey, votre silence, lequel je vous proteste de m'être très sensible mortification. Nonobstant je me flatte de votre amitié que vous continués à prendre mon affaire à cœur. Dans cette pleine confiance je viens par cette vous prier de vouloir bien passer chez Mylord Carteret, le saluer distinctement de ma part, et le prier de me faire savoir sans déguisements si je puis espérer de Sa Majesté Britannique et de votre nation l'assistance si nécessaire pour pouvoir repasser auprès de mes fidèles et m'opposer aux vues des Gallispans ; même y étant, je puis assurer de les anéantir, et de mettre ensemble un corps de 10 à 12 mille hommes à faire une bonne diversion aux ennemis en Terre ferme, en me procurant à cet effet les bâtiments de transport escortés par des vaisseaux de guerre. J'en ai écrit plusieurs fois à Mylord Harrington, mais n'ay la satisfaction de recevoir un mot de réponse ; ni le Ministre de Sa Majesté Britannique à Florence, M. le Chevalier Mann, qui a eu la bonté d'en écrire au duc de Newcastle et à Mylord Harrington, mais ne reçoit sur ce chapitre aucune réponse. Jugés de mes embarras mortels, environné par ici de tant d'émissaires lesquels me détournent tous. Recommandez donc mes intérêts à Mylord Carteret et à Mylord Vinchelsea, et procurez des ordres à l'amiral Rowley pour m'assister. Certainement si l'on m'avait appuyé, les affaires de ces quartiers ne seraient dans cette présente extrémité ; et donnez-moi de vos chères nouvelles sous le couvert de M. le Chevalier Mann, ministre de Sa Majesté Britannique à Florence, et pressés vivement une solution favorable, car il n'y a de temps à perdre, si l'on veut remédier aux affaires de ces quartiers très dérangées comme vous serez bien informés.

J'ai écrit aussi deux fois à M. de Newcastle, mais n'ay la satisfaction de recevoir un mot de réponse ; faites-m'en savoir la raison sans déguisement et croyés-moi, mes chers Messieurs Salvey, très sincèrement, votre vray ami.

Le Cogne (1). Pr Haagen

Vous aurez su que dans ces dix-huit mois j'ai été emprisonné trois fois, et quatre mois passés, j'ay essuyé le cartel de quatre infâmes qui étaient envoyés pour m'assassiner dans ma maison. Je les désarmay et puis par la fenêtre ils se sauvèrent. Du depuis, il me reste un tremblement dans la main qu'à peine je puis écrire.

(M. A. E. Vol. Gênes, 119).

---

(1) C'est un nom d'emprunt qu'a pris Théodore.

Paris, 29 Août 1745. — **M. de Maurepas à M. de Jonville** ... Je ne sçais si le véritable objet des Anglais ou du Roy de Sardaigne ne serait point de s'emparer de la Corse, ou du moins d'y fomenter de nouveaux troubles, mais il est bien certain qu'ils interceptent tous les bâtiments napolitains et génois qu'ils soupçonnent chargés de munitions de guerre et de bouche pour la subsistance des Etats de Gênes, ou pour le service des armées, et qu'on ne sçaurait prendre trop de précautions pour assurer le passage de ces sortes de bâtiments.

(M. A. E. Vol. Gênes, 119).

Gênes, 13 Septembre 1745. — **M. de Jonville à M. de Maurepas.** — Monseigneur, — J'ai reçu la lettre que vous m'avez fait l'honneur de m'écrire le 29 du mois passé.

Il serait fort possible, comme vous le pensez, que les Anglais eussent quelque dessein sur la Corse, ou d'y fomenter de nouveaux troubles. Il est certain qu'il y a présentement de la fermentation dans cette isle, mais je crois plutôt que les Anglais auraient pour objet de faire une entreprise à Vado ou dans le golfe de la Spezzie pour y former un établissement qui les rendrait entièrement maîtres de la Méditerranée.

(M. A. E. Vol. Gênes, 119).

Calvi, 10 Octobre 1745. — **Ozero, vice-consul à Calvi à...** — In questo punto uomo proveniente dal di là dai

Monte riferisce aver veduto nel Porto dell'Aiaccio, anzi nel golfo, alla sinistra intrando, luogo detto la **Vergine del Carmine,** partita dei vascelli inglesi in numero di 20 e più, ed averli colà lasciati venerdì scaduto, e che per timore delli detti, le donne della detta città sen'andavano a quei Paesi circonvicini. Dice pure aver inteso che detti Inglesi richiedevano fossero scacciati i bastimenti napolitani, carichi di truppe, altrimenti che avrebbero bruggiato la città. Dice anche che sopra detti vascelli inglesi vi sia il figlio bastardo del fu colonnello Farinacci il quale si sa certamente che giorni addietro era in Livorno, il quale ha in quei paesi del di là dai Monti molti parenti di rimarco, e che perciò non siano detti Inglesi col solo disegno di predare i Napolitani, ma anche la città. Il colonnello delle Truppe Napolispane, se avesse fatto secondo me, avrebbe condotto qui le sue truppe per terra, ed io li torno a spedire.

L'occasione che vuol partire non mi da tempo di dirle di più.

(M. A. E. Vol. Gênes, 119).

Gênes, 18 Octobre 1745. — **M. de Jonville à ...** — Il est certain que le baron de Neuhoff s'est embarqué à Livourne. On croit qu'il est allé en Corse et que les Anglais se serviront de lui pour faire quelque manœuvre. Je reçois à ce moment une lettre du Sr Ozero, notre vice-consul à Calvi, du 10 de ce mois, qui marque que les vaisseaux Anglais sont à Ajaccio, comme vous le verrez dans la copie de sa lettre que je joins ici.

(M. A. E. Vol. Gênes, 119).

CORRESPONDANCE

DES AGENTS DE FRANCE A GÊNES

AVEC LE MINISTÈRE

Société des Sciences Historiques et Naturelles
DE LA CORSE

CORRESPONDANCE

DES

AGENTS DE FRANCE A GÊNES

avec le Ministère

(15 Janvier 1742 au 1er Juin 1748)

II

PUBLIÉE

PAR M. L'Abbé LETTERON

BASTIA
IMPRIMERIE A VAPEUR JOSEPH SANTI

— 1913 —

CORRESPONDANCE

DES AGENTS DE FRANCE A GÊNES

AVEC LE MINISTÈRE

Gênes, 25 Octobre 1745. — **Lettre de M. de Jonville** accusant réception de la copie du traité conclu entre les trois couronnes (France, Europe, Naples) et la République de Gênes.

(M. A. E. Vol. Gênes, 119).

Gênes, 25 octobre 1745. — **M. de Jonville à...** — Je suis très fâché par l'intérêt que je dois prendre à la satisfaction des Génois, de voir que leurs affaires vont fort mal en Corse. Ces insulaires ne seront jamais sincèrement attachés aux Génois et les Anglais profitent de ces dispositions. M. Etienne Mari, qui est le nouveau Commissaire Général de cette Isle, est parti il y a deux jours pour y aller avec les quatre galiotes napolitaines, mais je doute fort que ce noble qui n'a pas d'ailleurs de grands talents, puisse améliorer les affaires de la République dans cette Isle.

(M. A. E. Vol. Gênes, 119).

Gênes, 27 Octobre 1745. — M. de Jonville à M. d'Argenson. — Monseigneur, — En conséquence de la grâce que vous avez bien voulu m'obtenir pour que je pusse m'absenter quelques mois, je fais mes dispositions pour partir incessamment. J'ai pris congé hier du Doge, comme j'ai fait dans d'autres occasions semblables. Il m'a reçu et parlé avec beaucoup d'honnêteté, et en me souhaitant un bon voyage ; il m'a dit qu'il espérait me revoir bientôt. Je laisse au S^r Du Pont, mon secrétaire, toutes les instructions nécessaires pour suivre les affaires en mon absence. Comme il en a été chargé plusieurs fois tant à Bruxelles qu'ici en pareilles occasions, et qu'on a été content de lui, j'espère que vous ne le serez pas moins.

(M. A. E. Vol. Gênes, 119).

Gênes, 31 Octobre 1745. — M. Coutlet à M. D'Argenson. — Monseigneur, — Ayant eu l'honneur depuis plus de trente ans que je suis à Gênes, d'en passer près de 13 chargé des affaires du Roy, au défaut des envoyés de Sa Majesté, je suis en quelque manière en possession de suppléer encore aujourd'hui à l'absence de M. de Jonville, qui vient de partir pour Paris. Je sais qu'il a laissé ici son secrétaire pour veiller à ce qui peut intéresser le service, mais comme il pourrait être que je n'y fusse pas inutile dans la conjoncture présente, j'espère que Votre Excellence ne trouvera pas mauvais que j'y donne aussi mes soins, et que je prenne la liberté de lui rendre compte régulièrement de ce qui viendra à ma connaissance que je croirai pouvoir mériter son attention ou sa curiosité, sans autre espoir que l'avantage de lui faire ma cour et de mériter son estime.

...Les affaires de Corse paraissent dans une grande fermentation. On m'écrit de la Bastia que le 19 le docteur Gaffori et le capitaine Matra s'étaient avancés avec une troupe de rebelles vers la piève de Caccia, d'où, après avoir conféré avec les habitants, ils s'étaient retirés chez eux sans avoir commis aucun désordre ni indiqué aucune assemblée. La province de Balagne qui est la principale paraissait assez tranquille ; on prétend néanmoins qu'elle a déclaré aux chefs qu'elle serait toujours prête d'accourir où le besoin le requérerait pour le bien de la Patrie. On prétend qu'ils n'étaient pas tout à fait contents du gouvernement de M. Justiniani. On verra si M. Stefano Mari, qui est allé le remplacer leur sera plus agréable. On apprend qu'il est arrivé le 25 à la Bastia, sans avoir rencontré aucun vaisseau de guerre anglais. Il faut qu'ils se soient retirés en Sardaigne, n'y ayant que quelques frégates qui croisent du côté d'Ajaccio, où les six barques napolitaines chargées de troupes sont encore. On en mande qu'elles y ont embarqué leur monde, ainsi que leur artillerie et munitions dans la crainte que le vice-amiral Brawley ne vînt les y brûler.

(M. A. E. Vol. Gênes, 119).

Gênes, 1ᵉʳ novembre 1745. — M. Du Pont à M. d'Argenson. — Monseigneur, — Je n'ai rien de certain a vous marquer par rapport à Théodore. Quoiqu'on ne paraisse point douter ici qu'il ne soit embarqué pour passer en Corse, je n'entends point dire qu'il y ait icy d'avis positif de son débarquement dans cette Isle. Il est vray que ceux du gouvernement évitent de parler de cet aventurier, soit qu'ils veuillent tenir la chose secrète, soit qu'ils comptent sur notre alliance pour avoir par la suite raison de cette affaire, et c'est sans doute cette considération qui les tranquillise sur le danger de perdre cette Isle par les manœuvres du Roy de Sardaigne et des Anglais. On sait d'ailleurs assez positivement que deux des principaux Corses, les Srs Gafforio et Matra (ce dernier a été officier dans le Régiment Royal Corse), courent le pays avec quelques gens qu'ils se sont attachés et qu'ils ont brûlé quelques petits endroits.

Le nouveau Gouverneur Général, M. Etienne Mari, est heureusement arrivé dans cette Isle. Son prédécesseur, M. Giustiniani, est déjà de retour icy. Il est Sénateur, le sort étant tombé sur lui dans une extraction qui se fit il y a environ 15 jours, pour remplacer un Sénateur mort. Il ne serait point impossible que M. Giustiniani ne fût élu Doge à la place de M. Laurent Mari, qui l'est aujourd'hui, et dont les deux années de Dogat finissent à la fin de celle-ci.

(M. A. E. Vol. Gênes, 119).

Gênes, 21 novembre 1745. — M. Du Pont à M. d'Argenson. — Monseigneur, — Il est arrivé ici ce matin de Corse un officier dépêché par M. Mari, Gouverneur Général de l'Isle, qui a apporté au Sénat la fâcheuse nouvelle que les Anglais s'étaient emparés de Bastia. Voici les particularités que j'ai pu apprendre de cet événement.

Les Anglais sont arrivés le 16 devant la place et ont d'abord débarqué le Sr Rivarola avec 200 ou 300 soldats qui avaient été embarqués à Livourne. Cette petite troupe a attaqué la place à plusieurs reprises, mais toujours inutilement, parce qu'elle n'avait point de canon. Cependant les Anglais ont envoyé de leurs vaisseaux deux ou trois officiers dire au gouverneur qu'il eût à rendre la place et à en remettre les clefs au Sr Rivarola. Il leur a répondu qu'il se défendrait à toute extrémité, et quant au Sr Rivarola qu'il n'avait au lieu de clefs qu'une corde à lui présenter pour le pendre, comme il le méritait. Du reste il a bien traité les officiers Anglais, et leur a présenté le thé et le café. Après cette réponse, les Anglais, au soleil couchant, ont commencé à bombarder la ville et ont continué jusqu'au jour. Alors ils ont cessé le bombardement, et se sont mis à faire un feu terrible du canon de leurs vaisseaux qui a détruit les batteries et achevé d'abîmer presque toute la ville. Cependant le vent ayant changé ils ont été obligés de lâcher prise et de s'éloigner.

Sur cela, M. Mari a assemblé son conseil et y a fait intervenir le magistrat de la ville. Il a de nouveau insisté dans la résolution de se défendre jusqu'à la dernière extrémité. Son neveu, M. Lomellini, noble génois, qui est allé avec lui dans l'Isle pour lui faire compagnie, a été du même sentiment ; mais le Magistrat de la ville l'a constamment refusé, disant qu'il se défendrait tant qu'on voudrait contre les Rebelles du côté de la terre, mais qu'il ne pouvait plus résister à l'artillere des Anglais, ni ne vouloir aussi laisser achever la ruine de la ville qui n'était déjà que trop maltraitée. De sorte que M. Mari qui n'aurait pu faire sa retraite par terre, tant à cause des Rebelles que de la difficulté des chemins, a été obligé de profiter de l'éloignement des Anglais pour s'embarquer avec son argent, sa garnison et tout ce qu'il a pu emporter pour se sauver à Calvi, où toutefois on n'a point encore avis qu'il soit arrivé. Ensuite les Anglais sont revenus et ont pris possession de la place ; on ne dit point si c'est en leur nom ou en celui du Roy de Sardaigne. On accuse le gouvernement de n'avoir pas mis cette place en assez bon état de défense, surtout du côté de la mer, et il y a eu des nobles qui ont lâché qu'il n'y avait que trois canons en état de tirer. Il y a ce soir **consiglietto** extraordinaire pour délibérer sur cet événement. Il va réveiller le désir que les Génois ont toujours eu d'avoir quelques vaisseaux de guerre dans ces mers-cy. Ils disent à ce sujet qu'ils pourraient contribuer à un armement, surtout en fournissant bon nombre de matelots. Ils s'en sont expliqués ainsi à cette occasion, comme ils ont fait devant avec M. de Jonville, en lui disant que la République pourrait armer quatre vaisseaux. On prétend que les Anglais, c'est à dire la petite escadre de 4 vaisseaux de guerre avec ses bombardes, ses brulôts et magasins, sont présentement au Cap-Corse, et il y a même quelques avis qu'ils ont paru à la hauteur de la Spezzie, de sorte qu'on a ordonné ici aux canonniers et bombardiers de se rendre à leurs postes et d'y coucher.

(M. A. E. Vol. Gênes, 119).

Gênes, 28 novembre 1745. — M. Coutlet à .... — Monseigneur — Aussitôt que la triste nouvelle de la prise de Bastia fut arrivée, l'on sonna l'assemblée du petit Conseil pour le soir qui dura fort avant dans la nuit. On commença le lendemain à faire partir divers petits bâtiments avec des vivres, des armes, des munitions de guerre et une trentaine de canonniers pour Calvi, Ajaccio et Bonifacio, avec apparence que l'on se servira dans un pareil besoin de l'artillerie des Espagnols, qui a été déposée dans la dernière de ces places pour la défense du reste de cette isle.

On veut que le commandant de l'escadre ait déclaré qu'il prenait possession de la Bastie d'ordre de Sa Majesté Britannique, et qu'il la remettait au nommé Rivarola, qui est un des principaux chefs des rebelles, pour la tenir à la disposition du Roy de Sardaigne. Le plus fâcheux est qu'il semble qu'il n'y a pas à douter que les soulevés ne se soient rendus maîtres, le 14, du lieu de St Florent, et que si les Anglais commencent une fois à s'y établir, il ne sera pas facile de les en dénicher, ce qui ne pourra manquer d'incommoder beaucoup notre navigation, étant capables avec deux seules frégates qu'ils feraient croiser dans le canal de Piombino, de déranger entièrement notre commerce maritime des ports d'Italie et des Echelles du Levant.

Chacun convient que si l'on convoquait de ce côté-là un simple escadre de six ou sept vaisseaux, elle suffirait pour brûler ces incendiaires qui sont en fort mauvais état et très mal équipés, à moins qu'ils ne prennent des Corses pour compléter leurs équipages.

La perfidie du susdit Rivarola est d'autant plus extraordinaire que deux de ses fils sont actuellement ici entre les mains de la République, qui même, à ce que l'on m'assure, vient de mettre une récompense de 12.000 livres sur la tête de ce scélérat. Elle a aussi fait arrêter plusieurs parents des principaux chefs de la rébellion qui étaient ici soupçonnés d'être en relations avec eux.

Ce gouvernement, se trouvant hors d'état par lui-même de secourir cette isle, n'ayant point de forces maritimes pour s'opposer aux Anglais, et la plus grande partie de ses troupes étant jointes à celles des deux couronnes tant en Lombardie que le long de la Coste pour se garantir des courses des Piémontais, ordonna mercredi un **Triduum** avec exposition du S. Sacrement dans trois des principales églises de cette ville pour implorer l'assistance du ciel dans l'embarras où il se trouve.

Les Génois paraissent doublement affligés d'un pareil contre-temps, attendu que s'ils viennent à perdre la Corse, sous quel titre pourront-ils prétendre la **Sala Reggia**, que l'on veut toujours qu'ils aient déjà obtenue de la Cour de Madrid ?

M. Justiniani qui est revenu en dernier lieu de cette isle, où il était Commissaire Général, semble être dans la joie de voir tous ces désordres, prétendant que si on l'eût laissé continuer dans l'exercice de cet emploi, tout cela ne serait pas arrivé, au point qu'il y a journellement de grandes altercations dans les petits conseils à ce sujet. Il est du moins certain que le Sr d'Angelo, soit par partialité pour M. Justiniani dont il était fort gracieusé ou autrement, a pronostiqué depuis longtemps que si l'on s'avisait de le retirer de là, dans la conjoncture présente, les Rebelles recommenceraient infailliblement à faire parler de leurs faits et gestes.

....On apprend de Livourne que les Anglais ont été les dupes de la honteuse expédition qu'ils viennent de faire en Corse, y ayant été fort maltraités sans avoir réussi dans leur entreprise. Ils avouent que le château de la Bastie a fait une très vigoureuse défense et qu'ils ont été trahis par le nommé Rivarola qui leur avait promis, au premier signal, de les seconder par terre à la tête de 3.000 des rebelles qu'il disait avoir à sa disposition, lui ayant fourni à cet effet six pièces de campagne, quantité d'armes et environ 300 barils de poudre ; aussi dit-on qu'ils lui font son procès, le commandant même ayant reçu 7 coups de canon dans son bord dont 3 à fleur d'eau qui l'ont fort incommodé, travaillant avec empressement à se radouber, et à faire venir de Pise les mâts de rechange dont ils ont besoin, en ayant eu plusieurs de fracassés. En un mot, si tous ces avis sont véritables, il n'y a pas à beaucoup près tant de mal que l'on s'était figuré ; l'essentiel est que les Rebelles ne soient point entrés dans la Bastie, comme on le prétendait, le Rivarola s'étant, dit-on retiré à la montagne avec les siens, sans que le gouverneur se soit échappé, ayant, bien loin de là, au rapport même des Anglais, fait très bonne contenance. On attend ici avec une extrême impatience des relations véridiques de tout cela, car quoique ces nouvelles aient un peu rassuré le gouvernement, il ne sera tranquille qu'après en avoir eu la confirmation de la Bastie même, la mer orageuse qu'il a fait dans tout le cours de cette semaine n'ayant apparemment pas permis aux bâtiments qui en auront été expédiés d'aborder en terre ferme. En attendant on continue à faire partir pour cette isle quelques soldats et des munitions de toutes sortes.

(M. A. E. Vol. Gênes, 119).

Gênes, 2 Décembre 1745. — M. Du Pont à.. — Monseigneur, — Le secrétaire d'Etat de la République me fit prier hier soir d'aller lui parler : C'était pour me dire qu'il n'était enfin que trop certain, et que le Gouvernement avait avis de Livourne que le Sr Rivarola, à la tête des Rebelles Corses s'était emparé de Bastia, qu'il en avait pris possession au nom du roi de Sardaigne, de la protection duquel il avait assuré tous les habitants de l'Isle, et qu'on savait qu'il se préparait à faire de nouvelles conquêtes, ayant à cet effet expédié au commandant de l'escadre anglaise pour se concerter avec lui, et au Roi de Sardaigne pour lui en rendre compte, et en même temps pour l'informer du succès de l'entreprise de Bastia. Le secrétaire d'Etat me dit encore qu'il y avait quelque avis que les

Anglais et les rebelles pouvaient être maîtres de S. Florent. Je lui témoignai beaucoup de peine de la fâcheuse nouvelle, mais en même temps je lui dis qu'il fallait que la République fît en sorte d'empêcher les progrès de ses ennemis dans ce pays-là, et qu'elle devrait surtout donner son attention à bien munir Calvi, Ajaccio et Bonifacio. Il me répondit que ces places étaient en assez bon état, et que les troupes sorties de Bastia serviraient à renforcer les garnisons. Du reste, il m'a dit que le Gouvernement n'avait encore reçu aucun avis en droiture de l'Isle, ni de M. Mari qu'on disait arrivé à Calvi, sans qu'on le sût positivement.

(M. A. E. Vol. Gênes, 119).

Novembre 1745 (sans date précise). — **Traduction de la lettre écrite par le comte Rivarola au magistrat de Bastia.** — Messieurs, — Je suis en Corse, et grâce à Dieu, je n'y suis point venu pour opprimer ma patrie, mais au contraire pour la délivrer de l'oppression qu'elle a soufferte jusqu'à présent. Je suis citoyen, et je suis prêt à verser mon sang pour la défense de mes concitoyens. Je n'ambitionne ni ne veux de supériorité sur personne, pourvu que les autres veuillent être mes compagnons, et concourent dans mon dessein qui ne tend qu'au bien commun. J'apprends que la Bastia craint et se méfie de moi comme si j'avais l'intention de faire éprouver ma haine à ma chère ville. Il faudrait que j'eusse appris la vengeance de qui se venge d'une manière sans exemple, et dans le temps même qu'il vante son extrême clémence, punit des enfants au berceau, lorsqu'il devrait plutôt récompenser les peines de ceux qui enseignent aux grands à administrer la vraie justice.

Les forces de Sa Majesté, le Roi de Sardaigne, qui, jointes à celles de ses alliés, sont destinées par un effet de sa clémence royale à notre soulagement commun, ne tendent point à notre désolation. Si la Bastia et vous, Messieurs, voulez éviter tout danger, il ne tient qu'à vous. J'engage la parole de mon Roi, celle des Puissances ses alliées et nos Protectrices et même la mienne que la ville ne souffrira aucun dommage, pourvu qu'elle se rende à l'appel et sans faire la moindre résistance. Vous verrez tous de vos propres yeux si l'assistance que nous avons est un faux appui, un fantôme et des apparences chimériques. Nous avons une puissante flotte à notre disposition et prête à nous favoriser. Il y a des galiotes à bombes, des bombes, des munitions et tout ce qui est nécessaire. Nous avons un diplôme authentique de Sa Majesté, le Roi de Sardaigne, par lequel il nous promet sa protection et son assistance et celle des Puissances ses alliées, avec assurance de ne jamais nous abandonner à la vengeance de la République.

Vous avez, Messieurs, assez de lumière et de discernement ; voyez s'il est de votre intérêt de vous exposer à l'épreuve en prétendant vous défendre contre une puissante armée qui peut vous mettre en cendres en peu de temps. N'espérez point de pouvoir l'éviter, si vous ne vous rendez. Vous ne trouverez d'asile ni par mer ni par terre. Toute la Corse est instruite, et elle est disposée à secouer le joug pesant que chacun connaît. Je serais extrêmement fâché de voir la Bastia réduite en un tas de pierres. Nous espérons que vous vous laisserez persuader, et que vous donnerez une preuve de votre prudence. Je vous présente, Messieurs, mon parfait dévouement, et suis etc.

(M. A. E. vol. Gênes, 119)

Du Couvent d'Oletta, 17 Novembre 1745. — Traduction d'une lettre écrite par le comte Rivarola à la communauté de Nebbio. — Messieurs et très aimables compatriotes, — Grâces au ciel nous voici arrivés à la fin de nos peines, et le temps est venu de délivrer la patrie de l'oppression. Nous avons une puissante armée navale, qui s'est acheminée déjà vers la Bastia, composée de 17 vaisseaux de guerre, y compris quatre galiotes à bombes avec une quantité prodigieuse de bombes. Cette armée est pourvue de toutes les provisions nécessaires d'artillerie ; de munitions de guerre ; elle est à notre disposition, et prête à nous fournir tout ce dont nous pourrons avoir besoin. Il y a seize ans que nous soupirons après des secours maritimes. Nous les avons à présent sous nos yeux, et ce ne sont point des apparences chimériques ; chacun peut le voir par soi-même pour se désabuser ; ainsi j'invite la province du Nebbio à concourir au bien public. Je suis venu en personne me sacrifier, s'il le faut, avec mes compatriotes. Je vous prie, Messieurs, de vous rendre demain après dîné au couvent d'Oletta où nous consulterons ce qu'il y a à faire; mais venez-y avec vos armes et des vivres pour quatre ou cinq jours. Je vous y ferai voir le diplôme que j'ai de Sa Majesté le Roy de Sardaigne, signé de sa propre main, dans la forme la plus authentique, où Sa Majesté, par un effet de sa clémence, non seulement vous promet sa protection royale et son assistance, mais encore celles des couronnes ses alliées. J'espère que l'amour de la Patrie dissipera en vous toute crainte, et que vous vous rendrez au temps et au lieu marqué pour agiter les résolutions. Je vous renouvelle mon respect en attendant, et en vous faisant ressouvenir que ceux qui s'obstinent seront regardés comme ennemis de la Patrie et peuples conquis, ce qu'à Dieu ne plaise. — Je vous embrasse tous de tout mon cœur et suis, etc...

P. S. — Je dois vous ajouter que MM. les Balanins, en considération des choses susdites n'ont point hésité à prendre les résolutions convenables et sont avec nous ici à Oletta.

(M. A. E. Vol. Gênes, 119).

Gênes, 5 Décembre 1745. — M. Du Pont à M. D'Argenson. — Monseigneur, — ...Je compte que vous avez reçu avant la présente, celle que j'ai eu l'honneur de vous écrire le 2 de ce mois, au sujet de la prise de Bastia par le Sr Rivarola à la tête des Rebelles corses. J'eus l'occasion de parler hier au soir au Secrétaire d'Etat qui me dit à cet égard qu'enfin ils avaient reçu des lettres de M. Mari; qu'il s'était d'abord retiré à Ajaccio d'où ils ne doutaient point qu'il ne fût passé à Calvi, parce que le trajet n'est pas long, que ce gouverneur n'avait emmené de sa garnison que ce qu'il en avait pu embarquer et que le reste aura sans doute été fait prisonnier; qu'ils se doutaient que les habitants de Bastia étaient et avaient été d'accord avec les Rebelles, et que Rivarola en avait pris possession au nom du Roy de Sardaigne et de ses alliés. Il me revient qu'on se prépare à envoyer d'ici des troupes à M. Mari. Il est arrivé ici un bâtiment venant de Livourne, d'où il était parti, il y a trois jours, dont le patron rapporte y avoir laissé les Anglais, mais qu'ils appareillaient pour mettre à la voile et qu'on disait que c'était pour retourner en Corse.

P. S. — J'ai l'honneur de vous envoyer ci-joint, Monseigneur, une lettre que je reçois en ce moment de

Corse. Le patron qui me l'a remise m'a dit avoir rencontré les Anglais allant à Calvi.

Je doute que la République soit à temps d'envoyer des secours dans cette isle, mais ce qui pourra faire son bonheur, c'est que les Srs Cafforio et Matra qui sont pareillement des Rebelles Corses et qui tenaient même la campagne depuis quelque temps, sont ennemis jurés de Rivarola, et qu'ils pourront lui disputer le terrain. On prétend même ici qu'ils pensent à reprendre Bastia. Cependant, il y a des avis que Rivarola est maître de Saint-Florent et du Cap Corse.

(M. A. E. Val. Gênes, 119).

Gênes, 5 Décembre 1745. — **M. Coutlet à M. d'Argenson.** — Monseigneur, — Il n'y a plus à douter de la perte de Bastia dont les habitants ont eux-mêmes ouvert la porte aux Rebelles en disant qu'ils ne voulaient plus ni bombes, ni canonnades. M. Mari, commissaire général, se voyant comme abandonné, s'embarqua la nuit sur une gondole de Capraia qui le porta à Ajaccio avec une partie de la garnison. Comme lesdits rebelles se sont aussi emparés de Saint-Florent, ils sont présentement maîtres de tout le Cap Corse, et quatre vaisseaux de guerre anglais étaient à Livourne prêts à mettre à la voile pour retourner de ces côtés-là. Un pareil événement paraît fort embarrasser cette République, qui, jusques à présent ne sait à quel parti s'attacher, pensant seulement à faire passer des vivres à Calvi, Ajaccio et Bonifacio, où l'on sait qu'ils n'y étaient pas en abondance. Il est seulement à craindre que les Corses ne reprennent présentement leur ancien métier en armant quelques petits bâtiments pour donner chasse non seulement aux Génois, mais même aux nôtres encore et à ceux d'Espagne.

(M. A. E. Val. Gênes, 119).

Gênes, 12 Décembre 1745. — M. Du Pont à M. d'Argenson. — Monseigneur, — Ce gouvernement a fait partir d'ici, il y a déjà quelques jours, deux détachement de ses troupes avec des munitions de guerre pour la Corse. On compte qu'ils seront présentement arrivés par ce qu'on n'en a plus eu de nouvelles. Cependant il est certain que les Anglais sont retournés sur les côtes de cette isle. On ne dit rien présentement de ce qui s'y passe, ce qui peut faire conjecturer que les affaires n'y vont pas trop bien pour la République. On a parlé pendant quelques jours d'un parti d'environ 4.000 Corses fidèles à la République et commandé par un colonel nommé Grimaldi, qui étaient descendus des montagnes pour aller reprendre Bastia, et dont on leur avait promis le pillage pour les encourager; mais jusqu'à présent on n'apprend point que cette expédition ait eu lieu. On a ici la mine triste et fâchée soit à cause de cette affaire, soit parce que la côte du Ponent est toujours exposée aux courses des Piémontais.

(M. A. E. Val. Gênes, 119).

Gênes, 12 Décembre 1745. — M. Coutlet à... — Monseigneur, — ...Le bruit se répand aujourd'hui que les Corses sont en mouvement contre les Corses même en faveur de la République; il est du moins certain que tous ces insulaires ne sont point du parti de Rivarola, et que si une fois la jalousie s'en mêle ils se massacreront entre eux. Comme je n'ai aucune lettre de mes vice-consuls, je ne puis jusqu'à présent en parler que sur les nouvelles qui s'en débitent dans le public qui sont pour l'ordinaire fort sujettes à caution.

On mande seulement de Livourne qu'il y était arrivé le 3 du courant une expédition du nommé Rivarola au vice-amiral Cooper pour lui demander du secours, se trouvant assiégé dans Bastia par un corps considérable de ces insulaires du parti de la République, commandés par deux ou trois chefs opposés au sien, ce qui avait déterminé cet Anglais à s'y rendre avec quatre de ses vaisseaux sur lesquels il avait fait embarquer quantité d'armes et de munitions de toutes sortes, ayant laissé deux frégates et ses quatres bombardes dans la darse pour y être radoubées. Cette République n'en a jusqu'à présent aucune nouvelle directe ; il y a toute apparence que les Anglais ne manqueront pas d'occupation de ce côté là, et qu'il leur sera bien difficile de s'y établir, qui est principalement ce qui importe le plus.

On prétend déjà que toute la Balagne qui est la province la plus considérable est opposée au nommé Rivarola, que plusieurs des principaux chefs se sont déclarés en faveur de la République, et que le colonel Ornano seul lui a offert 1.200 hommes. Si cela est, il pourrait arriver que d'un mal il en résultât un bien, et que ces Insulaires, réfléchissant enfin sur leurs véritables intérêts, profitassent d'un pareil désordre pour se faire un mérite auprès de leur légitime Souverain, afin d'en obtenir une absolution générale, et le parfait rétablissement de tous leurs anciens privilèges. On apprend que M. Stefano Mari, nouveau commissaire général, était arrivé le 4 à Calvi où l'on travaillait à mettre cette place en bon état.

(M. A. E. Vol. Gênes, 119).

Gênes, 19 Décembre 1745. — M. Coutelet à... — Monseigneur, — On ignore encore ici la situation présente des affaires de Corse, ou si l'on en sait quelque chose, on a grand soin ne ne le point divulguer, ce qui serait une mauvaise marque. On assure seulement que M. Stefano Mari, nouveau commissaire général, était arrivé le 4 à Calvi, ainsi que j'ai déjà eu l'honneur de le marquer à Votre Excellence, où les habitants paraissaient bien intentionnés, travaillant à munir cette place de tous le nécessaire pour faire une vigoureuse défense. Et comme la province de Balagne s'est, dit-on, déclarée du parti de la République, on y formait plusieurs compagnies pour s'opposer aux Rebelles au cas qu'ils tentassent de s'avancer de ce côté-là ; au reste, on ne pourra guère désormais apprendre ce qui se passe à la Bastia et aux environs que par la voie de Livourne, quoique le vent du nord forcé qui règne depuis quelque temps, ne permette à aucun bâtiment de cette île d'aborder en terre ferme. Votre Excellence sent bien qu'une pareille situation ne peut manquer de fort embarrasser la République dont les Conseils s'assemblent presque tous les jours, matin et soir, sans savoir à quoi se déterminer, car elle sait par expérience qu'elle ne doit compter que très faiblement sur les Corses qui témoignent lui être les plus affectionnés.

...Nous espérions d'apprendre quelque nouvelle de la Corse par la voie de Livourne ; mais il paraît par les lettres du 15, que loin d'être instruits de ce qui s'y passe, les Anglais commençaient à être en peine des quatre vaisseaux qui y étaient retournés, dont ils n'avaient plus entendu parler.

(M. A. E. Vol. Gênes, 119).

Manifeste du Roi de Sardaigne contre les Génois et en faveur des Corses (2 Octobre 1745)

(Reçu avec la lettre de M. Du Pont, le 20 décembre 1745.)

CARLO EMANUELE, per grazia di Dio Re di Sardegna, Cipro e Gerusalemme, Duca di Savoia.

I Popoli della Corsica avendoci fatto rappresentare dal colonnello Conte Domenico Rivarola, e capitan Paolo Francesco Sani ed Angiolo Francesco de Bonis, nazionali Corsi, e tutti all'attuale nostro servigio, essere stati nuovamente costretti a sollevarsi contro l'insoffribile governo della Repubblica di Genova, la quale conculcata ogni legge d'umanità e di gustizia ha violata la fede delle convenzioni solenni in dispregio della garanzia del fu Imperatore Carlo sesto e della protezione del Re Cristianissimo, ha continuato i più aspri trattamenti tendenti alla distruzione dell'onore, delle sostanza e della vita medesima di quegli abitanti, supplicandoci nello stesso tempo di accordar loro la nostra protezione, e di ottener a loro favore quella di sua Maestà l'Imperatrice dei Romani, Regina d'Ungheria, e di Sua Maestà Britannica, nostri alleati.

Ed essendo notorio il reo procedimento della suddetta Repubblica contro di noi e dei nostri alleati suddetti nell'avere favorito nel corso di questa guerra i nostri nemici con tutte le più parziali assistenze anche nel tempo che con frequenti sue dichiarazioni simulava la più perfetta neutralità, e nell'avere perfine scopertamente aggiunte le sue truppe ed artiglieria al numero dei nostri nemici lusingandosi in una si opportuna congiontura di sfogare impunemente l'odio suo inveterato contro la nostra Real Casa, e l'invidia lungamente nodrita de' nostri vantaggi, habbiamo quindi tutta la più giusta ragione di ripulsare sì gravi ingiurie con prevalerci altresi dell'opportunità che ci si presentano di recarle danno.

Quindi è che eccitati dalla ragione di reciproca guerra, altrettanto più giusta dal nostro canto quanto che la Repubblica è stata la prima ad assalirci, e dalla considerazione dell'infelicissimo stato de' Popoli della Corsica sotto il di lei governo, ci siamo determinati di concedere, come in virtù delle presenti nostre lettere concediamo e promettiamo ai predetti Popoli della Corsica la nostro Reale protezione ed assistenza e la somministrazione di tutti quelli ajuti che saranno in nostro potere, ed inoltre promettiamo loro d'impiegare i nostri più valevoli officij presso le Corone nostre collegate acciò ancor esse proteggano ed assistano i suddeti Popoli colle loro forze nella guerra da essi già cominciata contro la Repubblica di Genova avendo noi una piena fiducia, che mossi dagli istessi giustissimi motivi saranno disposti a promettere anch'essi la loro protezione, non solamente durante il corso della guerra, ma ancora nell'evento della pace, che speriamo ed imploramo dalla Divina Clemenza, come sin d'ora promettiamo per parte nostra d'impiegarci efficacemente, acciò sia in esso trattato assicurata una stabile tranquillità e sicurezza di quei Popoli non permettendo che restino esposti alla vendetta della Repubblica, ed in testimonio di questi nostri sensi, abbiamo loro fatto spedire le presenti lettere firmate di nostra mano, e munite di nostro sigillo, e contrassegnate dal Marchese Gorzegno, nostro primo Segretario di Stato per gli affari stranieri.

Dal Quartiere nostro Generale di Casale, li 2 Ottobre dell'anno 1745, e del nostro Regno il decimo sesto.

C. Emanuele
C. Carretto del Corzegno

(M. A. E. Vol. Gênes, 119).

Gênes, 26 Décembre 1745. — **M. Coutlet à..** — Nous ignorons encore ici la véritable situation des affaires de Corse. Suivant une lettre que j'ai vue de Bastia du 5, les rebelles y avaient tenu une grande assemblée, où il pensa arriver un massacre, étant peu unis entre eux, et y étant parus tous bien armés. Ils y avaient exilé deux de leurs chefs qui leur étaient suspects, et l'on ajoute que le parti qui s'y était présenté en faveur de la République, ne se croyant apparemment pas le plus fort, s'était retiré à la montagne, pour attendre peut-être une occasion plus favorable ou la retraite des Anglais.

Cependant M. Stefano Mari, nouveau commissaire général, a écrit à ce gouvernement qu'il était fort tranquille à Calvi, que la ville et le château étaient munis de manière à ne rien appréhender tant par mer que par terre, et qu'ayant voulu dégarnir l'Algajola dans la crainte que les rebelles ne vinssent à s'y fortifier, les habitants s'y étaient opposés en lui protestant qu'ils étaient prêts à sacrifier vie et biens pour le service de la République et qu'il pouvait se reposer sur leur zèle et sur leur fidélité. Peut-être en apprendrons-nous quelque chose de plus par la voie de Livourne dont on attend le courrier avec impatience, le mauvais temps qui continue retardant aussi ceux de France et de Lombardie.

Le bruit est toujours commun ici que le Roi enverra

incessamment dans ces mers une Escadre de ses vaisseaux pour réprimer l'insolence des Anglais, et que cette République fournira les matelots dont on poura avoir besoin pour compléter les équipages. Il est du moins certain que l'on fait le long des deux rivières beaucoup de diligence pour reconnaître ceux qui sont capables et en état de servir.

L'apparition de la susdite escadre viendrait fort à propos, car on mande de Livourne qu'il y était arrivé un vaisseau de guerre anglais pour y prendre les deux bombardes qui y avaient été radoubées pour aller, à ce que l'on supposait, bombarder Calvi ou Ajaccio.

Je ne doute pas que M. Du Pont ne rende compte à Votre Excellence des plaintes qui lui ont été portées de la part de ce gouvernement contre le Sr Ozero, vice-consul à Calvi. Je ne sais si tout ce qu'on lui impute est bien véritable, mais je l'en crois assez capable par rapport à son imprudence. Comme c'est moi qui l'ai mis en place et qui suis civilement responsable de sa conduite, il y a longtemps que je l'aurais révoqué sans les égards que j'ai toujours eus pour M. de Jonville qui m'a paru le protéger. J'en donne part à M. le Comte de Maurepas et suivrai sur cela les ordres qu'il lui plaira de me donner. Ce jeune homme serait beaucoup plus propre à la tête d'une compagnie de soldats qu'à exercer un pareil emploi, s'étant attiré par ses mauvaises manières la haine de tout le monde, sans en excepter ses propres parents.

(M. A. E. Vol. Gênes, 119).

Gênes, 20 décembre 1745. — M. Du Pont à.... —
Monseigneur, — J'ai fait usage ici-même avec le Secrétaire d'Etat de la République, mais seulement par

forme de conversation, de ce que vous me marquez par rapport aux affaires de Corse, qu'il est surprenant qu'un gouvernement dont la plus grande partie des membres est si riche, donne si peu d'attention à mettre ses possessions à couvert d'une première attaque, ajoutant que par là ils se mettaient hors d'état d'envoyer les secours qu'ils peuvent tirer de leurs propres forces, ou d'attendre ceux de leurs amis, disant aussi que chaque noble doit s'y intéresser pour son honneur particulier, puisqu'ils figureraient d'autant moins dans le monde, si leur République perdait son Royaume de Corse. On a toujours convenu avec moi de la vérité de ces représentations, et le secrétaire d'Etat m'a répondu en propres termes : « **Vostra Signoria ha ragione, ma...** » Et puis il a haussé les épaules. Je crois qu'il ne serait pas approuvé de parler de la sorte, ainsi j'ose vous représenter, que si cela revenait ici, il en serait réprimandé et qu'en même temps cela ferait qu'on s'observerait plus avec moi. Vous connaissez trop, Monseigneur, le caractère des nobles génois, et il a été assez souvent représenté à la Cour que l'intérêt particulier l'emporte sur celui du public, pour que je répète ici pareille représentation.

Quant aux souhaits et désirs pour avoir dans ces murs une escadre française, ils sont plus généraux et plus universels qu'ils ne l'ont jamais été, et j'entends demander sans cesse où sont les vaisseaux de France et d'Espagne, et on s'étonne que nous laissions quatre ou cinq misérables vaisseaux anglais, mal armés, mal équipés, dominer sur la Méditerranée, (ce sont les termes dans lesquels on s'explique).

Le Secrétaire d'Etat, à la suite d'une conversation sur les affaires de la Corse, m'a tenu à peu près le même propos, et puis dans un autre endroit de la conversation où je lui parlais des efforts que la République devrait faire pour défendre son isle, il ne m'a répondu autre chose, sinon : **Vascelli francesi, Signor mio, Vascelli francesi.** Sur quoi j'ai dit en conséquence de ce que vous me marquez, mais uniquement comme de moi-même (il est bon même que j'aie l'honneur de vous observer à ce propos, Monseigneur, que le Secrétaire d'Etat de la République et moi, lorsqu'après avoir traité quelque affaire parlons de nouvelles ou autres choses, nous prenons ordinairement de part et d'autres la précaution de nous dire que ce n'est que par forme de conversation particulière et nullement pour nous en servir, ce qui n'empêche pas que nous ne disions ce que nous pensons de plus convenable à l'intérêt de nos maîtres, mais par là nous nous mettons hors d'état d'en faire un usage formel) sur quoi je dis donc au secrétaire d'Etat que nous saurions bien prendre les mesures les plus convenables à cet égard, mais que cependant il fallait qu'ils se missent en état de se soutenir. Il me dit à ce propos que Rivarola n'avait pas encore une grande suite, et j'ai appris d'ailleurs que la Balagne qui est la principale province de l'isle, n'a point encore pris le parti des rebelles. Il est vrai qu'on dit que Rivarola a envoyé ses émissaires et qu'il veut y aller lui-même pour tâcher de les gagner. Le Secrétaire d'Etat m'a dit aussi qu'il était faux que les Anglais eussent pris quelque partie des secours envoyés d'ici, mais qu'il était vrai que le Gouvernement n'avait encore avis de l'arrivée dans l'isle que d'une partie de ces secours. On doit y faire passer incessamment un brigadier et un maréchal de camp pour aider le gouverneur général, M. Mari, dans la partie militaire, où il n'a que trop fait voir, lors de la défense de Bastia, qu'il n'entendait pas grand'chose.

Ce gouvernement a reçu ces jours-ci une expédition de Corse, mais il n'en a rien laissé transpirer.

Il m'est revenu d'assez bonne part que ce gouvernement faisait prendre une note exacte de tous les mariniers et gens de mer qu'il peut y avoir sur les deux côtes en état de servir ; on dit même dans le public qu'on va faire faire une quantité considérable de biscuit, d'où on conclut généralement que la République attend des vaisseaux de France ou d'Espagne. On ne dit rien de positif sur le lieu où sont les Anglais. On les a vus en différents endroits du côté de Corse, ce qui provient sans doute de la mer et des vents, et peut être aussi de ce que Rivarola n'est pas encore en état de pousser du côté de terre les opérations qu'ils peuvent avoir projetées.

Les lettres de Livourne arrivées hier ici nous apprennent la prise de San Fiorenzo. Comme c'était un endroit presque sans défense, il y a longtemps qu'on s'y attendait ici. J'ai même eu l'honneur de vous le marquer précédemment. On dit que trois des vaisseaux anglais l'ont canonné, qu'il s'est rendu par capitulation et que la garnison d'environ 200 hommes est sortie du petit fort qu'elle gardait, sous condition de ne point servir pendant un certain temps. San Fiorenzo est un des meilleurs golfes de la Corse.

(M. A. E. Vol. Gênes, 119).

Gênes, 2 Janvier 1746. — M. Du Pont à.... — Monseigneur, — Il y a des lettres de Livourne qui portent qu'il y a de la division parmi les Rebelles Corses et qu'ils ont ôté le commandement à Rivarola pour le donner à Cafforio, mais par des avis qu'on a reçus ici en droiture de Corse, on apprend qu'il est vrai que le colonel Rivarola a remis le commandement de la ville de Bastia à Cafforio, mais que c'était pour pouvoir passer en personne en Balagne et s'y former un parti.

On dit que les Anglais et les rebelles se sont encore emparés de quelques tours sur les côtes de l'Isle, et que ceux-là les ont fait détruire, ce qu'on attribue à la méfiance que les Anglais ont des insulaires.

Le Secrétaire d'Etat m'a dit qu'ils avaient des avis de Livourne qui leur donnaient lieu de croire que présentement les Anglais en voulaient à Ajaccio et à Calvi. Il m'a ajouté que Calvi était en bon état de défense, mais qu'Ajaccio n'était pas si fort ; il n'a pas voulu dire si bien muni, quoique ce fût vraisemblablement sa pensée, et ce qu'il y a le plus à craindre.

On n'a pas encore fait partir le maréchal de camp et le brigadier qu'on voulait envoyer à M. Mari. Le premier, qui était M. Villiers, a tant fait d'objections et de difficultés qu'on n'envoie plus que le brgiadier qui est M. Winbrack. On dit qu'il partira incessamment.

(M. A. E. Vol. Gênes, 120).

3 Janvier 1746 — Déclaration de l'Impératrice Marie Thérèse en faveur des Rebelles Corses. (Imprimé).

NOS MARIA THERESIA DEI GRATIA, ROMANORUM, IMPERATRIX, Germaniæ Hungariæ, Bohemiæ, Dalmatiæ, Croatiæ, Slavoniæque Regina, Archidux Austriæ, Dux Burgundiæ, Brabantiæ Mediolani, Styriæ, Carinthiæ, Carniolæ, Mantuæ, Parmæ et Placentiæ, Limburgiæ Lucemburgiæ, Geldriæ, Wirlembergæ Superioris et Inferioris Silesiæ, Princeps Sueviæ et Transylvaniæ, Marchio sacri Romani Imperii, Burgoviæ, Moraviæ Superoris et Inferioris Lusatiæ, Comes Halsburgi, Flandriæ, Tyrolis, Ferretis, Hyburgi, Goritiæ, Gradiscæ et Arthesiæ, Comes Namurci, Domina Marchiæ Slavonicæ, Portus Naonis Salinarum et Mechliniæ, Lotharingiæ et Barri Dux, Magna Dux Etruriæ.

Notum hisce facimus : Cum nobis a Corsicani Regni Populis dolenter expositum fuerit, quod contra intolerabile Dominatus Reipublicæ Genuensis Jugum, quæ susque deque habitis humanitatis ac justitiæ Legibus violata proinde solemnium conventionum sponsionumque fide in despicientiam contemptumque Evictionis, seu, uti vocant Guarantiæ a Colendissimo Divo Genitore Nostro Carlo VI, Romanorum Imperatore, Regeque Hispaniarum Catholico Glor. Mem. præstitæ Protectionisque a Galliarum Rege Christianissimo ipsis adpromissæ, omni acerbiore modo ad deletionem honoris, famæ, bonorum ac vitæ eos habere, persequi ac penitus opprimere perstiterit, insurgere rursus coacti sint : Supplicando Nobis proinde enixissime quo Protectione, Tuitioneque Nostra super ipsos misereremur : Cumque præteræ in aperto sit, præfatam Rempublicam contra Nos, fidosque Confœderatos nostros partibus adversis durante hocce Bello, et eo ipso tempore, quo per frequentes declarationes haud fucatam neutralitatem simulavit, non tantuum quævis adminicula Inimicis Nostris continuo suppeditaverit, sed et posthac copias suas cum re armamentaria alacriter junxerit, vanâ semet spe lactando, tempus jam illuxisse, quo invidiam in emolumenta nostra jampridem conceptam et nutritam nunc tandem diffundere possit : Nos æquissimis hisce justissimisque de causis haud cunctandum amplius existimavimus, illatas Nobis tam graves injurias repellere opportunitate nobis sese offerente uti, ac denique damna sæpefatæ Reipublicæ vicissim inferre.

Excitata igitur non minus ponderosissimis reciproci belli argumentis ex Nostra parte eo utique justioris quod a Genuensibus primæ lacessitæ sumus quam miseratione quæ in infaustum, qui Corsicanos impræsentiarum sub tam acerbi Dominatûs jugo gementes Populos tangit, fortunæ habitum ferimur, Decrevimus atque Constituimus concedere ipsis, prouti vigore præsentium Literarum Nostrarum concedimus ac adpromittimus Cæsaremа Regiamque Protectionem ac opitulationem Nostram subministrationem una omnis, quod in nostra est potestate, auxilii Nostris ordinantes : Ac officia præterea apud Confœderatos Nostros interponentes, quod et ipsi hosce Populos in bello, quod adversus Rempublican Genuensem, custodiendorum, servandorumque jurium, consuetudinum, Privilegiorunque suorum causâ tantum, neutiquam vero temere excitarunt, protegant, viribusque suis ipsis opitulentur, certa spe fretæ, ipsissimis, quibus nos, justissimis momentis motos in eo fore, ut genti huic Protectionem auxiliaque sua non solum durante præsente dissidio, sed et post reductam Pacem, quam a Divinæ clementiæ miseratione calidis precibus exoramus, præstituri sint, haud secus ac Nos ex Nostra parte ex nunc religiose promittimus ac spondemus, efficaciter id agere velle, ut in ipso futuro Pacis Tratatu de stabili perennique tranquillitate certo ipsis prospiciatur, nullo modo permittendo ut vindictæ Reipublicæ porrò expositi mancant. In cujus rei testimonium ac fidem præsentes Literas Manu Nostra subscriptas, Cæsareo, Regio, Archiducalique Sigillo nostro appresso firmari jussimus (1).

Datas in Civitate Nostra Viennæ die 3 Januarii, anno 1746.

MARIA THERESIA   Ad Mandatum Sacræ
  Comes ab Ulfeldr   Cæsareæ Regiæque Majestatis proprium.

Ioh. Christophorus Bartenstein

---

(1) Comme ce manifeste ne fut connu en Corse que par sa traduction italienne, nous jugeons à propos de donner cette traduction à la suite du texte latin officiel.

NOI MARIA TERESA, per la grazia di Dio, Imperatrice dei Romani, Regina di Germania, Ungheria, Boemia, Dalmazia, Croazia, e Schiavonia, Arciduchessa d'Austria ecc.

Facciamo noto colla presente, come essendoci stato rappresentato con espressioni di gran dolore dai popoli del Regno di Corsica, qualmente siano stati nuovamente costretti a risentirsi contro l'intolerabile giogo del dominio della Repubblica di Genova, la quale, nulla curando le leggi dell'umanità e della giustizia, e violata la fede delle convenzioni, e delle promesse più solenni, in disprezzo ed in onta dell'evizione, o come dicono, garanzia accordata loro dall'Augustissimo nostro genitore Carlo VI, Imperatore dei Romani, e Re Cattolico delle Spagne, di gloriosa memoria, e della protezione promessa ai medesimi dal Re Cristianissimo di Francia, si sia ostinata a trattarli colle più crude maniere, a perseguitarli, ed affatto opprimerli, affine di rovinarli nell'onore, nella fama, nei beni, e nella vita ; supplicandoci perciò con tutto lo spirito ad accordar loro, a titolo di compassione, la nostra protezione e difesa ; ed essendo oltre di ciò manifesto, che predetta Repubblica con parzialissimo contegno tenuto contro di noi e contro i nostri fedeli alleati nel corso della presente guerra, e in quel tempo medesimo nel quale, per mezzo di frequenti dichiarazioni, finse una sincera neutralità, non solamente abbia somministrato di continuo qualunque soccorso ai nostri nemici, ma abbia poi unite altresì con baldanza le sue truppe, e l'artiglieria, lusigandosi colla vana speranza di esser venuto ormai il tempo, in cui potesse finalmente sfogare l'invidia già d'un pezzo concepita, e nutrita contro i nostri vantaggi ; noi dunque per tali doverosissimi e giustissimi motivi, abbiamo giudicato di non dover tardare divantaggio a reparare ingiurie cotanto gravi a Noi fatte, a servirci dell'opportunità, che ci si sporge, e finalmente a recare vicendevoli molestie alla predetta Repubblica. Eccitata pertanto non meno dai fortissimi motivi d'una reciproca guerra, altrettanto certamente più giusta per la nostra parte, quanto che siamo stata la prima ad esser provocata dai Genovesi, come ancora dalla compassione, che in Noi risveglia l'infelice stato di fortuna, che affligge i popoli della Corsica, i quali gemono presentemente sotto il giogo di sì acerbo dominio, abbiamo determinato, e stabilito d'accordare ai medesimi, siccome in vigore della presente nostra lettera accordiamo e promettiamo la Nostra Cesarea e Real protezione, ed assistenza, ordinando insieme ai nostri di somministrar loro tutto quell'ajuto, che è in nostro potere; ed in oltre interponendo premurosi, ufficj presso i nostri alleati, affinchè ancor essi proteggano ed ajutino colle loro stesse forze questi popoli nella guerra, che hanno intrapresa contro la Repubblica di Genova, ad effetto di custodire, e conservare i loro diritti, consuetudini, e privilegj solamente, non già per alcun capriccioso motivo, colla sicura speranza, che per le medesime nostre giustissime ragioni si disporranno ad assistere questa nazione colla loro protezione ed ajuti, non solo durante la presente guerra, ma anco dopo ristabilita la pace (la quale con fervorose suppliche imploriamo dalla Divina Clemenza) non altrimenti che noi per nostra parte fin da questo momento c'impegniamo, e religiosamente promettiamo di voler con tutta l'efficacia operare, nell'istesso futuro trattato di pace, si dia loro un sicuro provvedimento per una stabile e perpetua tranquillità, col non permettere in alcun modo, che restino esposti alla vendetta della Repubblica. In fede, ed attestato di che abbiamo comandato, che la presente lettera sottoscritta di nostra mano, sia munita del nostro Cesareo reale e arciducale sigillo.

Data nella nostra città di Vienna il di 3 di Gennajo dell'anno 1746, sesto dei nostri Regni.

CONTE D'ULFELDR.

MARIA TERESA

Paris, 8 Janvier 1746. — **Le marquis d'Oria** (envoyé de Gênes à Paris) **à M. d'Argenson.** — Monsieur, — La perte de la Bastie, de la Tour et du Golfe de St Florent et du Cap Corse, et le danger imminent auquel sont exposées les autres places de Corse, obligent ma République à implorer les secours des Puissances, auxquelles elle a l'honneur d'être alliée. Tout le monde sait que ces pertes aussi bien que les autres dommages qu'elle a essuyés en terre ferme et sur mer, ne sont qu'un effet du ressentiment que le Roi de Sardaigne a conçu contre elle par rapport à cette même alliance, et par rapport aux avantages qu'en ont tirés les armées combinées de France, d'Espagne et de Naples, auxquelles elle a joint ses troupes et fourni toutes sortes de facilités. La déclaration ci-jointe, que le Roi de Sardaigne a fait imprimer et publier, et tout ce que les Anglais ont fait jusqu'à présent à son instigation contre les Etats de la République et ses sujets en est une preuve authentique.

Elle connaît de quelle conséquence serait la perte de ce Royaume, et combien il importe de le conserver. Elle est persuadée que les trois couronnes ses alliées y sont intéressées et par les engagements qu'elles ont contractés en sa faveur dans le traité d'Aranjuez, du 1er Mai 1745, et par les suites fâcheuses qui résulteraient d'une telle perte au préjudice de leur présente guerre d'Italie et de leur commerce.

Ma République a fait et fera toujours tous les efforts qui lui seront possibles dans la triste situation où elle se trouve ; Elle a déjà envoyé en conséquence des officiers expérimentés, quelques soldats, des munitions de guerre et de bouche, et quelques sommes d'argent pour mettre les places de Calvi, d'Ajaccio et Bonifacio en état d'une vigoureuse défense ; mais elle ignore si ces secours auront eu le bonheur d'arriver à destination. Ses fonds sont épuisés par les efforts qu'elle a faits jusqu'à présent. Elle doit appréhender que ce qui avait suffi en d'autres temps pour conserver lesdites places contre les rebelles, ne soit trop faible aujourd'hui pour les défendre contre les Anglais et contre les rebelles pourvus d'artillerie, d'armes et de munitions en abondance, et dont le nombre s'est augmenté par l'argent que les Anglais ont fait répandre dans l'Isle pour attirer les peuples à la révolte. On sait que les premiers travaillaient nuit et jour à Livourne à réparer les vaisseaux et les galiotes à bombes qui ont été endommagées par le canon de la Bastie pour revenir à la charge, et que les seconds se disposaient à attaquer lesdites places. Ma République n'est pas en état d'en renforcer les garnisons par un nombre plus considérable de troupes, à moins qu'il ne lui soit permis d'y employer une partie de celles qui composent le corps de dix mille hommes qu'elle a fournis en vertu du traité d'Aranjuez, et à moins que par le secours de leurs escadres, les trois couronnes ne lui en facilitent le transport dans l'isle et en l'aidant à y soutenir la guerre qu'on lui fait.

Ma République connaît la religion du Roi pour ses engagements et sa générosité, et y met toute sa confiance. Elle m'a chargé de prier votre Excellence d'exposer à Sa Majesté ses pertes et ses dangers, de lui obtenir des secours proportionnés à ses besoins, savoir, des munitions de bouche et de guerre, quelque subside en argent, et l'envoi de quelques vaisseaux de guerre pour chasser, avec ceux d'Espagne, le peu de vaisseaux que l'amiral Rowley a laissés dans les mers d'Italie, et de lui obtenir en même temps le consentement de Sa Majesté pour l'emploi d'une partie desdites troupes dont elle demande qu'on lui tienne compte comme si elles étaient en quartiers d'hiver et en campagne, et un ordre rigoureux à tous les commandants des ports et hâvres de France et à tous les commandants de ses vaisseaux ou armateurs de n'y permettre aucun asile ou commerce aux bâtiments corses qui ne seront pas dûment munis des passeports des commandants de la République; précaution d'autant plus nécessaire qu'on a avis que les Rebelles étaient actuellement occupés à armer plusieurs navires, dans le dessein d'empêcher les secours et d'étendre leurs courses jusque sur les côtes de Gênes.

L'abbé Grimaldi a été chargé de faire les mêmes demandes à la Cour d'Espagne. Plus le danger est grand et imminent, plus on a besoin d'un prompt secours. Ma République qui a donné des marques si réelles de son zèle pour la cause commune, au-delà même de ses engagements, se flatte que Sa Majesté voudra bien le lui accorder.

(M. A. E. Vol. Gênes, 120).

Gênes, 9 Janvier 1746. — M. Coutlet à M. d'Argenson. — Monseigneur, — Arriva enfin mercredi dernier deux expéditions de Corse qui donnèrent lieu à l'assemblée du petit Conseil matin et soir, sans que jusques à présent il se soit rien transpiré de ce qu'elles ont apporté. J'ai seulement reçu par cette voie une lettre du sieur Paravicini, vice-consul d'Ajaccio, du 13 du mois dernier, par laquelle il me mande quelques circonstances du bombardement de la Bastie que nous ignorions encore. Il prétend que les Anglais y ont tiré plus de 6.000 coups de canon et jeté environ 600 bombes qui y ont causé un dommage considérable, la maison du sieur Angelo entre autres ayant été brûlée ; que deux jours après la retraite de M. Mari, commissaire général, le colonel Rivarola y était entré et fut reçu par le major Gentile, qui a été ici longtemps dans la Tour, ainsi que par les nommés Marengo et Sansonetti, principaux de la ville, qu'il n'y avait commis aucune hostilité, ayant même fait faire un inventaire exact de tout ce qui était dans le Palais du Gouverneur et dans les magasins publics ; qu'il avait proposé aux officiers et soldats de la République qui n'avaient pas eu le temps de s'embarquer de prendre parti, mais qu'ils l'avaient remercié, à la réserve d'un capitaine suisse qui est marié et a une femme du Fiumorbo, et qu'ainsi il avait laissé aller les soldats et retenu lesdits officiers, avec le vicaire et le Trésorier, prisonniers de guerre pour la sûreté de ses deux fils qui sont actuellement ici dans la Tour.

Ce vice-consul m'ajoute qu'il a fait un très bon usage d'une lettre que je lui écrivis le 24 août dernier, dans le temps que l'on parlait des stratagèmes que le Roi de Sardaigne usait pour faire soulever la Corse, par laquelle je lui faisais sentir que ce Prince, pour se venger de ces Messieurs-ci, se soucierait fort peu de sacrifier ces Insulaires, qui d'ailleurs ne pouvaient jamais prendre une conjoncture plus dangereuse pour eux pour faire éclater leur ressentiment, puisque cette République étant actuellement en force, ne manquerait pas en temps et lieu, avec la protection des trois couronnes alliées, de tirer satisfaction de leur infidélité ; il dit que l'ayant publiée dans la ville et aux environs, elle avait produit un si bon effet que la plupart des peuples paraissaient très bien intentionnés. Le colonel Luc Ornano, qui était ci-devant opposé à ce gouvernement, s'étant déclaré en sa faveur, avait engagé grand nombre des principaux du pays à suivre son exemple, de manière qu'il avait rassemblé plus de vingt compagnies, à qui l'on donnait 20 livres par mois aux capitaines et dix sols par jour à chaque soldat, ce qui allait augmentant, au point que l'on était persuadé que les rebelles se garderaient de s'avancer de ces côtés-là. Cependant comme les Anglais semblent ne pouvoir pas s'en tenir à ce qu'ils ont fait à la Bastie, il s'agit de savoir si leur présence ne changera point toutes ces belles dispositions, l'inconstance de ces peuples et leur haine invétérée contre les Génois ne permettant guère de compter sur toutes ces apparences de bonne volonté de leur part.

On assure néanmoins que les places de Calvi, Ajaccio et Bonifacio sont présentement assez bien munies ; pourvu qu'elles se soutiennent, le temps remédiera au reste. On fait ici des vœux sincères pour les heureux succès du Prince Edouard, dans l'espérance que si tout ce que l'on en débite est véritable, la Cour de Londres aura bientôt toute autre chose à penser qu'à favoriser les sinistres desseins du Roi de Sardaigne. contre cette République..

Je viens d'apprendre par un bâtiment génois venant du Levant, chargé d'huile, que le mauvais temps a obligé à relâcher à Calvi d'où il est parti le 5 du courant, qu'il y avait alors devant Ajaccio 5 vaisseaux de guerre Anglais, mais hors la portée du canon, qui avaient envoyé une chaloupe pour sonder le golfe, laquelle néanmoins s'était retirée avec précipitation à la vue d'un petit bâtiment armé que l'on avait détaché pour l'aller enlever. Au reste ce Patron confirme tout ce que j'ai déjà dit du zèle du Colonel Ornano qui avait alors 24 compagnies en pied, et que cette place se disposait à se bien défendre contre les Anglais, n'ayant rien à craindre du côté de terre. On y avait construit un nouveau fort et fait sortir de la ville et du château toutes les femmes et les enfants. Il prétend qu'il n'y avait que deux vaisseaux de guerre anglais dans le golfe de San Fiorenzo, et que ceux qui étaient devant Ajaccio n'avaient aucune bombarde.

(M. A. E. Vol. Gênes, 120).

Gênes, 10 Janvier 1746 — M. Du Pont à M. d'Argenson. — Monseigneur... Il m'est revenu de différents endroits qu'il y avait eu dans le **Consiglietto** beaucoup de voix pour abandonner entièrement quant à présent la Corse et attendre à la paix générale pour tâcher de la ravoir par le crédit de la France et de l'Espagne, et en conséquence de la garantie de ces deux Puissances. Il ne serait point impossible que ce sentiment eût prévalu par la suite, du moins pour laisser aller les choses comme elles pourront par rapport à la totalité, et se borner à défendre et conserver une ou deux places. En voici les raisons : 1° parce qu'on paraît las des dépenses faites pour cette isle, dépenses qui ont ordinairement plus tourné à l'avantage des particuliers que du Public, 2° pour donner toute son attention aux affaires de Lombardie qui intéressent beaucoup plus la conservation de la République, 3° parce qu'on est certain de la mauvaise disposition générale des Corses envers la République, 4° enfin parce qu'on prétend qu'il est impossible à la République de conserver l'Isle contre les Anglais et les Rebelles, dès qu'ils voudront être d'intelligence entre eux. Outre toutes ces raisons, ce qui pourrait encore faire croire qu'on est ici dans ces sentiments, surtout par rapport à notre garantie, c'est que le Secrétaire d'Etat m'en a quelquefois parlé et a même été jusqu'à me dire que pour lui (mais il est vrai qu'il disait alors parler comme particulier), il n'attendait la conservation de la Corse que de notre garantie. D'ailleurs on agit assez en conséquence, et je ne vois pas qu'on se prépare à faire des efforts extraordinaires de ce côté-là. Enfin il n'y a pas trop d'union entre ces Messieurs-ci, et les affaires de Corse ont toujours occasionné entre eux des brouilleries et des jalousies. Au reste, Monseigneur, vous pourrez juger de la vérité de tout cela par l'exposition que sans doute la République vous fera faire de ce qu'elle peut ou ne peut pas dans les circonstances présentes.

Il arriva ici le 5 une expédition de cette isle. Elle occasionna le soir même un **Consiglietto** extraordinaire, mais il n'en a rien transpiré. On dit dans le public que le gouverneur d'Ajaccio a informé le Sénat qu'il avait découvert que les principaux habitants la place étaient d'intelligence avec les Rebelles, et qu'il avait fait arrêter un curé qui faisait secrètement du monde pour lesdits Rebelles. Et à ce sujet on dit que le peu de Corses qui paraissent encore affectionnés à la République, ne le sont que par intérêt et pour tirer des armes, des munitions et des provisions dont ils pourront bien par la suite se servir contre elle-même.

On dit que le château de Corte qui est la capitale de l'Isle, est assiégé par les Rebelles ; ce n'est pas un perte fort importante.

On m'a assuré que presque toute la garnison génoise faite prisonnière à Bastia avait été relâchée, et qu'on l'avait laissé aller où elle avait voulu, de sorte qu'elle était presque toute venue à Calvi. Je ne comprends point comment cela s'est fait, et j'ai peine à croire que ce qui se débite à ce sujet soit vrai, à moins que ce ne fût un effet de la méfiance que les Rebelles auraient conçue de cette garnison. On m'assure aussi que la République a encore un bon parti en Balagne et qu'un Corse à qui elle a donné le titre de colonel (ce sera apparemment le sieur Grimaldi) avait formé plusieurs compagnies corses de 100 hommes chacune, avec lesquelles il devait s'opposer du côté de terre aux entreprises des Rebelles contre les places où la République avait garnison.

On s'attend ici à apprendre par les premières nouvelles que Calvi ou Ajaccio auront été attaqués par les Anglais et par les Rebelles. Il paraît qu'on ne compte presque point sur la défense ni sur la conservation de cette dernière place. On sait que les Anglais en ont déjà fait sonder les environs pour savoir où leurs vaisseaux et leurs bombardes pourront se placer.

Un noble d'ici m'a dit qu'on travaillait à faire une réponse anonyme à l'espèce de manifeste du Roi de Sardaigne, que j'ai eu l'honneur de vous envoyer le 20 du mois passé, et que cette réponse paraîtra incessamment imprimé. Je tâcherai d'être des premiers à l'avoir pour vous l'envoyer, quoique je sois bien persuadé que la République vous en fera remettre des exemplaires par son ministre à notre cour.

(M. A. E. Vol. Gênes, 120).

Versailles, 16 Janvier 1746. — M. d'Argenson à M. de Maurepas — J'ai l'honneur, Monsieur, de vous envoyer la copie d'un mémoire qui m'a été remis par M. le marquis d'Oria. Vous savez, Monsieur, que l'intention du Roy est d'accorder autant qu'il sera possibles les secours que les Génois demandent à Sa Majesté, pour les mettre en état de recouvrer la partie qui leur a été enlevée dans leur isle de Corse, et de conserver celle qui leur reste. Vous voudrez donc bien, Monsieur, donner les ordres nécessaires pour qu'on n'admette dans les ports du Royaume aucuns bâtiments corses qui ne seraient point munis de passeports signés des commandants de la République de Gênes, et pour qu'on facilite aux Génois dans les places maritimes du Roy l'acquisition des munitions de guerre, de marine et de bouche dont ils pourraient avoir besoin pour l'objet dont il s'agit.

(M. A. E. Vol. Gênes, 120).

Gênes, 16 Janvier 1746. — **M. Coutlet à....** Monseigneur, — J'ai enfin reçu des lettres de la Bastie, mais comme elles ne sont que du 7, du mois dernier, elles ne peuvent avoir le mérite de la nouveauté. Elles sont de mon vice-consul dont véritablement la maison a été brûlée, se trouvant même malade de chagrin.

Il me mande que le nommé Caffory (qui a exercé autrefois ici la profession de médecin) et Matra y étaient arrivés après avoir été élus par les Rebelles généraux du Royaume, qu'ils entrèrent au château au bruit du canon, et au son des cloches de la cathédrale où ils furent faire leurs prières ; qu'ils avaient environ mille hommes armés à leur suite, et se joignirent avec le nommé Rivarola, qui a été autrefois vice-consul d'Espagne à la Bastie, et que le 3 ils firent ranger leur monde dans la grande rue auxquels se joignirent bon nombre des habitants, magistrats, bourgeois et principaux de la ville, où ils prêtèrent serment de fidélité pour le soulagement de leur patrie et vinrent ensuite à l'élection d'un troisième général en la personne du susdit Rivarola, ayant en même temps arboré sur le château le pavillon aux armes de Corse, qui est un fond blanc avec une tête de Maure au milieu, ce qui se fit aussi au bruit de diverses salves de canon. Cette fonction finie, chacun se retira chez soi.

Quatre vaisseaux de guerre y parurent le 5 après midi et y donnèrent fond à un mille de distance. Le commandant et divers officiers vinrent à terre et furent trouver les susdits nouveaux généraux, ayant été salué du canon en entrant dans le château, ils y passèrent la nuit, et le lendemain 6, ils tinrent un conseil de guerre dans lequel on prétend qu'ils délibérèrent d'aller en même temps attaquer Calvi et Ajaccio par terre et par mer en séparant les vaisseaux et bombardes en deux escadres. Ils se divertirent le reste du jour par la ville, et le soir on leur donna un grand bal où se trouvèrent plusieurs des principales femmes et bourgeoises, s'étant rembarqués le 7 au matin pour aller apparemment exécuter leurs projets dans lesquels il faut qu'ils aient trouvé de grandes difficultés, puisque jusqu'à présent on n'a entendu parler de rien, bien que l'on ait eu des nouvelles de Calvi du 5 du courant, ainsi que j'ai eu l'honneur de le marquer à Votre Excellence par mes précédentes.

Feu Mgr. le Cardinal de Fleury accorda il y a environ 4 ans une pension de 800 livres sur l'abbaye de S. Martin de Pontoise, lorsqu'elle fut donnée à M. l'abbé de S. Cyr, à M. l'abbé Orto, archiprêtre de la cathédrale d'Ajaccio, apparemment à la recommandation de quelques-uns de nos officiers généraux qui l'avaient connu lorsqu'ils étaient en Corse. Comme il n'avait aucune connaissance ni correspondance à Paris, il me pria avec tant d'insistance de lui procurer le payement de cette pension que pour lui faire plaisir, je m'en suis acquitté pendant deux ans, et dans le temps qu'il m'écrivait en m'envoyant son certificat de vie pour exiger la dernière qui est échue ; j'apprends par un de ses parents qu'il a été arrêté et conduit ici dans la Tour, où il est gardé à vue sans pouvoir parler à personne. On prétend qu'il est accusé d'avoir entretenu des intelligences secrètes et criminelles avec le colonel Rivarola. C'est cependant ce que j'ai bien de la peine à croire, n'étant pas naturel que, gratifié comme il est de la France, il ait été assez mal avisé que de favoriser les desseins de ses ennemis contre son propre Prince. Mais il faut que l'on ait en main quelque chose de bien positif pour être venu à une pareille résolution, ayant été enchaîné sur le bâtiment qui l'a apporté ici.

(M. A. E. Vol. Gênes, 120).

Gênes, 30 Janvier 1746. — M. Coutlet à... — Monseigneur, — M. Mariotti, évêque de Sagone en Corse, arriva ici ces jours passés sur une felouque avec le major Bembo sous la garde de quatre grenadiers. Le premier a été conduit dans la maison du colonel du Palais, où il est gardé à vue. On prétend qu'il était en relation avec le colonel Rivarola et même qu'on a intercepté des lettres qu'il lui arrivait. Il faut que le délit soit bien prouvé, puisque cette République fait consulter ses théologiens pour voir si elle peut le faire transférer dans la Tour. Cela est d'autant plus extraordinaire que cet évêque est l'ouvrage de M. le Cardinal de Tencin qui eut la complaisance de le sacrer lui-même lorsqu'il était à Rome, après lui avoir procuré cette dignité.

J'ai reçu par cette même voye des lettres de Calvi du 9 de ce mois par lesquelles on me marque que la ville d'Aiaccio avait envoyé une députation de quatre des principaux bourgeois pour assurer M. Stefano Mari, commissaire général, de leur fidélité, et qu'ils étaient prêts de sacrifier leur vie et biens plutôt que d'imiter les habitants de la Bastie, offrant même de rester en otage auprès de lui pour sûreté de ce qu'ils lui avançaient de la part de leurs concitoyens. Les Anglais bordoyaient continuellement de Calvi à Ajaccio et d'Ajaccio à Calvi, mais toujours hors de la portée du canon, et comme les peuples ne témoignent aucune inclination à favoriser leurs desseins, le parti de la République augmentant considérablement de ces côtés-là, on était persuadé qu'ils n'entreprendraient rien contre ces deux places. Il est même déjà un bruit qu'ils se sont retirés des mers de Corse, n'ayant pu résister au vent du nord forcé qu'il fait ici depuis près de trois semaines. On m'ajoute que le colonel Rivarola commençait à se trouver fort embarrassé étant sans argent, et ne pouvant contenir sa troupe qui diminuait à vue d'œil. Il le sera encore bien davantage, s'il vient à être abandonné par les Anglais.

L'archiprêtre Orto, dont j'ai parlé à Votre Excellence par une précédente, a véritablement été arrêté et conduit à Calvi. Mais s'étant justifié de ce dont il avait été soupçonné, il a été mis en liberté. L'Ecclésiastique qui fut conduit ici était un prêtre de la Bastie qu'un des parents dudit abbé Orto m'assura être lui-même en combinant le jour de sa détention avec l'arrivée de cet Ecclésiastique qui fut conduit secrètement dans la Tour pendant la nuit, sans que personne eût pu lui parler ni le voir.

On assure que le sieur Ozero, vice-consul de Calvi, est toujours fort suspect à ce gouvernement : mais comme il ne m'en a plus fait parler, il faut que les accusations qui ont été portées contre lui ne se soient pas trouvées fondées, car s'il en fût autrement, je crois que l'on aurait pas eu plus d'égard pour lui que l'on n'en a eu pour M. l'Evêque Mariotti.

Il y a ici des lettres particulières de Corse de plus fraîche date que celles que j'ai reçues, qui portent que les Anglais ont perdu une de leurs chaloupes du côté de l'Algajola par le stratagème d'un Génois qu'ils croyaient leur être fort affectionné, parlant leur langue et naviguant depuis longtemps avec eux. Le commandant lui proposa d'aller porter une lettre à un des chefs des rebelles et de lui en procurer la réponse. Il se chargea volontiers de la commission en promettant de s'en acquitter d'une manière dont il serait satisfait. Il fut débarqué à un lieu désert en convenant de l'endroit où il pourrait se présenter à son retour pour être rembarqué. Mais au lieu d'aller trouver celui à qui la lettre était adressée, il se rendit en droiture à Calvi, et la remit à M. Stefano Mari. Celui-ci après l'avoir lue, en avoir fait prendre copie, la fit recacheter proprement et chargea cet homme de la porter à sa destination et de lui remettre la réponse, ce qui fut ponctuellement exécuté. Cela fait, il indiqua l'endroit où les Anglais étaient convenus de le venir prendre. On y envoya une soixantaine de Grecs qui se cachèrent en embuscade. Les Génois y étant arrivés et ayant fait le signal concerté, on détacha d'abord une chaloupe bien armée pour venir à lui ; mais dans le temps qu'elle était presque à terre, les dits Grecs lui firent une décharge si à propos que plus de la moitié de l'équipage fut tué ou blessé, le reste ayant été fait prisonnier.

(M. A. E. Vol. Gênes, 120).

15 décembre 1745 — Manifeste des chefs Corses contre Rivarola, Sani et de Bonis, et en faveur de Théodore, arrivé avec la lettre de M. Du Pont du 30 Janvier. — Noi Generali, Capi, Anziani, Procuratori e Padri del Comune del Regno di Corsica : Radunati in Consulta generale, abbiamo intieramente risoluto di dichiarare e palesare, in faccia del mondo tutto per il presente manifesto contro il procedere di Domenico Rivarola, Sani e De Bonis noto livournese, che si sono arrogati falsamente la Plenipotenza del Regno e trattar con il Re Sardo, ed il primo è tenuto traditore, il secondo sempre aderente genovese, il terzo è nazionale di Livorno, cerusico di professione, senza consenso ed intervento del Regno.

Nonostante senza fare il minimo torto a la graziosissima Protezione accordataci da S. Maestà Sarda e suoi alleati, dichiariamo che la nostra mente e risoluzione costantissima si è di volere per nostro sovrano il Re Teodoro a cui già spontaneamente ci siamo dati, et al quale come nostro Re vogliamo osservare con tutta fedeltà la nostra fede solennemente giuratagli. Ma per dimostrare alla Real Maestà di Sardegna il nostro vero riconoscimento di quelle eterne obbligazioni che si ingiungono dalla parte che Sua Maestà si prende per le nostre oppressioni e miserie, e delle quali si accinta liberarci, mediante l'accordata sua reale protezione e quella delle Potenze suoi alleati, si offre tutto il Regno di Corsica di dare a Sua Maestà li più pronti ajuti di truppe nazionali in numero di 12.000 huomini nella presente guerra di Sua Maestà Sarda contro la Repubblica di Genova, contro la quale usciranno fuori del Regno per invadergli e saccheggiare la sua Riviera e conquistarla per Sua Maestà Sarda, qualora se li somministreranno li necessarij in contanti, armi e munizioni, e ciò in venerazione prima di sua Maestà Sarda, ed a condizione poi che la medesima si impieghi e si compiaccia di continuare non solo la sua reale protezione al Regno contro li Genovesi, ma di accordarla ancora al Re Teodoro nostro sovrano, affinchè assistito da Sua Maestà Sarda e suoi alleati possa egli sicuramente ritornare in Corsica portato dalle navi inglesi e riassumere il supremo comando del Regno per poscia poi tutti insieme sotto la paterna direzione del commando del nostro Re Teodoro, adempire religiosamente alle nostre sacre promesse.

Se poi contro ogni nostra aspettativa si continuasse a tenere artifiziosamente lontano il nostro Re Teodoro del suo Regno, dichiariamo che mai sarà il Regno in pace, quale solamente si assoderà collo stabilimento del nostro Re Teodoro, per il quale, atteso il solenne giuramento prestatoli, e per quanto da vero Padre ha fatto per Noi, siamo risolutissimi di sacrificare e vite e sostanze per mantenerlo e per scacciare una volta quelle divisioni e disunioni che saranno per regnare nell'Isola per la sua assenza, per la quale mai si potrà porre un freno alla baldanzosa arroganza dei Genovesi resaci sola detestabile appresso Dio e il mondo tutto.

Aspettiamo tutti uniti dalla moderazione e somma giustizia e bontà di sua Maestà Sarda e suoi alleati l'appoggio suddetto chiestogli tutti radunati per il nostro Re e Regno, al quale effetto ci siamo sottoscritti.

(Les signatures manquent sur la copie).

(M. A. E. Vol. Gênes, 120).

Gênes, 6 février 1746. — **M. Coutlet à..** — Monseigneur, — L'on confirme la prise du feloucon que les Rebelles de la Bastie avaient armé en course par la galiote génoise que l'on avait expédiée pour lui aller donner chasse. Elle l'a surpris dans le canal de Piombino et s'en est saisie à la première décharge, lui ayant tué un homme et blessé trois. Elle l'a conduit à la Spezzie d'où on l'attend ici au premier vent favorable. C'est un bonheur que cette espèce de forban ait été arrêté, car il n'aurait pas manqué d'inquiéter beaucoup le commerce des petits bâtiments qui vont de port en port ; il faut même qu'il en ait dévalisé quelqu'un, ayant été trouvé environ cent sequins au patron et 14 ou 15 à chaque marinier.

Il est un bruit que les Anglais ont été bombarder Ajaccio, mais sans succès, s'étant même, dit-on retirés à Livourne fort maltraités et que les rebelles de la Bastie y ont arrêté M. Saluzzo leur évêque, en représailles de la détention de M. Mariotti.

Celui-ci est toujours ici gardé à vue dans l'appartement du colonel du Palais, où l'on fabrique même une chambre exprès pour qu'il puisse y être avec plus de sûreté. On travaille à instruire son procès en présence du grand vicaire de cet archevêché et bien des gens prétendent que sa cause est très criminelle, étant convaincu d'intelligence avec les Rebelles contre cette République, et cela par ses propres lettres qu'on croit avoir été interceptées à l'occasion du Génois dont j'ai parlé à Votre Excellence par mes précédentes, qui fut expédié à terre par le commandant de l'escadre anglaise dont la chaloupe fut saccagée par les Grecs...

Le feloucon corse armé en course est arrivé ici avec la galiote qui s'en est saisie ; il n'y a dessus que 19 hommes dont deux sont blessés. Le patron qui les commandait est un bandit de Monterosso, Etats de Gênes, qui était déjà condamné à mort pour avoir tué sa femme ; aussi lui a-t-on aussitôt fait son procès, ayant été pendu hier dans le port sur une des galères de la République, comme pirate. On m'assure que sa Patente était signée par les trois chefs des Rebelles, Rivarola, Cafforio et Matra, par laquelle ils lui permettaient de courir sur les Génois, sans cependant inquiéter les sujets des puissances amies de la République. Ce qu'il y a de particulier dans toutes ces affaires de Corse est qu'il ne s'entende plus parler du Baron de Neuhoff que l'on a dit dans le commencement y être retourné.

Ce qui s'est débité du bombardement d'Aiaccio et de la détention de l'évêque de Bastia ne se confirme point. On prétend seulement que les Anglais ont souffert une violente bourasque et qu'il n'en paraissait plus aucun dans les mers de Corse, d'où l'on n'apprend absolument rien d'intéressant. Ce qu'il y a de certain, c'est que les Rebelles de Bastia ne doivent pas être fort à leur aise, n'ayant pas le solo (?), et étant même fort divisés entre eux.

Comme on s'est aperçu que M. Mariotti cherchait à corrompre les gardiens qu'on lui avait donnés dans l'appartement du colonel du Palais, on l'a fait passer dans la Tour.

Après l'exécution du patron du feloucon Corse qui a été pendu hier matin au milieu du port sur son même bâtiment, on a envoyé aux galères **pro nune,** en attendant que l'on puisse mieux instruire leur procès, tout le reste de son équipage qui est un composé de huit ou neuf nations différentes.

Un petit brigantin espagnol commandé par un Français a arrêté et conduit à l'isle de Capraia un pinque Corse parti de la Bastia avec un moine qu'il a arrêté et conduit ici. On suppose que c'est un des rebelles travesti, puisqu'il a offert jusqu'à cinq cents piastres au capitaine pour le débarquer hors des Etats de la République.

(M. A. E. Vol. Gênes, 120).

Gênes, 9 Février 1746. — **M. Du Pont à...** — Monseigneur, — Je ne veux pas tarder à vous rendre compte, et pour cet effet la présente partira par le premier courrier de l'armée qui passera par ici pour aller en France, que le Secrétaire d'Etat de la République vient de me dire qu'on a avis ici que le peuple ou plutôt la populace de Bastia, après avoir chassé Rivarola et tous les chefs des Rebelles, **avesse assonto il commando e la difesa della Piazza,** avait pris le commandement et la défense de la Place, qu'elle s'était choisi un chef, que les Principaux habitants dont elle se méfiait, n'avaient aucune part à ce qu'elle faisait, et que cette populace s'était fort bien défendue contre les Rebelles qui avaient fait une tentative pour rentrer dans la ville, sans y avoir pu réussir. On ne sait pas encore ici à qui cette populace se donnera, mais ce qu'il y a de bon en tout cela, c'est que cette désunion parmi les Corses et même parmi les chefs des Rebelles, car c'est à cause des querelles qu'ils avaient continuellement qu'ils ont été chassés de Bastia, retarde les Anglais dans l'exécution de leurs projets et pourra peut-être les en dégoûter et les obliger à abandonner leurs idées sur la Corse.

(M. A. E. Vol. Gênes, 120).

Gênes, 13 Février 1746. — **M. Coutlet à...** — Monseigneur, — ...On prétend ici que les affaires de Corse ne sont pas en aussi mauvais état qu'on le supposait, que les villes de Calvi, Ajaccio et Bonifacio sont très bien munies et qu'à la réserve de la Bastie, S. Fiorenzo et du Cap Corse, tout le reste de l'isle d'en deçà des monts est à la dévotion de la République ; c'est du moins ce que me confirme le Sr Paravicini par ses lettres du 23 du mois dernier. On paraît ici bien content de ce vice-consul dont M. le marquis Augustin Grimaldi me fit encore dernièrement l'éloge.

Je crains fort que le Sr d'Angelo, vice-consul de la Bastie, ne soit mort ou malade, ne recevant plus de ses lettres ; à ce défaut, le consul de Naples m'en a communiqué trois qu'il a reçues du sien en date du 17, 30 et 31 du mois dernier, lesquelles portent que le 16 le colonel Rivarola avec les peuples des environs avaient déclaré Sébastiano Ciaccaldi pour quatrième général, mais le nommé Cafforio s'y étant opposé, il était survenu entre eux de si grandes altercations qu'ils en étaient venus aux mains avec mortalité de plusieurs de part et d'autre.

Il y a dans la seconde, — que lesdits Cafforio, Rivarola et Ciaccaldi étaient enfin convenus de sortir de la ville avec promesse de n'y plus retourner et de laisser aux habitants la liberté de se gouverner par eux-mêmes, mais que peu de jours après, le général Matra, ayant rassemblé grand nombre de ses adhérents de la campagne, s'en était approché. On lui envoya des Religieux séculiers et réguliers pour tâcher de le mettre à la raison, sans qu'ils aient pu y réussir, déclarant au contraire vouloir entrer dans la ville et même la saccager pendant plusieurs heures, ayant conduit à cet effet quantité de mulets et autres voitures pour en emporter les dépouilles ; trois jours après le colonel Rivarola parut sur les hauteurs ayant offert de retourner dans la ville pour la défendre et en éloigner les ennemis par la force, au cas qu'ils ne voulussent pas se retirer d'eux-mêmes. On lui répondit que l'on ne voulait y recevoir aucun des deux partis.

Ces habitants étaient entrés dans une telle jalousie qu'ils ne se fiaient plus de personne; ils étaient jour et nuit sous les armes pour se défendre contre qui voudrait leur faire violence, ayant déjà tué bon nombre de Paysans qui avaient tenté d'en approcher. Les dits paysans avaient enfin le 30 au soir attaqué la ville par quatre endroits lesquels après quatre heures d'un feu continuel furent obligés de se retirer, y en ayant eu un grand nombre de tués et blessés. Lesdits habitants étaient tous fort unis et résolus de périr plutôt que de s'abandonner à la discrétion des paysans, ne se fiant plus à personne et ne voulant entendre parler d'aucun accommodement dans la crainte d'être trahis. Voilà, Monseigneur, la situation où les choses en étaient le 31e du mois dernier. Nous verrons à quoi cela aboutira.

On ajoute que le commandant de l'escadre anglaise avait écrit une lettre très ressentie au colonel Rivarola, se plaignant de n'avoir point trouvé la ville d'Ajaccio assiégée par terre comme ils en étaient convenus, étant cause qu'il a même perdu une de ses chaloupes aux environs de cette place. Mais on assure que cet officier lui a répondu qu'il n'avait pu exécuter ce dessein par les difficultés qui s'y étaient rencontrées, et même que si le Roi de Sardaigne ne lui faisait pas remettre incessamment deux mille sequins, il ne savait plus comment contenir son monde, se trouvant sans un sol.

Il y a apparence que ces Rebelles vont se détruire entre eux, ce qui ne peut être que très favorable à cette République ; pourvu que le colonel Luc Ornano agisse de bonne foy en sa faveur ; car je ne sais si elle doit trop compter sur la fidélité des Corses qui lui paraissent les mieux intentionnés; la haine contre elle est un mal invétéré dans le sang de cette nation qui se croit tout permis sous le spécieux prétexte du salut de la patrie.

(M. A. E. Vol. Gênes, 120).

Gênes, 13 Février 1746 — **M. Du Pont à..** — Monseigneur, — Je compte que vous aurez reçu la lettre que j'ai eu l'honneur de vous écrire le 9 de ce mois, pour vous rendre compte que la populace de Bastia avait chassé de la ville tous les chefs des Rebelles. Depuis on a appris que cette populace avait envoyé à Calvi une députation à M. Mari, commissaire général de la République dans l'isle, pour lui demander, dit-on, pardon et le prier de leur donner des secours et de revenir dans leur ville ; mais jusqu'à présent je n'ai pu pénétrer quels ordres ce gouvernement aura envoyés en conséquence à son commissaire général. J'ai voulu sur cela tirer quelque lumière du Secrétaire d'Etat, et pour cet effet, avant que de lui parler d'affaires, je me suis réjoui avec lui de cette bonne nouvelle, mais il m'a simplement répondu qu'ils n'en avaient point encore d'aveu certain, ce qui a été un mensonge et un prétexte pour éviter d'entrer en aucune explication avec moi. De sorte que je n'ai pas jugé non plus convenable de paraître vouloir en savoir plus qu'il ne voulait m'en dire. On prétend dans le public que M. Mari ne retournera point à la Bastia, du moins pour le moment présent.

(M. A. E. Vol. Gênes, 120).

Gênes, 20 février 1746. — **M. Coutlet à...** — Monseigneur, — ....On est persuadé d'ailleurs que la Corse va leur donner de nouvelles occupations (aux Anglais) se confirmant de la Bastie que les habitants rebutés de la discorde et des extravagances de leurs chefs, ont véritablement envoyé une députation sous les auspices de deux Pères Jésuites et de l'archidiacre de la cathédrale à M. Stefano Mari, commissaire général, pour lui demander pardon et offrir de retourner sincèrement sous l'obéissance de la République. On ne sait encore quelle réponse ils en ont eue. Il s'agit de voir s'ils se maintiendront dans de pareilles dispositions au cas que la susdite escadre revienne se présenter devant cette place. Au reste, on paraît fort tranquille à l'égard de celles de Calvi, Ajaccio et Bonifacio, le Colonel Luc Ornano persistant d'ailleurs à donner des marques de son zèle pour le service de la République.

(Mᵉ A. E. Vol. Gênes, 120).

Gênes, 20 février 1746. — M. Du Pont à ... — Monseigneur, — On dit ici dans le public que les affaires vont bien pour la République dans cette isle, que les chefs des Rebelles sont toujours divisés entre eux, que Cafforio a entièrement laissé les affaires pour se retirer dans ses terres, que Rivarola n'a presque plus de partisans, qu'il aurait au plus 100 hommes à sa suite et que Matra perdait son temps devant le château de Corte qu'il ne pourrait prendre n'ayant point d'artillerie ; mais malgré tout cela, on ne dit point encore que Bastia soit entièrement rentré sous l'obéissance de la République. Le Secrétaire d'Etat m'a seulement dit qu'ils avaient lieu de croire que le peuple de cette ville aurait arboré les drapeaux de la République. J'aurais bien voulu tirer davantage de lui à cet égard, mais il ne parle pas volontiers des affaires de cette isle et rompt d'abord la conversation en disant qu'ils sont sans nouvelles certaines de ce qui s'y passe.

Il ne transpire rien des instructions que le gouvernement aura envoyées à M. Mari, son commissaire général dans l'isle, au sujet de la députation que lui a faite la ville de Bastia. Il paraît seulement certain qu'il n'y retournera pas faire sa résidence, et j'ai lieu de croire par ce que j'ai pu recueillir des discours de ceux qui peuvent savoir quelque chose, que la politique de ce gouvernement sera d'y envoyer seulement quelques officiers avec des munitions de guerre et quelqu'un en qui il aura confiance pour y commander, mais le tout uniquement pour mettre les habitants de Bastia en état de soutenir et de guerroyer contre les Rebelles, car la guerre entre les Corses est tout ce que l'on cherche ici, ne voulant point d'ailleurs, du moins à en juger par ce qui se dit, reprendre tout à fait Bastia, dans la crainte de faire réunir tous les différents partis de Rebelles contre cette place. On s'attend à voir venir ici la députation qu'elle a faite à M. Mari, parce qu'on dit que ce gouvernement n'a pu lui accorder ni les grâces ni les secours qu'elle lui a demandés.

(M. A. E. Vol. Gênes, 120).

MANIFESTE DE LA RÉPUBLIQUE
en réponse à ceux de l'Impératrice Marie-Thérèse et du Roi de Sardaigne.

Doge Governatori e Procuratori della Serenissima Repubblica di Genova. Sono state ultimamente disseminate nel nostro Regno di Corsica, ed in molte parti d'Italia le copie di certe preteste Lettere Patenti, le prime in data de' 2 ottobre 1745, pubblicatesi sotto il nome di S. M. il Re di Sardegna, sottoscritte Carlo Emmanuele e controscritte Carreto di Gorzegno ; le seconde de' 2 gennajo 1746, attribuite a S. M. l'Imperatrice de' Romani Regina d'Ungheria, segnate **Maria Teresa,** e controsegnate **Cristofaro Bartenstein.**

L'une e le altre contengono una serie d'insussistenti assertive, dirette ad ingannare i Popoli del predetto nostro Regno e sedurli dall'ubbidienza e fedeltà a Noi dovuta ; propongono loro l'artificiosa lusinga di Protezione ed assistenze per instigarli alla rivolta; aggiungono invettive indecenti contro il supremo nostro governo, e simulando un insidioso compatimento a i pretesi gravami della Corsica, tendono in fatti a sconvolgere nuovamente la quiete e la tranquillità, che per le incessanti Paterne nostre Cure, erasi finalmente tra i mentovati Popoli ristabilita anco in seguito delle ultime grazie ad essi concedute dalla sovrana nostra Clemenza.

Sono tanto inusitati i termini che in dette carte s'adoperano, ed è così scandaloso l'oggetto a cui si rivolgono che non avendo noi saputo riconoscere in esse lo stile di veruna Corte d'Europa, siccome siamo rimasti nell'aspettativa che quella di Torino avrebbe per se medesima supplito al silenzio da Noi finora studiosamente osservato, così dobbiamo pure persuaderci, che quella di Vienna non lascierà senza l'opportuna disapprovazione l'abuso che si è fatto della sua autorità, ambe procurando di riparare il torto che ad esse risulta da simili Fogli, altrettanto pregiudiziali all'onor loro, quanto diformi dalle decorose misure e da i riguardi che sogliono costumarsi anco fra gli attuali nemici.

Abbiamo bensì con non mediocre nostra sorpresa dovuto osservare che il ribelle Domenico Rivarola, ammesso nell'anno 1744 a formare un Reggimento di nostri sudditi al soldo del Re di Sardegna erasi assai presto, e in varj modi, adoperato per tentare fin d'allora la fedeltà de' nostri Popoli, e ricondottosi poi egli medesimo in Corsica nel mese di Ottobre ora scorso, con alcuni suoi aderenti, ardivano apertamente e tuttavia ardiscono d'interessare negli enormi loro delitti il consenso e l'approvazione di S. M. Sarda e de' suoi Alleati ; ma non potendo dal canto nostro immaginarci che da Principi così riguardevoli siansi in alcun modo adottati sistemi tanto opposti a i dritti più sacri fra le Nazioni, siamo quindi egualmente alieni dal sospettare, che essi abbiano mai voluto interporre i Regj loro nomi a promulgare editti non più intesi e proteggere incidenti d'esempio così pernicioso.

Molto meno devono attribursi alle anzidette due Corti i medicati pretesti, che nelle stesse lettere vengono adotti, o cercandosi d'intaccare l'onoratezza del nostro procedere rispetto alla neutralità da Noi tanto religiosamente professata e sostenuta, o fingendosi nel nostro Governo sentimenti d'avversione ed invidia del tutto alieni dalla notoria nostra moderazione, o sinistramente interpretando il giusto e necessario partito, a cui ci siamo appigliati, di unire un corpo delle nostre Truppe, ed un Treno delle nostre artiglierie a quelle delle corone di Spagna, Francia e Napoli ; mentre per una parte sono troppo incontestabili e palesi ad ognuno le prove che abbiamo date dell'imparziale nostro contegno, nel corso della presente guerra e specialmente a riguardo di S. M. Sarda, e de' suoi Alleati, sia ne' replicati passaggi concessi alle loro Truppe sia né comodi e facilità ricavate dai nostri Porti e da tutto il nostro Dominio ; sia nel transito ottenuto ad ogni sorte di viveri e di munizioni, sia finalmente in qualunque riscontro di loro vantaggio. E per l'altra parte non è credibile che dopo la costante esperienza delle continue attenzioni sempre dimostrate dalla nostra Repubblica verso le mentovate Corti, abbian esse potuto riguardare adesso come un effetto di preteso odio ed animosità i doverosi concerti da noi intrapresi colle prefate tre corone, essendo questo nostro consiglio più del bisogno giustificato presso il mondo tutto per l'obbligo indispensabile che ci correva di difendere la nostra Libertà ed i nostri stati da i torti e pregiudizj gravissimi a cui ci vedevamo esposti non meno per la memoria delle cinque Terre rapiteci ne' Preliminari di Vienna, che per il recente ingiusto spoglio contro di Noi stabilito nel trattato di Worms.

I sensi pieni di paterna amorevolezza che si sono sempre da noi dimostrati verso i nostri Popoli della Corsica, la buona fede con cui abbiamo ad essi dati i più certi contrassegni, ci rendono assai buon testimonio dinanzi a Dio e dinanzi a Noi medesimi sulla rettitudine delle nostre intenzioni e sull'equità della nostra condotta, e potressimo quindi non solo addurre i pubblici documenti delle ultime concessioni da Noi generosamente accordate a i detti popoli nel 1742 e 1744, dalle quali ad evidenza risulta quanto per parte nostra siansi e fedelmente mantenute e notabilmente ampliate le grazie che altre volte avevamo ad essi concesse coll'interposizione della garanzia del fu Imperatore Carlo VI e del Re Cristianissimo ; ma ci sarebbe inoltre molto difficile il riferire un lungo dettaglio di fatti incontestabili per dimostrare tutta l'insussistenza delle calunnie, che nelle dette lettere anche in questa parte s'avanzano contro il nostro Governo, se non apprendessimo tanto meno necessario l'entrare per ora in simiglianti discussioni, quanto meno appartiene all' Autore di tali editti di farsi giudice di queste cause.

Essendo però Noi troppo giustamente commossi dalla considerazion de' gravi danni e pericoli ne' quali l'altrui malizia tenta di far ricadere i nostri Popoli della Corsica, e ragionevolmente persuasi che le sopradette Lettere non siano in alcun modo emanate nè dalla Corte di Vienna nè da quella di Torino, ma considerandola anzi come una mera invenzione di spiriti torbidi e male intenzionati, i quali hanno ardito di abusare in esse del nome rispettabile di S. M. l'Imperatrice de' Romani e di S. M. Sarda, vogliamo quindi in primo luogo ed in virtù delle presenti nostre ordiniamo che debbano riguardarsi come palesamente dirette ad eccittare nel suddetto nostro Regno nuovi torbidi e tumulti le più volte nominate lettere de' 2 ottobre 1745 e de' 3 gennajo 1746, nè ad esse e al loro contenuto si presti alcun credito e fede ; proibiamo a tuttti e ciascuno de' nostri sudditi sotto le pene a Noi arbitrarie il ritenerne presso di se e communicarne ad altri le copie, stampate o manuscritte, e mandiamo a rispettivi nos'ri Giusdicenti di ritirarle ; Incarichiamo quindi nostri Popoli della Corsica, per quanto hanno caro il loro dovere, il loro onore e il riposo della loro Patria, di mantenersi esattamente nell'ubbidienza e fedeltà che ci devono : Li esortiamo a riflettere quanto alla fine dovranno riuscir fallaci le supposte promesse ed assistenze che ad essi vengono offerte in confronto de' meritati effetti del giusto nostro risentimento e di quello delle Potenze che generosamente s'interessano alla conservazione delli nostri stati, e seriamente li ammoniamo a considerare le gravissime conseguenze, a cui si esporranno se mancando all'obbligo di buoni e fedeli sudditi, verranno a demeritarsi un'altra volta i frutti delle passate nostre condiscendenze. Assicuriamo per ultimo della particolare nostra Protezione, e promettiamo gli efficaci nostri ajuti a quelli de' predetti nostri Popoli che nelle attuali congiunture ci hanno già date e ci daranno le sincere reali testimonianze del loro affetto e del loro zelo, opponendosi vigorosamente agli iniqui disegni de' perturbatori della publica quiete ; e siccome dal canto nostro non mancheremo certamente di contribuire con tutti i mezzi che da Noi dipendono alla felicità e sicurezza del predetto nostro Regno, così confidiamo che verrà generalmente seguitato da quei nostri sudditi un impegno di tanta giustizia e di tanto loro interesse. Ed acciò questi nostri sensi pervengano alla certa cognizione de' Popoli sopradetti, abbiamo ordinato che si spediscano e si pubblichino le presenti munite del nostro sigillo, e sottoscritte dal secretario nostro di stato.

Date dal nostro Real Palazzo, 20 febbrajo 1746.

Gio : Battista Piccaluga, segretario di Stato.

In Genova, per il Franchelli
Stampatore dell'Eccellentissima Camera — con licenza de' Superiori.

(M. A. E. Vol. Gênes, 120).

Gênes, 27 février 1746. — **M. Coutlet à...** — Monseigneur, — Le bruit qui s'était répandu que quatre vaisseaux de guerre anglais s'étaient présentés de nouveau devant Bastia ne se confirme pas. On est cependant dans une parfaite ignorance de ce qui se passe dans cette isle, toutes les lettres qui en sont venues étant d'ancienne date.

Mr Saluzzo, évêque de la Bastie, qui en était parti pour se rendre ici, est décédé de maladie à Sestri de Levant où il s'était arrêté pour prendre un peu de repos, étant fort âgé.

Il est arrivé hier une tartane qui a apporté plusieurs prisonniers arrêtés par les habitants de la Bastie, qui persistent dans la résolution de retourner sous l'obéissance de la République. On assure que M. Stefano Mari leur a envoyé son vicaire avec quelque officier, de l'argent et les munitions dont ils avaient le plus de besoin pour se défendre contre les Rebelles.

Comme j'apprends, Monseigneur, que le Roy a nommé M. Guimont pour venir remplacer M. de Jonville, j'espère que Votre Excellence voudra bien m'honorer d'un mot de recommandation auprès de ce ministre, à qui je me flatte même de n'être pas tout à fait inutile pour le service dans le séjour qu'il fera ici ; car bien que chargé d'années, je puis assurer Votre Excellence que j'aurai jusqu'au dernier soupir le même zèle que j'ai toujours eu pour ce qui concerne les affaires étrangères dans lesquelles j'ai été élevé.

(M. A. E. Vol. Gênes, 120).

Gênes, 27 février 1746. — M. Du Pont à.. — Monseigneur, — Je sens parfaitement combien il serait fâcheux que les Anglais formassent quelque établissement en Corse et ne perd point d'occasion de parler en conséquence au Secrétaire d'Etat de la République, mais c'est cependant toujours autant que je peux, relativement aux seuls intérêts de la République, car on ne sait déjà que trop ici que notre propre convenance demande que nous empêchions cet établissement, et conséquemment on pourrait un peu trop compter sur nos secours en cette occasion.

On m'assure que ce gouvernement a envoyé ordre à son commissaire général dans l'isle de Corse, de faire en sorte d'avoir Rivarola mort ou vif, ce qui sera difficile, car on assure qu'il s'est retiré à la montagne. On paraît toujours assez content de la tournure que prennent les affaires de ce côté-là relativement aux vues des Anglais et des Piémontais, mais il n'en est pas de même relativement aux habitants de l'isle dont il faut que le gouvernement reçoive de plus en plus de nouvelles preuves de leur mauvaise volonté pour la République, car je vois qu'on se plaint toujours d'eux, et qu'on n'espère pas en venir à bout aussi facilement que des ennemis du dehors.

Il arriva avant-hier au soir une députation de la ville de Bastia composée de l'archidiacre et de 4 séculiers. Elle fut aussitôt au Palais pour implorer la clémence du Sénat et lui exposer ses demandes. Le Sénat n'ayant pas l'autorité et le pouvoir suffisant pour décider seul sur cette affaire, ordonna l'assemblée du **Consiglietto** qui se tint extraordinairement hier au soir. J'ignore encore les demandes de la ville de Bastia. J'ai seulement appris que cette députation était venue ici par ordre de M. Mari qui, lorsqu'elle a été le trouver à Calvi pour lui exposer les motifs de sa mission, lui a répondu que, quand bien même il aurait la volonté et serait en état de leur accorder tout ce qu'ils désireraient, il ne le ferait pas sans quelque assurance positive et de fait du retour sincère de la ville de Bastia sous l'obéissance de la République, crainte d'être trompé en agissant autrement et repris par le Sénat d'avoir accordé imprudemment des choses qui pourront par la suite être employées contre la République. Sur cela, la députation demanda quelles preuves on devait donner, et on prétend qu'entre autres M. Mari lui insinua de faire arrêter tous les Rebelles ou leurs partisans qui étaient encore à Bastia, et cela fait, d'aller à Gênes prendre les ordres du Sénat, et cependant il leur accorda, à ce qu'on dit, une soixantaine de barils de poudre et 12.000 livres en argent.

La députation a suivi les intentions et instructions de M. Mari, car on a fait arrêter à Bastia 35 personnes, parmi lesquelles se trouvent Cafforio et le major Gentile, Corse, et fameux ici par une prison d'une vingtaine d'années, dont il n'a été relâché que depuis environ deux ans, et où il avait été mis pour avoir eu part aux anciennes révoltes de l'isle. Tous les autres sont des principaux de Bastia, ou des premiers partisans des rebelles. Aujourd'hui on délibère ici sur ce qu'on a à faire en conséquence. Le Secrétaire d'Etat que je cherchai à voir hier au soir avant le **consiglietto**, sous prétexte d'une affaire dont j'avais réellement à lui parler, mais cependant pour tirer quelque chose de lui à ce sujet, me dit en réponse à ce que je lui témoignais prendre beaucoup de part aux bonnes nouvelles qu'il avait reçues de Corse, que l'arrêt des 35 hommes était véritable, mais qu'on ne savait pas encore si la ville voudrait les remettre au pouvoir de la République, et que cela serait cependant la principale et la meilleure preuve qu'elle pût donner de la sincérité de sa soumission. Il me dit aussi sur ce que je lui demandai si M. Mari avait fait prendre possession de la place, qu'ils avaient des troupes et des secours à portée pour les y faire entrer, dès qu'ils croiraient le pouvoir faire avec sûreté, mais que, comme ces secours n'étaient pas suffisants pour se soutenir par eux-mêmes, si la ville se révoltait de nouveau, il fallait qu'ils prissent sur cela toutes les précautions nécessaires pour ne pas perdre leurs troupes et donner des armes contre eux, et il finit par me dire : Ce sont des Corses, nous ne pouvons nous y fier. J'applaudis beaucoup à leurs mesures et à leur prudence, mais je ne laissai pas cependant de lui dire qu'il était fort à souhaiter qu'ils profitassent de cette occasion pour recouvrer sans perte ni dépense une place aussi importante pour eux.

(M. A. E. Vol. Gênes, 120).

Gênes, 6 mars 1746. — M. Du Pont à... — Monseigneur, — La députation de la ville de Bastia est encore ici. Elle refuse de remettre au pouvoir de la République les Personnes qui ont été arrêtées dans la dite ville, pour éviter la vengeance et les assassinats que cela causerait sûrement par la suite.

(M. A. E. Vol. Gênes, 120).

Gênes, 13 mars 1746. — **M. Coutlet à...** — Monseigneur, — On ne peut encore rien dire de positif sur les affaires de Corse. On paraît ici assez tranquille par rapport aux places de Calvi, Ajaccio et Bonifacio qui sont bien munies, et toutes les milices du pays à la dévotion de la République. Mais la ville de Bastia se trouve dans la situation la plus violente ; les habitants sont à la vérité retournés à l'obéissance, ayant même envoyé ici une députation pour demander pardon et passer leur soumission ; le fâcheux est qu'ils se trouvent assiégés par les Rebelles, manquant de vivres et de munitions de guerre pour leur faire tête ; ils ont cependant fait feu du château sur trois vaisseaux de guerre anglais qui s'y étaient présentés, et ont envoyé ici un bâtiment pour demander quelques secours, sans qu'il paraisse que l'on y fasse grande attention. Ainsi cette ville est en danger d'être saccagée et ruinée de fond en comble. Le vice-consul que j'y avais s'en est échappé et s'est réfugié à Livourne avec toute sa famille, sa maison y ayant été entièrement détruite par les bombes.

Votre Excellence apprendra probablement par M. Du Pont l'arrivée ici du Sr Ozero qui est venu pour se plaindre des inattentions qu'ils prétend avoir reçues de la part de M. Stefano Mari, commissaire général. J'avoue que je ne puis approuver qu'il ait quitté son poste dans la conjoncture présente. Comme il a envoyé tous ses papiers à M. le comte de Maurepas, j'attendrai ses ordres avant de faire aucune démarche en faveur de ce vice-consul auprès du Sénat.

(M. A. E. Vol. Gênes, 120).

Gênse, 13 mars 1746. — **M. Du Pont à...** — Monseigneur, — Il est arrivé ici, il y a déjà quelques jours, de Bastia, un particulier habitant de cette ville, nommé Patrimonio, et patron de barque de profession, qui est celui qui a eu le plus de part à la révolution en faveur de la République. Il est venu pour solliciter et avancer l'envoi des secours que cette ville a fait demander à la République par la députation qu'elle lui a envoyée ; mais on prétend absolument ici avant de donner ces secours, d'avoir en son pouvoir les personnes arrêtées à Bastia pour servir d'otages et de caution pour ces secours et pour les troupes qu'on y envoyera. Au fond, la République, quoique elle perde un temps précieux, n'a pas tort de prendre ses sûretés, car Rivarola qui se soutient toujours aux environs de la place, y a des parents et des amis qui pourraient lui en faciliter de nouveau l'entrée, et faire égorger la petite garnison génoise qui y serait, si on n'a pas des gages de la part de ces habitants qui les retiennent dans le devoir et la fidélité. Patrimonio demande outre des provisions et des munitions, quelques troupes ; mais je ne crois pas qu'on lui en accorde d'autres que celles que M. Mari pourra envoyer de Calvi ou de quelque autre endroit de la Corse. Et en attendant qu'il y ait quelque chose de réglé pour les prisonniers en question, on ne se presse point à faire partir d'ici deux petits bâtiments sur lesquels on a fait embarquer quelques provisions et munitions, et on prétend même que ces bâtiments, de même que ceux envoyés de Calvi avec d'autres provisions et quelques troupes, ont ordre de s'arrêter à Capraia, ou dans quelque autre endroit aux environs de la place, et de n'y point entrer sans des avis ultérieurs, comme je l'ai déjà marqué par ma dernière.

Le Sr Ozero, notre vice-consul à Calvi, qui ne manque pas d'esprit, et qui paraît assez bien informé de tout ce qui se passe dans son pays, ayant été obligé de passer ici pour des difficultés qu'il a eues avec les Génois et dont je rends compte à M. le Comte de Maurepas, je l'ai un peu entretenu sur les affaires présentes de l'isle. A en juger par ses discours, la République ne possèdera jamais tranquillement la Corse, mais les Anglais n'y réussiront pas non plus dans leurs projets, car abstraction faite de la religion qui est contre eux un obstacle insurmontable, ils y sont généralement mal vus. Le Roy de Sardaigne ne sera pas plus heureux, quoique Rivarola, qui est le chef du parti de ce Prince, soit Corse et ait des adhérents et des parents dans Bastia et dans la montagne. Il prétend que les Corses ne se donneront à personne sans consulter la France, et qu'ils inclineraient assez pour l'Espagne ou pour nous, mais que leur premier point de vue est de se débarrasser des Génois. Il dit aussi que M. Mari est en peu de crédit et de considération dans l'isle, que l'abandon de Bastia l'a fait connaître pour un homme sans fermeté et sans jugement, qu'il a répandu beaucoup d'argent inutilement et que présentement il en manque ; que les Corses prennent volontiers la paye de la République, parce que cela ne les oblige pas à faire pour elle plus qu'ils ne veulent, et qu'ils n'en sont pas moins ses ennemis.

(M. A. E. Vol. Gênes, 120).

Gênes, 30 mars 1746. — M. Coutlet à.. — Monseigneur, — ... Les affaires de Corse sont presque toujours dans le même état. J'apprends d'Ajaccio que tout persistait de ces côtés-là à être à la dévotion de la République, et que la plupart des habitants, qui avaient envoyé leurs familles à la campagne pour les mettre à couvert des bombes, commençaient à les en faire revenir.

L'on a non seulement fourni au Patron de la Bastie qui était venu ici tous les secours dont les habitants de cette place ont témoigné avoir le plus le besoin, mais il a encore été nolisé depuis quatre bâtiments sur lesquels il a été chargé quantité de munitions de guerre que l'on a fait partir pour le même lieu. Aussi il est à présumer que lesdits habitants seront désormais en état de ne rien craindre de la part du colonel Rivarola que l'on prétend avoir promis au commandant de l'escadre anglaise de les contraindre à lui payer 100.000 livres pour la dépense des bombes qu'il y a jetées.

On apprend par une tartane de Caprara que les habitants de la Bastie se défendent vigoureusement contre les Rebelles, ce qu'ils seront encore bien plus en état de faire lorsqu'ils auront reçu les secours qu'on vient de leur envoyer et qu'on a lieu d'espérer qui y arriveront heureusement, bien qu'il y ait actuellement cinq vaisseaux de guerre anglais qui croisent vers l'isle d'Elbe et le canal de Piombino.

(M. A. E. Vol. Gênes, 120).

Gênes, 20 mars 1746. — **M. Du Pont à...** — Monseigneur.... Il serait en effet à désirer que ce gouvernement envoyât en Corse à la place de M. Mari quelqu'un plus accrédité que lui ; mais j'ai entendu dire qu'ayant demandé de lui-même à revenir ici, on lui avait répondu que puisque c'était sous lui qu'avait recommencé la révolte et qu'on avait perdu Bastia, il ne serait point remplacé que les affaires ne fussent finies. Je n'ai point de peine à croire cette réponse, quoique contraire aux véritables intérêts de la République, parce que c'est l'ordinaire ici, et que personne ne se présente pour remplir les emplois difficiles et dangereux, tels que l'est aujourd'hui le gouvernement de la Corse, où d'ailleurs il n'y a plus rien à gagner. Au reste il court ici un bruit qu'il serait question de donner à ces messieurs Oneglia et Loano en échange de cette isle.

On a enfin fait partir les petits bâtiments chargés de quelques provisions et munitions pour Bastia. Patrimonio s'est embarqué sur ces bâtiments. On y a aussi fait embarquer un officier avec une trentaine de soldats, mais on ne sait si c'est pour rester à Bastia ou pour ramener ici les prisonniers que le Député de cette ville qui est toujours ici, a promis, autant qu'il peut dépendre de lui, de rendre et de remettre à la disposition de la République, mais on doute toujours beaucoup ici que cela s'exécute. Cependant Rivarola est toujours sous cette place, et je vois que l'opinion est de plus en plus générale qu'on ne viendra point à bout des affaires de cette isle, surtout dans la circonstance présente où les Corses ont des espérances de changement, et où la République ne peut porter de ce côté-là l'attention et les forces qui seraient nécessaires.

(M. A. E. Vol. Gênes, 120).

Note sans date ni nom d'auteur, probablement de M. D'Argenson. — M. le Marquis d'Oria a paru souhaiter que le Roy publiât de son côté une contredéclaration (en réponse à la déclaration de la Reine de Hongrie) par laquelle Sa Majesté donnerait de nouvelles assurances de ses bontés et de sa protection aux

Corses fidèles à leur Souverain, et de l'intention où elle est de soutenir la République de Gênes, afin de rétablir et de maintenir la subordination dans l'isle de Corse, conformément aux règlements arrêtés et signés en 1736 et garantis par Sa Majesté.

Reste de savoir à quoi aboutirait cette contredéclaration surtout si des effets promis et réels n'en étaient pas la suite.

(M. A. E. Vol. Gênes, 120).

M. D'Argenson à M. De La Ville. — Le Roy approuve que je projette une déclaration pour la lire au premier conseil. Cette déclaration doit être courte et noble, déclarant qu Sa Majesté est garante du traité de 1736 entre les Génois et les Corses, marquant notre étonnement de ce que la reine de Hongrie les excite à la rébellion malgré les actes du feu empereur son père.

(M. A. E. Vol. Gênes, 120).

Projet de déclaration en faveur des Corses fidèles à la République de Gênes, approuvé au Conseil du 24 Mars 1746. — Toute l'Europe aura vu avec surprise la déclaration que la Reine de Hongrie vient de faire publier pour promettre son secours aux peuples rebelles de l'isle de Corse.

Il est évident que cette princesse manque aux lois de la justice en fomentant la rébellion de ces insulaires contre leur légitime souverain avec lequel elle n'est point en guerre. Les égards qu'elle doit à la mémoire du feu Empereur son Père, ajoutent à cette entreprise odieuse par elle-même un nouveau degré d'irrégularité.

C'est par la médiation du Roi et de ce prince que la tranquillité fut rétablie en 1737 dans l'isle de Corse, et leurs Majestés accordèrent en 1738 leur garantie pour le maintien de l'amnistie et des règlements qui furent alors statués entre la République de Gênes et les Corses.

Cette considération aurait dû suffire pour prévenir la rébellion et non pour l'encourager, mais les droits naturels de la raison et de l'équité se taisent lorsqu'il s'agit de satisfaire son ressentiment et sa vengeance.

Le Roi, bien éloigné de se conduire par de pareilles maximes, n'a jamais traité en ennemis déclarés, les Puissances qui ont fourni à la Reine de Hongrie des secours contre Sa Majesté, tandis que les deux Puissances ennemies de Sa Majesté exercent contre les Génois les vexations les plus illégitimes par la seule raison qu'ils sont alliés et auxiliaires des alliés de Sa Majesté.

Cette circonstance offre un motif qui doit d'autant plus engager Sa Majesté à donner en cette occasion aux Corses fidèles de nouvelles assurances de sa protection et de ses bontés. C'est dans cette vue que le Roi déclare que son intention est de maintenir par tous les moyens convenables l'autorité légitime de la République de Gênes, et de contribuer le plus promptement et le plus efficacement qu'il sera possible à rétablir la tranquillité, l'ordre et la subordination dans l'isle de Corse ; la fidélité de Sa Majesté pour ses alliés, sa modération et son désir de pacifier l'Europe au lieu d'en multiplier les troubles, sont les fondements solides de la confiance que les Corses dociles et soumis doivent mettre dans l'équité et la droiture de ses intentions, et son trône sera toujours un asile assuré pour toutes les puissances qui lui seront unies, et dont on attaquera les droits et les prérogatives.

(M. A. E. Vol. Gênes, 120).

Gênes, 27 mars 1746. — M. Coutlet à.. — Monseigneur, — Nous n'avons encore rien qui puisse décider sur les affaires de Corse ; ce qu'il y a de certain est que jusques à présent le parti de la République y est le dominant, et que l'exemple des tyrannies et indignités que les Rebelles ont commises à la Bastie après le bombardement est un grand motif aux habitants des autres places de mettre tout en usage pour ne pas tomber entre les mains de ces scélérats. Ceux de la Bastie qui après l'avoir éprouvé ont recouru à la clémence de la République, paraissent résolus de périr tous plutôt que de se trouver exposés de nouveau aux traitements barbares qu'ils en ont reçus pendant le peu de temps qu'ils y ont resté. Ils en ont encore été attaqués dans la nuit du 13 au 14 de ce mois par cinq endroits différents, mais ils ont soutenu leurs efforts avec tant de valeur et de fermeté qu'ils furent obligés de se retirer après y avoir perdu une centaine des leurs. Comme l'on assure que les secours que ce gouvernement leur a envoyés consistant en munitions de guerre, des vivres et quelque argent, y sont heureusement arrivés, on se flatte que les choses ne tarderont pas à changer de face de ce côté-là.

(M. A. E. Vol. Gênes, 120).

Gêns, 27 Mars 1746. — **M. Du Pont à...** — Monseigneur, — .... Il est vrai qu'il y a plus à se réjouir qu'à être peiné des affaires de Corse. Mais nous devons cependant être bien persuadés que la République ne viendra jamais à bout de pacifier cette isle sans notre concours ou celui de quelque autre puissance, qu'elle ne cherche aujourd'hui qu'à laisser courir les choses sur le pied où elles sont et à s'y maintenir, afin de pouvoir faire valoir ses droits lorsqu'il sera question d'arrangement à cet égard. Au reste on n'en parle guère depuis une quinzaine de jours. On est beaucoup plus occupé de ce qui se passe en terre ferme. Cependant Bastia continue à se soutenir contre les Rebelles qui de leur côté rôdent toujours par terre aux environs de cette place, de même que les Anglais par mer. Le Secrétaire d'Etat m'a dit que les prisonniers étaient remis au pouvoir de la République et qu'il croyait qu'ils étaient déjà en route. On apprend qu'ils sont à la Capraja au nombre de 28.

(M. A. E. Vol. Gênes, 120).

Versailles, 29 Mars 1746. — **M. D'Argenson à M. Coutlet** — ... Je joins ici, Monsieur la copie d'un projet de déclaration que le Roi a fait dresser et que j'ai remis à M. le marquis d'Oria, qui m'avait témoigné au nom de la République le désir qu'elle avait que Sa Majesté opposât une démarche authentique à la démarche que la Cour de Vienne a faite en dernier lieu pour fomenter la rébellion en Corse. Vous remettrez ce projet au Secrétaire d'Etat et vous vous concerterez avec lui sur les mesures à prendre pour rendre cette déclaration publique et pour lui procurer un effet utile. Le Roi donne volontiers en cette occasion une nouvelle preuve de son amitié pour le gouvernement et pour les intérêts des Génois.

(M. A. E. Vol. Gênes, 120).

Gênes, 3 avril 1746. — M. Coutlet à M. d'Argenson.
— Monseigneur, — ... Les affaires de Corse sont toujours à peu près au même état. Je n'ai plus rien à ajouter à tout ce que j'ai eu l'honneur de vous écrire jusqu'à présent. Les Prisonniers sont arrivés ici de Bastia au nombre de 26. On ne sait point encore quel sera leur sort. On dit seulement qu'ils ont été remis au pouvoir de la République à condition qu'ils auraient la vie et l'honneur saufs. On prévoit que cette affaire causera la ruine totale de la ville de Bastia, si jamais les Rebelles peuvent y entrer.

(M. A. E. Vol. Gênes, 120).

Gênes, 3 avril 1746. — M. Coutlet à M. D'Argenson.
— Monseigneur, — ... Il arriva ici mardi dernier de l'isle de Capraja 26 rebelles que les habitants de la Bastie ont arrêtés et qui furent pendant la nuit transférés dans la Tour. Ce sont les inquisiteurs d'Etat que les mutins avaient choisis pour les gouverner. Il y a aussi parmi eux un ecclésiastique, et le major Gentile, qui après avoir resté ici prisonnier pendant dix ans, avait été mis en liberté dans le temps qu'on croyait les affaires de cette isle assez accommodées.

On apprend que les secours qui ont été expédiés d'ici pour la Bastie y sont heureusement arrivés, et comme l'on y a aussi envoyé de Calvi quelque détachement de soldats, on paraît présentement fort tran-

quille sur le sort de cette capitale, dont les habitants persistent dans la résolution de tout sacrifier pour donner à la République des marques de leur fidélité.
(M. A. E. Vol. Gênes, 120).

5 Avril 1746. — Le marquis D'Oria à M. d'Argenson. — J'ai eu l'honneur, Monsieur, de communiquer à Votre Excellence il y a une quinzaine de jours la Déclaration de la Reine de Hongrie en faveur des rebelles de Corse, et j'avais eu quelque temps avant celui de lui communiquer la Déclaration du Roi de Sardaigne, conçue à peu près dans les mêmes termes, et tendant également à exciter les Rebelles dans cette Isle.

J'ai prié en conséquence Votre Excellence de vouloir bien obtenir à la République une Déclaration du Roi pour prouver aux Corses que Sa Majesté ne sera point indifférente aux troubles qui s'élèvent parmi eux et à leur désobéissance envers la République leur légitime Souverain, et les désabuser de ce que des chefs malintentionnés peuvent leur faire accroire de contraire à cela.

La Déclaration dont Votre Excellence m'a envoyé le projet joint à la lettre, dont elle m'a honoré le 27 mars, ne me paraît pas remplir entièrement le but que la République s'est proposé en la demandant ; c'est ce qui m'oblige de prendre la liberté de faire part à Votre Excellence de quelques observations que j'y ai faites, selon que j'eus l'honneur d'en convenir avec V. E. dans ma conférence de mardi dernier, me réservant toujours d'y ajouter celles que la République, après l'examen qu'elle en aura fait, pourra me fournir.

Comme il ne s'agit pas seulement de conserver les

Corses fidèles, mais qu'il est nécessaire d'intimider les Rebelles, le titre ne suffit pas, et il faut tout au moins y ajouter « **et contre ceux qui cherchent à se soustraire à sa domination** ».

La Déclaration du Roi de Sardaigne étant aussi injuste que celle de la Reine de Hongrie, il est essentiel d'en faire mention en même temps que de celle-ci, et de faire sentir que c'est le même esprit de vengeance qui l'a dictée, et qui fait désirer à ce Prince d'avoir l'influence sur ce qui regarde cette Isle, influence d'autant plus dangereuse que par le voisinage de la Sardaigne, il lui est plus aisé de l'entretenir.

Avant la médiation du Roy et de l'Empereur Charles VI pour le rétablissement de la tranquillité en Corse, il fut fait entre Sa Majesté Impériale et Sa Majesté Très Chrétienne une convention pour conserver à la République la possession du Royaume de Corse ; il serait bon de la citer pour faire voir encore plus l'étendue des engagements de la Reine de Hongrie et combien elle y manque par sa Déclaration.

A l'endroit du projet où il est dit « **et les règlements qui furent alors statués entre la République de Gênes et les Corses** », il faudrait substituer l'expression suivante : « **et des règlements qui furent alors statués par la République en faveur des Corses** », comme plus convenable à la dignité du souverain.

A l'égard du dernier article, qui commence : « **Cette circonstance,** le seul moyen de rendre la Déclaration efficace était d'intimider les Rebelles ; il faut déclarer positivement que bien loin d'être indifférent aux édits des Cours de Vienne et de Turin, comme leurs émissaires cherchent à le persuader aux Corses, le Roi les désavoue entièrement, emploiera tous les moyens possibles pour aider la République à faire rentrer dans le devoir ceux qui séduits ou excités par les cours susdites ont osé, ou osent s'en écarter, et les regardera comme déchus des grâces de la République dont Sa Majesté a été garante, « **et que c'est dans cette vue que le Roi,** etc., et ce qui suit.

Pour ce qui est de la publication, la République désire qu'elle soit faite ici. Elle m'a chargé de lui en envoyer plusieurs exemplaires qu'elle fera publier en Corse, et d'en envoyer pareillement à vos consuls dans les ports de la Méditerranée. J'ai l'honneur etc.
(M. A. E. Vol. Gênes, 120).

NOTE : Les modifications demandées par le marquis D'Oria furent faites au projet primitif, et la Déclaration fut publiée en France sous ce titre : DECLARATION DU ROY EN FAVEUR DES CORSES FIDELES A LA REPUBLIQUE ET CONTRE CEUX QUI CHERCHENT A SE SOUSTRAIRE A SA DOMINATION.
(L. L.)

Gênes, 10 avril 1746. — M. Coutlet à M. d'Argenson. — Monseigneur — ... Il a paru en ce port une barque génoise venue de Tunis qui s'est battue pendant plus de six heures avec le pinque corsaire de Sardaigne qu'elle a fort maltraité. Comme elle a touché à Calvi, le patron assure y avoir appris que les habitants de la Bastie qui, outre les secours qui leur ont été envoyés d'ici, en avaient aussi reçu des autres places maritimes de cette isle, avaient attaqué les Rebelles dans le poste des Capucins où ils avaient fait 7 prisonniers des principaux, s'en étant peu manqué que le nommé Rivarola n'ait resté de ce nombre. Et comme lesdits Rebelles sont encore maîtres du Cap-Corse et de San Fiorenzo, les vaisseaux de guerre anglais ne laissent pas de s'en approcher de fois à autre, pour y recevoir le bled, le vin, l'huile et la viande salée qu'ils leur fournissent en retirant en échange des munitions de guerre ; mais ils n'osent plus aborder à la Bastie, d'où les habitants les ont déjà obligés plus d'une fois à se retirer.

(M. A. E. Vol. Gênes, 120).

Gênes, 17 Avril 1746. — M. Coutlet à M. d'Argenson. — Monseigneur, — ....Comme M. de Guymont est arrivé ici, je m'abstiendrai désormais de fatiguer Votre Excellence de mes lettres, trop heureux si elle daigne agréer le soin que j'ai tâché de prendre dans ce petit intervalle depuis le départ de M. de Jonville de lui donner des marques de mon zèle pour le service et du dévouement respectueux que je lui professe.

Je n'ai aujourd'hui aucune nouvelle de Corse ; on assure néanmoins que les choses y sont en bonne situation, que le colonel Luc Ornano s'était avancé avec un gros détachement de ses milices pour aller chasser les rebelles de devant la Bastie, et que quoiqu'il n'ait pu exécuter son dessein à cause des neiges, le nommé Rivarola n'avait pas jugé à propos de l'attendre, s'étant, dit-on, retiré dans les montagnes avec sa troupe.

Bien des gens prétendent qu'il s'est fait cette semaine une exécution secrète dans la Tour, où quatre des principaux rebelles venus en dernier lieu de Bastia ont été étranglés, du nombre desquels même on veut que le major Gentile ait été ; mais c'est ce que j'ai peine à croire, attendu que lesdits Rebelles ayant encore plusieurs officiers de la République entre les mains, ce serait les exposer aux représailles.

L'abbé Orto, archiprêtre d'Ajaccio, qui a une pension de 600 livres sur l'abbaye de Saint-Martin de Pontoise, parut ici ces jours passés ; il m'a dit qu'il a été appelé d'ordre du Sénat par rapport à M. Mariotti, sans qu'il sache encore de quoi il s'agit ; je **crains fort qu'il ne soit accusé d'avoir entretenu quel**que correspondance avec cet évêque.

(M. A. E. Vol. Gênes, 120).

Gênes, 18 avril 1746. — M. Guymont à M. d'Argenson. — Monseigneur,..... Les deux principaux chefs des Rebelles corses, Rivarola et Matra, se soutiennent toujours aux environs de Bastia. On dit cependant qu'ils n'ont présentement avec eux guère plus de 300 hommes. — On travaille ici à faire le procès aux Prisonniers de Bastia. Le Sénat en a renvoyé l'instruction à la Rote criminelle.

(M. A. E. Vol. Gênes, 120).

Gênes, 26 avril 1746. — M. Guymont à M. d'Argenson. — Monseigneur, — ...Ce gouvernement a reçu de Corse l'agréable nouvelle que les habitants de Bastia avaient chassé les Rebelles des environs de leur ville et les avaient obligés à lever entièrement l'espèce de blocus qu'ils y formaient. Ces habitants n'ont perdu dans cette occasion que 7 ou 8 hommes et les Rebelles environ une vingtaine, outre 47 prisonniers. On dit que Rivarola s'est retiré du côté de S. Fiorenzo. Il m'est revenu que le gouvernement a l'intention de promettre une récompense à quiconque pourra exécuter l'ordre qu'il a donné il y a quelque temps, pour avoir mort ou vif ce chef des Rebelles.

Théodore est à Livourne. On dit qu'il se prépare à repasser en Corse, mais on n'en paraît pas fort effrayé ici. Il y a toujours quelques vaisseaux de guerre anglais sur les côtes de cette isle.

(M. A. E. Vol. Gênes, 121).

Gênes, 9 mai 1746 — **M. Guymont à M. d'Argenson.** — Monseigneur — ... On exécuta avant hier 10 des prisonniers faits à Bastia ; 5 ont été pendus, et 5 ont eu la tête tranchée. Cette exécution s'est faite dans la prison, mais cependant d'une manière publique. Les autres prisonniers, au nombre d'une vingtaine, ont été condamnés les uns aux galères et les autres a une prison perpétuelle. Il est à souhaiter pour les Génois que cet exemple de sévérité produise l'effet qu'ils peuvent en attendre. Je crois que la clémence réussirait mieux auprès de ces peuples. C'est ce qu'ils ne veulent pas entendre.

Il a été arrêté une petite barque avec des lettres que les Rebelles de Corse écrivaient à leurs correspondants en Sardaigne, en Angleterre et à Vienne. Elles ont été portées au gouvernement.

(M. A. E. Vol. Gênes, 121).

Gênes, 24 juillet 1746. — **M. Guymont à M. d'Argenson.** — Monseigneur.... Les affaires de Corse vont de mal en pire. La haine et le mépris de ces Insulaires pour les Génois est portée à un si haut point, qu'un des principaux du pays ayant demandé et obtenu une commission de capitaine sous un nom supposé, a fait habiller son chien avec un uniforme et lui a mis la patente au col, disant publiquement : « Voyez, Messieurs, la grande facilité des Génois à prodiguer les commissions de captiaine, puisqu'ils en ont donné une à mon chien. » Cette mauvaise plaisanterie ne fait pas l'éloge de M. Mari, commissaire général de la République dans cette isle.

(M. A. E. Vol. Gênes, 121).

NOTE. La suite de la correspondance des agents de France à Gênes ne s'occupe presque plus de la Corse jusqu'à 1747. Pendant ces mois les Autrichiens occupèrent Gênes, puis en furent chassés par un soulèvement populaire. La correspondance des agents ne s'occupe guère que des opérations militaires qui eurent lieu alors en Italie. L. L.

Versailles 3 février 1747. — M. le comte de Maurepas à M. le marquis Pallavicini (envoyé de Gênes à Paris). — Sur le compte, Monsieur, que j'ai rendu au Roi des mémoires que vous me fîtes l'honneur de me remettre, il y a trois jours, Sa Majesté m'a ordonné de vous renouveler en son nom les assurances de la disposition où elle est toujours de secourir aussi efficacement qu'il sera possible la République de Gênes, et de lui faire éprouver les effets les plus constants de sa bienveillance.

Le Roi a donné en conséquence de nouveaux ordres pour accélérer l'envoi des millions de livres que Sa Majesté a déjà accordés à la République de Gênes.... Ce secours en argent n'est pas le seul que la République doive attendre de la générosité et de l'amitié du Roi. Les ordres ont été envoyés il y a déjà quelque temps à M. le maréchal de Belle-Isle, de faire partir des troupes pour Gênes aussitôt que les circonstances et les besoins de la Provence pourraient le permettre.

Le Roi voudrait pouvoir en même temps fournir

aux besoins de la Corse ; mais Sa Majesté juge qu'il
est important de s'occuper d'abord de l'objet prin-
cipal qui regarde le soutien immédiat de la liberté
de la République de Gênes. C'est pour assurer ce
point essentiel que Sa Majesté croit devoir employer
tous les secours qu'elle peut accorder actuellement, et
c'est aussi dans cette même vue que M. le maréchal
de Belle-Isle ne négligera rien pour suivre l'armée au-
trichienne, si elle est obligée de repasser le Var.

(M. A. E. Vol. Gênes, 121).

**Gênes, 16 Mars 1747. — M. Guymont à M. Puy-
sieulx.** — Monseigneur, — Les affaires de la République avec les Corses sont pour le moment présent
dans une meilleure situation qu'elles n'ont été depuis longtemps. Ils offrent des troupes et un accommodement aux conditions suivantes. Savoir : Que la
République conservera en son entier la souveraineté ;
que les finances et les droits resteront sur le même
pied ; que l'administration de la justice tant criminelle que civile restera au même état, avec cette seule
condition que tout homicide sera puni de mort. Ils
accordent aussi à la République tout ce qui regarde
le militaire, les garnisons, les quatre places fortes,
Bastia, Ajaccio, Calvi et Bonifacio, un gouverneur général et trois commissaires principaux pour ces trois
places. Mais ils veulent que les six commissaires particuliers, appelés communément **lcco-tenenti**, soient
Corses, pris dans les familles nobles du Royaume, et
que ce ne soit pas de pauvres nobles Génois, qu'on y
envoyait pour s'enrichir et qui commettaient mille
injustices. Cependant ils consentent pour adoucir cet
article que ce soit la République qui choisisse et non
les Corses, ceux qui occuperont ces six commissariats.
C'est tout ce que les insulaires accordent.

Ils prétendent en conséqunece que la République leur abandonne absolument tout ce qui regarde l'économique et surtout la liberté entière pour le commerce dans leur isle, c'est à dire qu'ils en feront sortir quand et comme ils voudront les denrées. Le sel n'est point compris dans cet article ; la République continuera à être maîtresse et à le fournir. Ils veulent de plus que tous les évêchés soient remplis par des Corses, sans que la République ait la moindre part à leur nomination, soit pour décider de la capacité des sujets ou autrement. On a écrit aux principaux Corses qui sont hors de l'isle et surtout à ceux qui se trouvent à Rome et au service de Naples, d'obtenir un congé de quelques mois pour repasser dans l'isle et finir cet accommodement. On se flatte que tout sera conclu au mois de may et que dans ce temps-là on pourra avoir un corps de trois ou quatre mille Corses qui viendra servir la République sans aucune capitulation pour le temps ni autrement, mais seulement avec la paye ordinaire. C'est encore là un des articles qui devra avoir lieu pour l'avenir, toutes fois et quand la République aura besoin qu'ils viennent à son secours.

L'abbé Orto, à qui le Roy a accordé il y a quelques années une pension, se mêle de cette affaire. Il a écrit ici qu'il avait gagné les dix principales pièves de l'isle, non seulement pour cet accommodement, mais encore pour s'opposer dès à présent à Rivarola, le regarder comme ennemi de la Patrie et agir en conséquence contre lui. J'ai lieu de croire que les Corses, avant de rien conclure voudront savoir les sentiments de la France, et il m'est même revenu que l'abbé Orto avait écrit ici pour qu'on lui procurât une lettre de moi qui fût ostensible et qui fît connaître aux Corses que j'approuve sa conduite. Je voudrais ben savoir vos intentions là-dessus avant de la donner ; mais comme la circonstance est pressante et ne souffre aucun retard, je crois, Monseigneur, que je ne dois pas refuser à la République tous les secours qui peuvent dépendre de nous. Quoi qu'il en soit, je ne sais si la tranquillité sera de longue durée, ces Insulaires ayant toujours envie d'appartenir à de plus puissants maîtres que les Génois.

(M. A. E. Vol. Gênes, 122).

Gênes, 24 juillet 1747. — M. Guymont à M. Puysieulx. — Monseigneur, — M. Mari, commissaire général de la République a passé de Calvi à Bastia avec ce qu'il a pu ramasser de monde et de provisions pour secourir cette place et la défendre contre les tentatives des Rebelles qui ont surpris la porte de cette place qu'on nomme la vieille ville, mais qui ne décide rien pour la prise totale. On y a envoyé d'ici quelques soldats, avec un peu d'argent et des provisions ; on en a aussi envoyé de Livourne ; le tout est arrivé heureusement à temps. Aussi on espère que la tentative des Rebelles n'aura aucun fâcheux effet pour le moment présent, mais il est certain qu'il faudrait de plus grands secours pour mettre cette isle en sûreté...

M. Grimaldi vient de me communiquer des nouvelles de Corse en date du 19 de ce mois, qui confirment ce que j'ai eu l'honneur de vous marquer ci-dessus et qui portent de plus que M. Mari insistait fortement pour qu'on le pourvoie non seulement pour Bastia, mais encore pour les trois autres présides, de toutes sortes d'approvisionnements tant en munitions de guerre que de bouche, sans quoi il y a lieu de craindre la famine et que les rebelles n'attaquent la place, comme ils viennent de faire Bastia, quand ils les sauront dépourvus. Le commissaire insiste aussi très fortement pour de l'argent, surtout puisque les cent mille livres que la France a promis n'arrivent point. Il marque aussi que les Rebelles ayant Rivarola à leur tête, se soutenaient dans la vieille ville de Bastia et qu'ils travaillent même à une mine pour faire sauter une partie du rempart de la nouvelle ville, mais qu'outre les difficultés d'un rocher qu'ils avaient à percer, il s'y opposera autant qu'il pourrait, et qu'il avait même déjà fait une sortie avec assez de succès, et dans laquelle il avait fait prisonnier un parent de Rivarola qui lui avait confirmé qu'on travaillait réellement à la mine.

(M. A. E. Vol. Gênes, 123).

31 Juillet 1747 — Mémoire présenté par M. le Comte de Vence à M. le Comte d'Argenson. — Lorsque M. le maréchal de Maillebois commandait l'armée du Roy en Corse, il imagina, pour rendre la paix dans le pays, de former un Régiment et de le composer tant en officiers qu'en soldats des principaux chefs et de leurs adhérents révoltés contre la République.

Conséquemment ce Régiment fut levé et fit passer en France une grande partie des mécontents. M. de **Maillebois** négligea de faire une capitulation avec la République pour qu'il fût permis aux officiers de recruter en Corse. Leur situation alors ne permettait pas de croire qu'ils pussent ni voulussent s'y opposer. M. de Villemur qui est revenu le dernier de ce pays-là, m'a assuré que, s'il en eût été chargé, il aurait fini cette affaire qui n'eût souffert aucune difficulté, bien que la République fût déjà indisposée de notre abandon.

Mais soit qu'elle n'ait pas senti depuis ses véritables intérêts et qu'elle doit même des grâces au Roy de l'entretien d'un Régiment Corse en France, qui la délivre des sujets peu affectionnés et lui forme de bons officiers dans ceux qui conservent pour elle de l'attachement, ou qu'elle ait mis de l'humeur en conséquence de la retraite de ses troupes ; elle n'a plus voulût permettre qu'il sortît des recrues pour ledit Régiment. Les officiers qui y ont été ont essuyé de mauvais traitements du Commissaire de la République et enfin un ordre exprès aux bâtiments de n'embarquer aucune recrue.

La situation présente et le moment de reconnaissance que cette République ne peut s'empêcher de témoigner, me paraît un temps propre pour que M. le Comte d'Argenson ou M. le marquis de Puysieulx fassent demander au nom du Roy la permission pour que les officiers du Régiment Royal Corse puissent librement aller dans leur pays et y engager des hommes pour l'entretien de leurs compagnies.

Notez que ce manque de permission n'empêche pas leurs dits sujets de sortir de la Corse et que l'expérience fait voir qu'il en sort tous les ans qui vont dans de différents pays ; il doit être indifférent à la République que ce soit pour la France, et cette prohibition n'a lieu que dans les principaux ports et n'empêche pas qu'ils s'embarquent le long de la côte.

(M. A. E. Vol. Gênes, 123).

Gênes, 31 juillet 1747. — **M. Guymont à M. de Puysieulx.** — Monseigneur, ... L'archiprêtre Orto, d'Ajaccio en Corse, et qui a une pension du Roy, étant passé dans cette île au commencement de cette année, comme j'en ai rendu compte alors, pour travailler en conséquence des ordres et des instructions de ce gouvernement à rétablir la tranquillité dans ce Royaume et le ramener à l'obéissance de la République, en est de retour sans avoir réussi. Il m'est venu voir et suivant ce qu'il m'a dit, il paraît qu'il avait obtenu des pièves les plus mutinées, des Sieurs Cafforio et Matra et des autres chefs des conditions acceptables, qu'il les avait envoyées ici, et que le gouvernement les avait même approuvées, mais que M. Etienne Mari, commissaire général dans cette isle, à qui elles avaient été renvoyées pour l'exécution, avait demandé son rappel, de sorte qu'après avoir resté plusieurs mois à attendre inutilement les ordres de ce commissaire, il avait pris le parti de venir ici solliciter la fin de cette affaire, et qu'il en avait informé les Corses afin d'entretenir la négociation. Il se peut que par jalousie M. Mari ait cherché à traverser l'ouvrage de M. Orto ; mais il est vrai qu'on n'a pas ici une entière confiance dans ce dernier, et qu'il est considéré comme un intrigant, au moins aussi attaché aux intérêts de ses compatriotes qu'à ceux de la République. Cependant il craint que ce qui se passe à la Bastia ne cause du changement et ne détruise encore une fois les apparences qu'il y avait à quelque accommodement.

Le Sr Orto m'a encore dit qu'on avait reçu il n'y a pas longtemps en Corse une lettre venue de Toscane, qui leur avait appris que Théodore sollicitait le Grand Duc de lui donner les secours dont il avait besoin pour se rétablir dans l'isle, que lui, Théodore, ne la conserverait que pendant sa vie, et qu'à sa mort elle resterait sous la domination de ce prince et de ses héritiers. Il lui paraît que nous devons faire attention à cet article.

(M. A. E. Vol. Gênes, 123).

Tongres, 7 août 1747. — M. de Puysieulx à M. Pallavicini. — Vous vous rappelez, Monsieur, que lorsque M. le Maréchal de Maillebois commandait les troupes du Roi en Corse, on jugea que pour rétablir plus promptement la tranquillité dans cette isle, il serait bon d'y former un Régiment aux dépens et pour le service de Sa Majesté, et de le composer, tant en officiers qu'en soldats, des chefs et de leurs adhérents révoltés contre leur légitime souverain.

Le projet fut exécuté et en conséquence un grand nombre de ces mécontents prit parti dans ce Régiment et passa en France.

Cependant, Monsieur, malgré le double avantage que votre République a trouvé dans cet établissement, puisqu'il l'a délivrée de plusieurs sujets peu affectionnés et qu'il lui forme de bons officiers dans ceux qui lui sont demeurés fidèles, Elle n'a plus voulu permettre qu'il sortît de Corse des recrues pour ce Régiment et les officiers qui ont été envoyés dans cette isle y ont essuyé de mauvais traitements de la part du Commissaire de la République.

Quels que puissent être les motifs qui ont déterminé autrefois la résolution du Sénat à cet égard, nous nous trouvons aujourd'hui avec votre République dans des liaisons d'amitié, d'alliance et d'intérêts qui doivent faire cesser tous les obstacles qu'elle a cru devoir apporter à la levée des recrues dont il s'agit.

Ainsi, Monsieur, le Roy ne doutant point qu'Elle n'accorde sans difficulté la permission nécessaire pour que les officiers du Régiment Royal Corse puissent librement aller dans leur pays et y engager des hommes pour l'entretien de leurs compagnies, Sa Majesté m'a chargé de vous demander de vouloir bien écrire au Sénat etc.

(M. A. E. Vol. Gênes, 123).

Gênes, 1ᵉʳ Septembre 1747. — M. Guymont à M. Puysieulx. — Monseigneur, — Le Gouvernement m'a fait communiquer par M. Grimaldi le détail suivant sur l'affaire de Bastia.

Les Rebelles avec Rivarola leur chef envoyèrent déclarer à M. Mari qu'ils avaient pratiqué une mine sous un des bastions des remparts de Terranova, et que si dans une demi-heure, il ne leur rendait la place, ils mettraient le feu à la mine. Sur cette déclaration, M. Mari s'embarqua aussitôt pour la Capraja, et chargea le commandant de la place de répondre aux Rebelles qu'ils devaient suivant les règles de la guerre, permettre qu'on visitât la mine. Ils le refusèrent en réitérant leur déclaration, à laquelle le commandant de la place répondit qu'ils pourraient faire ce qu'ils voudraient.

Peu de temps après la mine sauta. Elle n'a causé au rempart qu'un dommage qui a été presque aussitôt réparé. De sorte que M. Mari, qui est retourné dans la place, écrit qu'elle est en état de défense, mais qu'il lui faut des troupes dont il manque presque entièrement. On lui envoie, ce soir sous l'escorte de trois galères et de la galiote française les 500 hommes dont je vous ai fait mention dans ma lettre d'hier, savoir 300 de troupes de la République, 100 Français et 100 Espagnols qu'on a obtenus de M. de la Humada à force de prières et de sollicitations. C'est M. de Choiseul qui commande le détachement. On se flatte avec ce secours non seulement de conserver Bastia, mais encore de chasser les Rebelles de Terravecchia, et peut-être même de reprendre le golfe de S. Fiorenzo. Tout cela serait fort à désirer, car la conservation de la Corse nous est indispensablement nécessaire pour la communication avec la France, le passage de nos convois et pour en tirer pendant l'hiver des subsistances. Les trois galères doivent s'arrêter quelque temps en Corse pour rapporter ici les 200 Français et Espagnols, en cas qu'on ait bientôt terminé l'expédition.

Il paraît cependant par les avis de Florence que Théodore a retiré les effets qu'il avait engagés, que c'est par le secours des Anglais, et qu'il pourrait bien retourner dans cette isle avec des bâtîments chargés de subsistances qui sont à Savone et qu'on croit destinées à cette fin. Il est vraisemblable que les ennemis cherchent à appuyer les Rebelles, non seulement par les vues qu'ils peuvent avoir sur cette isle, mais encore pour y attirer nos troupes et faire une diversion qui diminue nos forces dans ce pays-ci. Les Anglais ont actuellement de ce côté-là cinq ou six vaisseaux de guerre.

(M. A. E. Vol. Gênes, 123).

Extrait des dernières lettres de la République à M. le marquis Pallavicini. — Les circonstances critiques où nous nous trouvons, et l'inaction de l'armée combinée de France et d'Espagne ont tellement enhardi les rebelles de Corse que, selon leur ancien usage, ils en prennent occasion de la bouleverser, et ils tentent même de s'emparer des princpales places du Royaumes. Ils y parviendront aisément si l'on n'y accourt promptement, surtout avec les secours nécessaires pour la subsistance des habitants des places fortes. Indépendamment des entreprises des Rebelles, ces places ont à appréhender la famine et du désespoir où elle réduirait bientôt leurs propres habitants qui en ce cas seraient plus à craindre que les ennemis du dehors.

Vous savez que le chef des Rebelles, Rivarola, avec ses adhérents s'est rendu maître de la Terra Vecchia de la Bastie, et continue à tenir bloqué la Terra nuova. Elle serait certainement déjà tombée entre ses mains, si notre commissaire général, Monsieur Etienne de Mari, par un effet de son zèle, ne s'y était jeté promptement lui-même, avec ce qu'il a pu ramasser de secours pour la soutenir quelque temps, et si nous n'avions prévenu à temps et secondé ses demandes en lui envoyant des vivres et ce qui nous a été possible d'argent comptant pour tâcher de subvenir ainsi à l'entretien du peuple nombreux qui s'y est renfermé et qu'on est obligé d'entretenir aux dépens du public, sans compter les bouches inutiles. M. le commissaire général a eu la précaution de les faire passer dans l'île de Capraja, et comme parmi ces gens-là il y a un grand nombre d'indigents, la République est pareillement obligée de les y nourrir.

En attendant les montagnards remuent, et les chefs des Rebelles en attirent à eux tous les jours. On fait de tous côtés des projets pour tomber sur la place la plus considérable et comme les provisions qui y sont ne peuvent pas aller loin, ils comptent de s'en rendre aisément les maîtres, et d'être même secondés par les troupes que la République y a, qui n'étant pas payées depuis longtemps et manquant de tout, sont plus à craindre que les ennemis même.

Voilà ce que notre commissaire général nous représente et nous répète dans chacune de ses lettres avec toute la force et l'énergie possible. Enfin la situation de la Corse est telle que sa perte est inévitable. Nous ne pouvons seuls l'empêcher, quelques efforts que nous fassions. Ainsi, si elle arrivait, nous serions contraints d'en être les tristes spectateurs sans pouvoir y apporter aucun remède, nous étant, comme vous savez, impossible d'en trouver les moyens depuis les derniers événements arrivés à notre capitale qui ont ruiné nos plus riches citoyens.

Nos commissaires dans les places fortes ont emprunté en différents temps pour les besoins de leurs places respectives des sommes considérables de plusieurs particuliers qui nous pressent de les rembourser et dont, à notre grand regret, nous ne pouvons exaucer les justes demandes. Cela achève de ruiner notre crédit, dont la perte entraînera à la fin après soi des conséquences irréparables.

Nous ne voyons d'autres ressources pour éviter des dangers si évidents que de les représenter aux Puissances nos alliées pour les y rendre sensibles, et les engager à nous fournir des secours assez puissants pour mettre nos places de Corse à couvert et empêcher par là la perte de cette isle. Elles doivent sentir combien dans les circonstances présentes il est de leur intérêt qu'elle ne passe pas au pouvoir de ceux qui soutiennent les Rebelles, et qui ne les mettent en état de susciter des troubles que dans l'intention de les tourner à leur avantage.

Nous vous chargeons donc d'insister avec tout le zèle dont vous êtes capable dans les termes ci-dessus et dans les formes que vous jugerez les plus convenables et les plus efficaces auprès de la Cour où vous êtes pour qu'on emploie promptement les moyens capables de détourner un si grand malheur auquel nous sommes exposés d'une manière si évidente et si irréparable, et qui aurait pour elle aussi des conséquences fort fâcheuses.

C'est avec beaucoup d'impatience que nous attendons de votre exactitude ordinaire le résultat de cette pressante commission.

(M. A. E. Vol. Gênes, 123).

Gênes, 4 septembre 1747 — **M. Guymont à M. de Puysieulx.** — Monseigneur, ... — Comme le temps continue à être favorable, nous comptons M. de Choiseul présentement à la Bastia. Nous attendons la nouvelle avec beaucoup d'impatience. Nous désirons savoir aussi en quel état il aura trouvé les choses et ce qu'il aura pu faire, et si M. Mari ne barrera point ses opérations, comme il a fait celle de l'abbé Orto ; car cet abbé proteste que ce commissaire général a empêché seul l'accommodement qu'il avait négocié avec les Corses, qui était approuvé ici par le Sénat, le petit et le grand Conseil. Cette affaire est très importante dans la circonstance présente. Il aurait été très avantageux, comme nous l'espérions, que M. de Choiseul eût trouvé à son arrivée dans cette isle, en tout ou en partie, les 4 bataillons que M. le maréchal de Belleisle nous fait passer, mais nous ne pouvons l'espérer, puisque ce général nous marque qu'ils ne sont pas encore partis, et nous ne pensons pas, suivant les mesures qu'on prend pour les faire embarquer, qu'ils puissent y arriver au plus tôt que le 7 ou le 8 du courant.

(M. A. E. Vol. Gênes, 123).

Gênes, 10 septembre 1747. — **M. Guymont à M. de Puysieulx.** — Monseigneur, ... M. des Places arriva hier de Bastia pour nous apporter la nouvelle de l'arrivée de M. de Choiseul, et en même temps celle du succès de son entreprise. Il a attaqué les ennemis deux ou trois heures après son débarquement et le lendemain il les a forcés dans toutes les maisons qu'ils occupaient et les a entièrement chassés de Terra vecchia.

Il les a même obligés de se retirer à plus d'une lieue et demie de la place. Il a perdu plus de 200 hommes tués ou blessés dont au moins soixante-dix Français. Presque tous les officiers du détachement envoyé d'ici sont tués ou blessés. Malgré cela on donne beaucoup de louange à la conduite de M. de Choiseul, et on trouve que les dispositions de son attaque étaient véritablement militaires. Il s'est servi utilement du canon des galères. On prétend qu'il y a eu au moins 600 des rebelles tués. Le neveu de Rivarola est du nombre. Il avait été d'abord pris ; ensuite on lui a coupé la tête, car de part et d'autre on ne s'est point fait de quartier.

M. de Bissy qui a reçu le détail circonstancié de cette affaire, m'en a promis une copie ; je la joindrai ici, s'il me la donne. En cas contraire, je me remets au compte qu'il rendra à la Cour.

(M. A. E. Vol. Gênes, 123).

Paris, 26 septembre 1747. — M. Pallavicino à M. de Puysieulx. — Je ne doute pas, Monsieur, que Votre Excellence ne soit informé de l'heureux succès qu'a eu le détachement qu'on a fait pour délivrer la partie de la Bastie dont les Rebelles s'étaient emparés. La République m'en donne avis par les lettres du 10 courant que je viens de recevoir.

Ce détachement composé de 100 Français, 100 Espagnols et 300 Génois, a donné des marques de bravoure extraordinaire, et on mande de l'armée d'Italie qu'il a été réduit à la moité, c'est à dire que nous y avons perdu 150 hommes et les auxiliaires cent.

M. le commissaire général qui, malgré la disette où il était d'argent, de troupes et de munitions, avait trouvé moyen de résister jusqu'à son arrivée aux efforts considérables des Rebelles, a pris toutes les précautions que sa prudence et sa vigilance ont pu lui suggérer pour le faire réussir, et j'espère qu'on aura eu en cette occasion une nouvelle preuve des efforts que nous faisons pour nous rendre dignes de l'honneur que nous avons de combattre avec deux aussi illustres nations.

M. Choiseul qui commandait le détachement et M. Desplaces s'y sont si bien distingués que la République m'ordonne expressément de les recommander en son nom aux grâces du Roy. Je supplie Votre Excellence de vouloir bien le représenter à Sa Majesté en l'assurant que la République regardera comme une faveur spéciale tout ce qu'elle voudra bien faire pour eux à sa recommandation.

(M. A. E. Vol. Gênes, 123).

Gênes, 30 septembre 1747. — M. Guymont à M. de Puysieulx. — Monseigneur, — ... Attendu le mauvais temps qu'il fait, les dernières lettres que le gouvernement a reçues de Corse sont du 21 du passé. Elles portent que le 18 M. Mari avait expédié pour bloquer S. Fiorenzo un colonel avec 300 hommes qui avaient été beaucoup augmentés par les habitants de deux endroits qui s'étaient unis avec eux, et que le 19 ce commissaire général et M. de Choiseul s'étaient aussi mis en marche avec toutes les troupes françaises, espagnoles, génoises et 600 paysans.

On a d'autant plus lieu d'espérer un heureux succès de cette entreprise que les peuples, mécontents de Rivarola, se jettent tous dans le parti de la République. On est maîtres des eaux et on travaille à élever les batteries. Les 2 mortiers et les 4 gros canons envoyés par mer sont arrivés. On ajoute par P. S. que nos forces s'étant augmentées jusqu'à 3.000 hommes, on avait attaqué le pays de S. Fiorenzo et qu'on s'y était emparé de plusieurs maisons.

Cela nous prépare à la confirmation des nouvelles venues par Livourne, et on s'en flatte entièrement ici. En effet, il est certain que Rivarola n'a pas beaucoup de monde et que le château de S. Florent, attaqué en forme, ne peut se soutenir.

Versailles, 30 septembre 1747. — M. de Puysieulx à M. Pallavicini. — J'ai reçu, Monsieur, la lettre que vous m'avez fait l'honneur de m'écrire le 29 de ce mois, et le Roy à qui j'en ai rendu compte, m'a ordonné de vous marquer tout le gré qu'il sait à votre République de la permission qu'elle a bien voulu accorder aux officiers du Régiment Royal-Corse, de faire des recrues dans cette isle. Sa Majesté me charge en même temps de vous assurer, Monsieur, que son intention n'est pas que les officiers de ses troupes abusent de cette liberté ; mais il peut y avoir eu beaucoup d'exagération dans les plaintes qui ont été portées sur ce sujet à votre République. Quoi qu'il en soit, je vais communiquer à M. le comte d'Argenson la lettre que vous m'avez fait l'honneur de m'écrire, afin qu'il donne les ordres nécessaires pour prévenir à cet égard toutes sortes d'inconvénients et d'abus.

(M. A. E. Vol. Gênes, 123).

Gênes, 3 octobre 1747. — M. Guymont à M. de Puysieulx. — Monseigneur, — ...M. de Choiseul est arrivé ce matin avec le détachement qu'on lui avait confié, dont il n'a perdu que 90 ou 100 hommes. Il nous a même dit que la plupart des blessés avaient été guéris beaucoup plus tôt qu'on ne l'espérait, ce qui marque la bonté du climat de cette isle. Il nous a assuré qu'il n'y avait plus à craindre que les Rebelles fissent aucune tentative dangereuse sur la Bastia ; que Rivarola, ce chef des Rebelles dont il est tant parlé, n'avait pas le crédit qu'on lui attribuait ; que c'était un homme violent, qui était détesté même des gens de son parti ; que Matra et Cafforio, principaux appuis de cette réovlte, étaient gens de tête, braves et en état de continuer la guerre, mais qu'ils n'en avaient ni les moyens ni la volonté, tant que d'un côté ils ne seraient point appuyés par les Anglais et que de l'autre ils ne seraient point attaqués par les Génois. Il nous a dit que le nom de ces Républicains était en horreur dans cette isle ; que les soldats de cette nation qui avaient été pris, avaient été pendus, et que les Rebelles avaient fait grâce aux autres. Il nous a ajouté que ces deux chefs ne demanderaient pas mieux que d'entrer en négociations. Nous nous sommes adressés pour cet effet à l'archiprêtre Orto qui passe pour avoir du crédit dans le pays. Il s'est chargé d'y aller et même d'amener ici une députation des chefs pour venir traiter, si on voulait bien leur accorder des passeports. M. le Duc de Richelieu en a fait quelques ouvertures aux députés de la République ne voulant rien faire sur cet article sans l'attache du gouvernement. Il a paru par leur réponse qu'on ne demandait pas mieux ici. Nous verrons ce que cela deviendra. Il est cependant de la dernière importance de s'assurer de la possession de ce pays-là dans les circonstances présentes, attendu que les troupes qui nous viendront à l'avenir, relâchent dans cette isle. Vous savez d'ailleurs, Monseigneur, de quelle importance il est pour notre commerce que les Anglais ou le Roy de Sardaigne ne s'en rendent pas les maîtres.

Après avoir chassé les Rebelles des environs de Bastia, l'intention de M. de Choiseul était de marcher à St Florent et de faire son possible pour s'en emparer. Mais M. Mari lui a représenté qu'il n'avait pas assez de troupes pour cette entreprise, attendu que tout le pays des environs serait en armes pour soutenir cette place. Ainsi il a été obligé de se conformer aux ordres de ce commissaire de la République. Cet officier prétend cependant que s'il avait été promptement de ce côté-là, après avoir fait lever le siège ou le blocus de Bastia, il servait parvenu à s'emparer de S. Florent. Il nous a dit que les Français y étaient fort aimés et que ces insulaires désiraient beaucoup d'être sous notre domination. Quoi qu'il en soit, M. de Choiseul n'est pas absolument disconvenu que Bastia soit à l'abri d'un coup de main, si les Anglais joints aux Rebelles faisaient de grands efforts pour s'en emparer. En même temps, je ne vois pas que M. le Duc de Richelieu soit en état d'y envoyer un nombre de troupes assez considérable pour mettre en sûreté les places qui sont nécessaires au transport de nos troupes. Calvi est hors de toute insulte, mais comme tous les environs portent des vivres dans cette ville, et qu'on laissait entrer en conséquence plus de 500 à la fois, tous armés, on a représenté au commissaire d'y mettre ordre, ce qu'il exécutera à l'avenir.

(**Le reste de la lettre est chiffré**). Il serait fort avantageux à la France d'acquérir la possession de cette isle dont les Génois commencent à paraître dégoûtés. Si on avait des vues sur cette partie, il faudrait dès à présent prendre des mesures de manière cependant à ne point donner de jalousie ni des soupçons aux Génois, mais seulement les amener eux-mêmes à faire un arrangement avec nous à ce sujet. M. de Choiseul nous a dit avoir appris de M. de Mari que dans le temps de la révolution de Gênes, la République fut sur le point de l'offrir à la France. La situation où elle se trouve aujourd'hui ne lui permet pas de pourvoir aux choses nécessaires à sa conservation. Il semble même que la haine et l'antipathie augmentent de plus en plus parmi ces peuples contre la République. Si on avait quelques vues à ce sujet, personne au monde ne serait plus propre que M. le Duc de Richelieu pour la réussite d'une pareille négociation.

(M. A. E, Vol. Gênes, 123).

Gênes, 15 octobre 1747. — M. Guymont à M. de Puysieulx. — Monseigneur... Par des lettres du 26 et du 30 du passé que le gouvernement a reçu de M. Mari, commissaire général en Corse, et dont il m'a communiqué des extraits, il paraît que l'entreprise de St Florent avait mis toute l'isle en mouvement, que les différents chefs des Rebelles faisaient des dispositions pour s'y opposer, que le Sr Giuliani s'y était porté en personne avec 600 hommes de la Balagne, et que c'était là les raisons pour lesquelles on avait été obligé de se retirer des environs de cette place. Mais on soupçonne M. Mari de grossir un peu les objets pour s'excuser d'avoir tenté un peu légèrement une entreprise qu'il a reconnue, quand il l'a vue de près, plus difficile qu'il n'avait d'abord cru, et qu'il en convient lui-même dans ses lettres.

Il représente ensuite le mauvais état de toute l'isle en général, et en particulier celui de la ville de Bastia, où il dit qu'il manque bien des choses nécessaires à la vie et que cette ville est dans une déplorable situation tant parce qu'elle n'a plus de commerce que parce que ses habitants ont perdu ce qu'ils avaient de plus beau et de meilleur dans les deux révolutions qu'elle a essuyées, que présentement les Rebelles la menacent beaucoup et qu'il a mis autant qu'il a pu de monde à la garde des passages.

Il finit par dire que si les Puissances alliées de la République voulaient envoyer passer l'hiver en Corse 4 ou 5 des bataillons qu'ils ont destinés à faire la guerre en Italie, il serait facile de reprendre St Florent et qu'on fournirait aux troupes de bons logements dans la Balagne et le Nebbio. Mais s'il fallait employer la force, il serait nécessaire d'y envoyer un plus grand nombre de troupes, ce qui n'est pas praticable présentement. Les Députés de la République sont convenus avec nous qu'on ferait partir demain l'archiprêtre Orto avec des passeports pour y conduire ici une députation des chefs des Rebelles, qui ne demandent pas mieux, comme je vous l'ai déjà marqué, que de venir s'aboucher avec nous. Il serait bien plus avantageux et plus durable de ramener ces peuples par la négociation que par la force.

Gênes, 31 mars 1748. — M. Guymont à M. de Puysieulx. — Monseigneur, ..Il paraît que les ennemis sont déterminés à faire un débarquement de 4.000 hommes en Corse et qu'ils pensent très sérieusement à s'en rendre les maîtres. Les préparatifs se font à Savone et à Vado. C'est en conséquence de cette entreprise qu'ils ont fait courir le bruit que les bâtiments de transport qu'ils assemblent n'étaient destinés qu'à porter des troupes en Sardaigne où il y avait quelque fermentation. Aujourd'hui tout paraît préparé pour la Corse. Les bataillons sont nommés, le train d'artillerie est prêt, et l'on ne doute pas qu'incessamment cette expédition n'ait lieu. Des quatre principales places que la République tient dans cette isle, celles de Bastia et d'Ajaccio pourraient bien être prises, si elles ne sont secourues promptement ; les fortifications n'en valent rien. M. le Duc de Richelieu a dit qu'il enverrait une personne de confiance pour savoir au juste l'état des choses afin de remédier à ce qui peut manquer pour la défense. Deux ou trois bataillons suffiront vraisemblablement pour cet objet ; mais s'il en fallait un plus grand nombre, nous tomberions dans le cas de la diversion que les ennemis désirent d'occasionner par cette démarche. Les deux autres places de Calvi et de Bonifacio sont regardées comme imprenables si elles sont pourvues de troupes et de subsistances. Ainsi je crois que si on ne peut pas soutenir les deux autres, il faudra se borner à la défense de ces dernières. Aujourd'hui que la plus grande partie de nos troupes est arrivée, cette isle ne nous est plus aussi importante que par le passé. Cependant si les ennemis s'en emparaient, elle formerait de grands obstacles à notre commerce de la méditerranée, et les autoriserait à prendre un équivalent à la paix générale, deux choses importantes à prévenir. Au reste bien des Génois voudraient que la République en fût défaite, attendu qu'elle n'en tire aucun revenu et que pour y maintenir sa souveraineté, elle est obligée d'avoir recours à des impôts extraordinaires afin de subvenir aux dépenses exorbitantes que cette isle occasionne. M. Mari, qui est commissaire général, demande depuis longtemps à se retirer. On avait nommé successivement à sa place MM. Stefano Lomellini et Stefano Passano qui ont refusé. Le gouvernement paraît embarrassé de trouver un sujet qui veuille accepter cette place et qui soit en état de s'en bien acquitter.

(M. A. E. Vol. Gênes, 123).

Gênes, 3 Avril 1748 — M. Guymont à M. de Puysieulx. — Monseigneur, — ... Il paraît que les ennemis se pressent d'embarquer des troupes pour la Corse. On ne croit pas qu'ils fassent partir actuellement plus de trois ou quatre bataillons ; c'en est cependant assez pour nous inquiéter. En conséquence, M. le Duc de Richelieu prend le parti d'envoyer très promptement des troupes et généralement tout ce qui est nécessaire pour approvisionner les places de la République. Les Députés vinrent hier chez ce général à cet effet. Suivant les éclarcissements qu'ils donnèrent, on peut juger qu'ils ont pris fort peu de précautions à cet égard, puisque les places qu'ils tiennent dans cette île manquent généralement de tout. Ils s'en excusent sur leur peu de facultés. On fait passer aussi quelques secours dans l'île de Capraja, où il y a une citadelle flanquée de quatre bastions. Pour Bastia, nous la regardons comme perdue si les ennemis veulent sérieusement s'en rendre maîtres ; mais cet établissement leur serait d'une médiocre utilité, puisqu'ils possèdent S. Florent qui n'en est pas éloigné et qui leur est d'une plus grande conséquence. Si l'on avait pu s'emparer de ce golfe, les ennemis auraient bien moins de facilité pour former des entreprises. On croit qu'ils commenceront par attaquer Calvi, comme le port qui leur est le plus important. Cette place et celles de Bonifacio et d'Ajaccio se soutiendront vraisemblablement, si nous arrivons assez tôt pour les secourir. Nous ne pourrons guère y envoyer moins de huit à neuf cents hommes. Je ne sais si le général espagnol fournira son contingent proportionnellement.

(M. A. E. Vol. Gênes, 124).

Gênes, 13 avril 1748. — M. Guymont à M. de Puysieulx. — Monseigneur — ... Nos deux chebeks armés en guerre ont pris quatre petits bâtiments venant de Corse, évalués à près de 60.000 fr. On les a trouvés en même temps chargés de lettres de Matra, Rivarola et autres chefs des Rebelles de cette isle. Par la lecture qui en a été faite, il paraît qu'ils sont fort inquiets du retardement des secours que les ennemis doivent leur faire passer et qu'ils n'en savent point encore positivement la quantité. Ils marquent aussi que les Génois ont un parti dans cette isle qui leur donne beaucoup de crainte ; il n'en est pas moins que nos troupes précèdent celles qu'ils attendent. Ils écrivent fortement à la Cour de Turin à ce sujet et font même apercevoir qu'il se rencontre des obstacles à Vienne pour l'exécution des promesses qui leur ont été faites; ils terminent enfin par remontrer que s'ils perdaient une fois le golfe de St Florent, ils seraient totalement ruinés et hors d'état de procurer une entrée dans l'isle et de s'opposer à nos entreprises. En effet si la circonstance nous permettait d'envoyer un corps assez considérable pour s'emparer de ce golfe qui est le seul endroit où les ennemis puissent débarquer, il leur serait impraticable à l'avenir de faire aucune tentative. Nous sommes presque assurés que les 500 hommes que M. le Duc de Richelieu a fait partir depuis quelques jours arriveront les premiers. Ces lettres interceptées, ainsi que les nouvelles que nous avons d'ailleurs, nous le font croire. Nous avons appris aussi que les grands préparatifs que les ennemis annonçaient pourraient bien se réduire à l'envoi de deux seuls bataillons. Nous n'avons pas encore d'avis que les bâtiments qui les doivent transporter aient déjà mis à la voile.

(M. A. E. Vol. Gênes, 124).

Extrait d'une partie des papiers trouvés dans les bâtiments venant de Corse. (La plupart de ces lettres traitent d'affaires particulières ou demandent que le Roi de Sardaigne envoie en Corse de prompts secours. Les plus intéressantes sont celles du fils de Rivarola, qui écrit à son père, alors à Turin, pour lui exposer le besoin pressant qu'ont ses partisans d'être secourus. La partie la plus importante est celle qui donne le résultat de la Consulte de St Florent. Nous nous en tiendrons à cette reproduction. — L. L.)

La Consulte qu'on avait intimée à Murato pour le 5 et le 6 de ce mois a réussi heureusement et a duré jusqu'au 7. L'on y a décidé plusieurs choses.

La première au sujet du commerce, la seconde au sujet du camp volant, la troisième aux prisonniers faits dans la marche de la fin de décembre et autres choses de moindre importance. Quant au commerce, il a été résolu par les peuples qu'on doive ouvrir le trafic pour tous les vivres à l'exception du bled, et afin que les Corses n'ayent pas un prétexte pour aller à la Bastie d'y porter leurs châtaignes et tramer quelque chose avec les Génois, l'on a désigné pour cet effet S. Fiorenzo, S. Pellegrino et la Padulella, dans lesquels **Scali** il sera permis à tous les bâtiments, amis et ennemis, d'y venir charger des châtaignes et autres choses, et il ne sera pas permis de trafiquer dans aucun autre endroit.

Quant à l'escadron volant, l'on a délibéré qu'on doive faire 5 capitaines avec 300 hommes chacun, et pour les payer, l'on prendra ici pour le premier mois sel, fer et poudre, et pour le second mois, en cas que le secours ne fût pas encore arrivé, l'on prendra un **seino** chaque feu, et ce camp volant devra servir pour empêcher le trafic aux présides, pour veiller à prendre les bandits, et pour exécuter les justices dans les endroits où l'on doit les faire.

Quant aux prisonniers, l'on a formé une **giunta** de six sujets, qui sont le général Giuliani pour la Balagne, capitaine Antoine Marie Casale pour le Nebbio, et des autres Clément Paoli, fils du général Paoli ; capitaine Simon Pierre Frediani, Vincentelli de Caccia et Carlotti de Venaco, lesquels avec nous et les magistrats de guerre doivent décider pour les prisonniers, pour les juges de toutes les **pievi**, pour les bandits et pour autres minuties. L'on a résolu ensuite que cette **giunta** avec les susdits doivent former le magistrat suprême, comme l'on fit ensuite, ce que je dirai après. L'on délibère de faire écrire une lettre à sa Sainteté pour la délivrance de M. Mariotti, ou au moins pour qu'on le lève des prisons de Gênes, et qu'on le transporte dans celles de Rome. L'on donne les nouvelles que l'on a de terre ferme, et l'on conclut que les Corses qui servent la République dans les présides, dans le terme de 15 jours, doivent retourner dans leurs maisons, autrement qu'on doive dévaster leurs biens, brûler leurs maisons et les bannir. Le restant fut remis à la **giunta,** qui s'est assemblée à S. Fiorenzo le 9 et le 10, en présence de cinq lieutenants Ciavaldini, Raffaelli, Poli, capitaine Jean Félix de Rostino et Thomas Santucci, le président, les généraux, Gaffori et Matra et moi (1).

Et pour la première session, l'on a élu le sixième lieutenant Jean Joseph Casale, ordonnant aux six lieutenants-généraux de parcourir deux à deux toutes les **pievi**, accompagnés de tous ceux qu'ils pourront rassemblés pour y faire la justice aux criminels qu'il y aura et chasser les bandits pour lesquels le

---

(1) C'est Antoine Rivarola, fils de Dominique qui parle.

suprême magistrat aura donné des ordres. L'on forma le suprême magistrat composé pour les premiers 15 jours d'un général qui est Giuliani et de 4 sujets qui sont : capitaine Orso Santo Casale, capitaine Quilico Casabianca, et deux autres sujets du corps du milieu dont je ne me souviens pas, et tous les 15 jours l'on changera chaque sujet, et l'on changera aussi la résidence pour qu'il soit présent à tous les besoins de la Corse.

L'on a délibéré que tous les prisonniers dans le terme d'un mois trouvent deux cautions chacun qui promettent pour eux qu'ils ne retourneront plus en Corse, et ensuite s'embarquent, étant tous retenus pour le présent dans les prisons de ce château, et l'on donna l'exil dans le terme de 20 jours au pievano Aïtelli et au docteur Antonetti, de même qu'au frère Desiderio qui devait s'être embarqué et qui resta nonobstant à Calvi, qu'il lui était ordonné de partir sous la peine que son frère qui était sa caution serait tué, étant entre nos mains et qu'on dévasterait tous ses biens. L'on décida plusieurs petites prétentions des particuliers et l'on finit en deux sessions le congrès, après lequel chacun se retira chez soi, et le sieur Matra est resté juge absolu de tout le Nebbio et Cap Corse, tout le reste de la Corse étant dans la dépendance du Suprême Magisrat. Voilà tout ce qui a été décidé et ordonné dans la Consulte Générale et dans la giunte.

(M. A. E. Vol. Gênes, 124).

Gênes, 15 avril 1748. — Le Duc de Richelieu à M. de Puysieulx. — J'ai reçu, Monsieur, la lettre dont vous m'avez honoré du 14 Mars par la poste et celle du 26 par M. de Chabrillant qui me l'a apportée. J'ai répondu dans ma dernière lettre du 3 aux inquiétudes que vous pouviez avoir sur la Corse. J'ai fait partir les garnisons pour les places principales. Les ennemis n'ont encore rien envoyé et leur présence ne rendra pas le plat pays de cette isle plus dangereux aux Génois qui n'y ont plus aucun parti. Mais si les ennemis n'emploient de très grands moyens, ce plat pays ne leur sera pas d'une grande utilité, parce qu'ils n'en seront pas plus les maîtres des places, qui est la seule chose qu'il nous soit important de garder, et j'espère que nous en viendrons à bout, si les troupes, munitions de guerre et de bouche que j'ai fait partir le 6, peuvent arriver.

(M. A. E. Vol. Gênes, 124).

Gênes, 21 avril 1748. — M. Guymont à M. de Puysieulx. — Monseigneur, — ... On a fait partir pour la Corse un supplément d'environ 150 hommes, et l'on prend des moyens pour faire passer dans cette isle le dernier secours que nous y avons envoyé, attendu que les bâtiments qui le portaient ont été obligés de relâcher du côté de la Spezie, le temps et les Anglais s'opposant à leur passage. M. le Duc de Richelieu donne toutes ses attentions à cet objet, et s'il était le maître de tout ce qui peut concourir à ses desseins, l'exécution en serait beaucoup plus prompte ; mais on ne saurait vaincre la lenteur d'un gouvernement républicain. Il est cependant de grande conséquence pour nous et pour les Génois de garantir les places de cette isle. Les 3 bataillons des ennemis qui s'étaient embarqués à Savone et à Vado, avaient été obligés de rentrer dans le port à cause du mauvais temps, mais nous croyons qu'ils ont remis à la voile ou qu'ils ne tarderont pas à partir. Vous savez, Monseigneur, de quelle importance il est que nos secours puissent les prévenir. Au reste, je pense toujours que ces peuples seraient plus aisés à réduire par la négociation que par la force ; c'est aussi le sentiment de M. le Duc de Richelieu, et je crois qu'il prendra des mesures en conséquence.

(M. A. E. Vol. Gênes, 124).

Du camp de Casarsa, 11 mai 1748. — Le Duc de Richelieu à M. de Puysieulx. — J'ai enfin reçu hier, Monsieur, des nouvelles de M. de Varignon de Calvi, où il me mande que son convoi et les munitions y étaient totalement arrivées le 6 ; les galères doivent transporter les garnisons d'Ajaccio et de Bonifacio par le premier vent favorable ; je dois croire qu'elles sont rendues à leur destination à présent. Tout ce que j'apprends de l'état de ces places est conforme à l'idée que j'en avais. Les Génois me trompèrent parce qu'ils l'étaient eux-mêmes. Cependant tout ce que j'y ai envoyé peut rassurer pour le moment sur leur situation. Je vais travailler à y envoyer tout ce qui pourra y manquer. La communication par terre d'Ajaccio à Calvi est dans tous les cas impraticable par la nature des chemins ; les ennemis ne pourraient qu'occuper Sagone qui est à la tête du golfe de ce nom, mais la possession de ce lieu ne leur étant qu'à charge, ils n'enverront point de troupes dans cette partie, et je vais envoyer à M. de Varignon une felouque bien armée, qui communiquera avec sûreté dans cette saison par mer de Calvi à Ajaccio, afin qu'il puisse être instruit de tout ce qui se passe dans les autres places.

J'apprends par les mêmes lettres que les habitants de Bastia étaient déterminés à se défendre contre les ennemis dont le nombre n'est guère que de 900 hommes. J'attribue bien plus ce parti à la crainte d'un châtiment de la part des Rebelles pour avoir livré leurs parents à la République qu'à une affection décidée pour elle ; mais dans la circonstance, c'est toujours un bien ; peut-être même que la difficulté de s'emparer de cette place ralentira les projets des ennemis et nous donnera le temps de porter quelque opposition ; c'est de quoi je vais m'occuper.

Les Rebelles les plus obstinés ont paru faire grande attention au nom du Roy et les peuples ont demandé comme par force communication des lettres que leur avait écrites M. de Fontette. Cette circonstance prouve en quelque façon l'affection qu'ils ont conservée pour Sa Majesté. Je fortifierai ces sentiments par tout ce que je croirai propre à l'augmenter, et j'en attends beaucoup. Je sais que le Sr Colonna y est arrivé, mais j'augure peu de sa mission ; je le crois plutôt aventurier que négociateur.

(M. A. E. Vol. Gênes, 124).

Gênes, 11 Mai 1748. — **M. Guymont à...** — Monseigneur, — Des particuliers qui arrivèrent hier de Corse nous ont appris que les ennemis qui étaient débarqués dans cette isle étaient au nombre de 1.200 hommes au moins, que ce débarquement avait produit une grande fermentation parmi les Rebelles, qu'on craignait même un soulèvement en leur faveur à Bastia, et qu'à l'égard de Calvi, nos secours y étaient arrivés fort à propos. M. Mary, commissaire général, en revint aussi hier. Je serai à portée de traiter avec le gouvernement et lui des chefs de plainte que M. de Maurepas m'a adressé au sujet de plusieurs violences et mauvais traitements faits à nos corsaires français qui se sont trouvés obligés de relâcher à Calvi et dans les autres ports de la République. Je vous rendrai compte des réponses qui me seront faites. Nous avons dans cette partie un vice-consul qui a la tête un peu chaude ; il se sert de gens qui lui ressemblent, ce qui occasionne souvent des discussions. D'un autre côté, je ne crois pas que M. Mary, sur les rapports qu'on en a faits, fût capable de bien remplir les fonctions d'un gouvernement tel que celui dont on l'avait chargé, surtout dans une circonstance aussi épineuse que celle où il s'est trouvé. M. Passano qui lui succède passe pour une meilleure tête.

(M. A. E. Vol. Gênes, 124).

Gênes, 22 mai 1748. — Le Duc de Richelieu à M. de Puysieulx. — Monsieur, — Par mes nouvelles de Corse que j'ai eues du 19, toutes nos garnisons étaient arrangées dans les places et fort en état d'y attendre des ennemis plus considérables même que ceux qui y ont débarqué. Les habitants de Bastia étaient déterminés à se défendre jusqu'à l'extrême. Ils avaient envoyé l'argent des Eglises et tout ce qu'ils pourraient avoir pour acheter à Livourne les choses dont ils manquaient. Dès que j'appris leur résolution, je fis passer un officier avec dix mille francs que la République demandait comme un subside extraordinaire, et que, leur ayant fait sentir que je n'avais pas le pouvoir de donner, je pris sur le subside de ce mois-ci, à quoi elle consentit. Si le Roy ne leur accordait pas ce secours extraordinaire, et ayant appris depuis la faiblesse des ennemis et la résolution des habitants de Bastia, j'ai cru que dans la situation des affaires, il serait plus glorieux pour le Roy d'empêcher même la prise de cette place et secourir les habitants d'une façon qui en impose à jamais dans cette isle, et je viens de faire partir 400 hommes de détachement que je suis persuadé qui pourront suffire pour empêcher la perte de cette place.

Il y a eu une grande partie des Corses qui n'a pas voulu prendre aucun parti dès qu'ils ont su les troupes françaises arrivées à Calvi. Le nombre de ceux qui se sont joints aux Autrichiens et Piémontais, moyennant cela, est devenu fort médiocre.

Gênes, 23 mai 1748. — M. Guymont à M. de Puysieulx. — Monseigneur, — Nous apprenons par les dernières nouvelles de Corse que la Bastie fait une très belle défense, mais en même temps qu'elle a besoin d'être secourue. Nous n'en espérions pas tant de cette place. En conséquence, M. le Duc de Richelieu s'est déterminé à envoyer promptement un secours de 300 hommes qui seraient partis hier si la mer l'avait permis. Nous comptons suivant toutes les apparences que les bâtiments qui les transportent pourront mettre à la voile ujourd'hui.

(M. A. E. Vol. Gênes, 124).

Extrait d'une lettre de Gênes du 28 mai 1748. — Un convoi de plusieurs bâtiments ayant à leur bord environ douze cents hommes de troupes réglées tant Autrichiens que Piémontais est entré le 3 de ce mois dans le golfe de St Florent, sous l'escorte d'un vaisseau de guerre Anglais. Cette troupe a été débarquée le même jour, ainsi que plusieurs pièces de campagne et beaucoup de munitions.

M. Spinola qui commande à la Bastie, prévoyant qu'il serait bientôt attaqué, en informa le gouvernement et lui demanda des munitions et de l'argent pour pouvoir défendre la place.

Les habitants de la ville se sont assemblés à cette occasion pour renouveler de leur propre mouvement le serment de fidélité à la République, et se sont promis mutuellement de se défendre jusqu'à la dernière extrémité.

Quoique la place soit en si mauvais état que le Duc de Richelieu en a cru la garnison trop exposée pour la renforcer de ses propres troupes, la République cependant pour ne pas abandonner des gens si bien intentionnés, envoya à la Bastie quelques soldats, un peu d'argent et quelques munitions, dès qu'elle apprit le débarquement des ennemis.

Sur l'avis qu'elle a reçu depuis que la Bastie a été investie la nuit du 15 au 16, jugeant que les secours qu'elle avait envoyés ne seraient pas suffisants, Elle a fait représenter à M. le Duc de Richelieu la nécessité d'y en envoyer de plus considérables.

Ce général, qui sent l'importance dont il est de conserver la place, a pris la résolution d'y faire passer 400 hommes commandés par M. de Cursay, colonel de Tournesis. L'embarquement s'est fait le 21 sur les galères de la République, et le gouvernement a eu soin d'envoyer encore par cette occasion des fusils, de la poudre et d'autres munitions.

Les galères ont eu le malheur de rencontrer des vaisseaux anglais qui les ont obligés à entrer dans le golfe de S. Florent, et qui les y tiennent encore bloquées.

(M. A. E. Vol. Gênes, 124).

Extraits des lettres de M. Spinola. —

Du 17 Mai. Les troupes autrichiennes et piémontaises, après avoir été jointes par un corps considérable de Rebelles conduits par Gaffori et Matra, parurent avant-hier dans les environs de cette ville. La citadelle étant dans un état déplorable, j'ai jugé à propos de mettre la ville même en défense le mieux qu'il m'a été possible. A cet effet, j'ai fait créneler les maisons qui donnent sur la campagne, et j'ai pratiqué dans les intervalles des coupures que j'ai fait palissader à la hâte. J'ai pareillement mis en état de défense les couvents qui sont à une portée de fusil de la ville, où j'ai mis partout des petits pelotons de soldats de ma petite garnison avec les habitants. Ces postes furent attaqués hier à l'entrée de la nuit par les Rebelles ; nos gens se défendirent très bien et nous n'avons pas perdu un pouce de terrain.

A cinq heures et demie, l'ennemi a commencé à jeter des bombes dans la ville ; elles sont d'environ cent soixante livres. J'étais fort inquiet de la façon dont le peuple les recevrait, et j'ai eu la consolation de voir qu'il n'en est pas trop ému. Ce qui m'afflige extrêmement c'est de penser que les munitions et les provisions vont nous manquer. Je viens de faire enlever tout le plomb qui était dans les boutiques et celui de tous les canaux pour faire des balles. Il y a des bourgeois qui m'ont offert leur vaisselle d'étain pour en faire le même usage, mais c'est une bien petite ressource, et si je ne reçois pas bientôt des munitions de guerre et de bouche, mon zèle et celui des autres officiers de la garnison, ainsi que la bonne volonté des habitants deviendront inutiles, et nous serons toujours exposés dans peu à la fureur et à la cruauté des Rebelles.

Du 19 mai. M. de Pédemont, lieutenant-colonel au service de France, est arrivé cette nuit. M. le Duc de Richelieu l'y a envoyé pour s'informer de l'état des choses.

Cet officier a reconnu tous les postes et a été extrêmement content de toutes les dispositions que j'ai faites. Il l'a été également de la fermeté qu'il a vue dans ses défenseurs.

J'ai reçu en même temps le biscuit que le gouvernement m'a envoyé, mais comme nous n'avons presque pas autre chose, il sera bientôt consommé.

La galiote que j'avais envoyée à Capraja pour demander du secours au commandant du fort, m'a apporté dix barils de poudre. L'état exact que j'ai l'honneur de vous envoyer, des provisions et munitions qui me restent, fera juger aisément combien nous avons besoin de secours plus considérables.

Jusqu'à présent l'ennemi ne nous avait battu qu'avec des bombes, ce qui fait beaucoup de tort aux maisons et fatigue infiniment la garnison. Mais nous avons été salués ce matin par une batterie de quatre pièces de canon. Elle bat le couvent de S. François. Nous ferons tout au monde pour le soutenir, ce poste étant d'une très grande importance.

Le feu de cette batterie est très vif ; je lui réponds par deux pièces de canon qui sont sur le bastion de S. Charles et par deux autres qui sont au poste de S. Erasme. Il est six heures du soir ; les ennemis travaillent à étendre leur batterie, ce qui marque qu'ils veulent l'augmenter de quelques canons. Ceux dont ils se sont servis jusqu'à cette heure sont de 18 livres de balles.

Du 22. Les ennemis continuent à nous attaquer assez vivement pendant le jour par le feu de leur artillerie, et la nuit ils y ajoutent celui de la mousqueterie en s'approchant de nos postes à la faveur de l'obscurité. Nous n'en avons cependant pas encore perdu un seul, et le zèle, le courage et la bonne volonté ne diminuent point. M. Pédemont, lieutenant-colonel au service de France, se donne beaucoup de mouvement et parcourt continuellement tous les postes. Je ne saurais lui donner assez de louanges, si nous sommes secourus à temps, j'espère que les choses iront bien.

Les ennemis cependant nous ont déjà jeté dans la ville deux cent vingt bombes, outre celles qu'ils font tomber assez souvent sur le couvent de S. François. Ils viennent de construire deux nouvelles batteries de quatre pièces de canon.

Du 24. L'ennemi continue à tirer sur cette ville, et son feu a été encore plus vif aujourd'hui. Nous avons essuyé jusqu'à présent plus de 300 bombes et de douze cents coups de canon. A huit heures du matin les batteries se sont tues tout à coup, un tambour a rappelé et un capitaine piémontais s'est avancé du côté de S. Nicolas pour me donner la sommation ci-dessous :

« Sommer le commandant de Bastia de rendre la place, puisque les alliés ont bien voulu battre la ville même pour l'honneur des assiégés, sans procéder à de plus grandes violences, uniquement pour éviter l'effusion du sang.

» Que si la ville particulièrement continue à se défendre, il semble que celui qui commande ne fait pas le service de la République ni des habitants, d'autant que la ville n'ayant point de murs et étant ouverte de toutes parts, c'est vouloir l'exposer à une destruction totale.

« On lui donne trois heures de temps pour prendre son parti, de la part du commandant des armées des puissances alliées ; on accordera une capitulation honorable qu'on observera religieusement.

» Fait au camp de Bastia, le 22 mai 1748 ».

Signé : **Le chevalier de CUMIANA.**

J'ai jugé à propos de lui faire la réponse suivante :
« Le commandant de Bastia répond à la sommation qui a été faite qu'il ne doit rendre la place qu'au souverain qui la lui a confiée, et qu'ainsi il entend de la défendre jusqu'à la dernière extrémité ».

« Fait à Bastia le 25 Mai 1748. »

Signé : **Jean Ange SPINOLA.**

Gênes, 1ᵉʳ Juin 1748. — M. Guymont à M. de Puysieulx. — Monseigneur, ... Nous avons appris que M. De Cursay était arrivé le 28 en Corse avec son détachement et que la Bastia se défendait encore. Ainsi l'on peut regarder cette place comme sauvée.

(M. A. E. Vol. Gênes, 124).

(Ici s'arrête la correspondance des agents de France à Gênes. Les lettres écrites de Corse par M. de Cursay à partir du 31 mai 1748, en forment la suite naturelle, sans qu'il y ait aucune solution de continuité. Le lecteur devra donc se reporter à la collection de ces lettres que nous avons publiées dans le volume intitulé : **MISSION DE M. DE CURSAY EN CORSE — Lettres et pièces diverses (année 1748)** — Bastia, C. Piaggi 1906. Ce volume fait partie de la Collection de la Société des Sciences historiques et naturelles et comprend les fascicules de janvier à juillet 1905.

L. LETTERON.

APPENDICE

Lettres d'Antonio Carbuccia à l'abbé Carbuccia, son fils, résidant à Gênes (1745-1746).

Bastia, 24 novembre 1745. — Figlio carissimo, — Piange questa povera città le sue rovine, caggionate dalla partenza dell'Eccellentiss. Sig. Pietro Maria Giustignani, chè per il grosso partito che aveva in questo Regno, così non sarebbe seguito come è successo. Sappiate dunque che quasi tutta Terranova è rimasta disfatta dal diluvio delle bombe e cannonate piosse in migliara e migliara dalle ore venti del giorno sino alle undeci della notte, cosa insolita pratticarsi nelle guerre secondo mi vien significato da chì si è ritrovato alle guerre ritte. La nostra casa sta in sommo pericolo. Non potendo dilatare la descrittione, attesa l'imminente partenza del Prestantissimo Auditore che si ritrova in casa del Sig. Marengo, dove scrivo la presente ecc..

Bastia, 27 aprile 1746. — Figlio carissimo, — La necessità è quella che m'obliga scrivere la presente, perchè tende non solo al mio bisogno, che a quello delli poveri cittadini, in quale si ritrovano, come riconoscerete dall'acclusa lettera, che dovrete di subito far presentare, perchè se tarderà molto la proviggione, sentirete in appresso casi deplorabili, perchè è assai maggiore nel tempo presente il bisogno di questi che quello de' poveri; quelli con le loro fatiche vanno procacciandosi il loro vitto, e con li soldi dieci che giornalmente si procacciano, et all'incontro li poveri cittadini non possono esercitare nè l'uno nè l'altro mestiere, nè meno andar mendicando alle porte per sovvenirsi, essendo preclusi li Tribunali della giustizia per obligare qualche debitore solvibile, nè si dà luogo alla speranza di poter ottenere da veruna persona un soldo anche col pegno alla mano, sicchè la città e divenuta Gerusalemme distrutta.

Bastia, 24 agosto 1746. — Figlio carissimo... — È arrivata la piccola provista delle farine trasmessa dal nostro Prencipe, ma per li poveri rovinati cittadini, parmi non ne sia nè di questo nè di danaro, sicchè la speranza si è convertita in disperanza, perchè il bisogno era più a questi che alla plebe, che meglio d'ora non sono stati alcuni, avendo nelle loro case tre e quattro paghe, oltre il continuo travaglio che con utile fanno le loro donne. Domani infallibilmente si dice seguirà l'assedio de' Paesani, quali potranno abbruggiare e devastare le campagne e le vigne, ma non mai s'impadroniranno della città, a costo di vedersi tutti estinti, sin che ve ne rimanga uno, essendo così l'unione della città in quest'affare...

Bastia, 29 agosto 1746. — Figlio carissimo, — Qui si rimira giornalmente l'incendio delle nostre ville e delle case campestri dato da Ribelli in tutte le prese di questa città, essendosi questi fatt'intendere di continuare se non si rendevano et in risposta se gl'è fatto capire che ad occhi asciutti vedremo prima l'esterminio di robbe che di persone, piuttosto che mai acconsentire a tal richiesta, essendo in questo il parere commune di tutta questa povera afflitta città. Hanno parimente l'infami dato principio ad incidere o sia tagliare in giro l'olive ad effetto di renderle secche. Qui da ogni parte si sentono piante, ma constanti nella fideltà e tutti uniti nel sudetto parere.

Il male però è troppo grave nelle persone civili che per non avere alcun sovvenimento dalle loro rendite, non possono ameno che di perire. Questi già si vedono in tanta penuria et in sì pessimo stato, si sono indotti a richiedere d'essere ammessi per soldati con coprire un nuovo posto, che si dovea fare coll'arrollamento di otto soldati, avendone data l'incombenza per loro gente al Sig. Agnolo Bustoro, quale hebbe la mira in noi tutti che vedrete soscritti nell'incluso memoriale, e già ci eramo volontieri esibiti. Ma avuta tale notizia, il Pippo Mattei si è opposto per escluderci, dicendo che a lui toccava il rollo da farsi di detti soldati, e non al capitan comandante della Piazza, che n'aveva data la premura a detto Signor Bustoro.

E due motivi sono quelli che hanno creato l'ostacolo, il primo in vendetta per esserci noi opposti a che il traffico de' Paesani, quando fu posto, non fosse a S. Nicola, ma bensì à S. Giuseppe, essendoci presentati dinanti l'Ilustriss. Signor Vicegerente, alla sua presenza e di Padron Cecco, a' quai obbiettassimo fortemente le loro ragioni ; il secondo poi, che da noi non avrebbe ricavato alcun utile, dovendosi riflettere che lui a quest'ora abbi procacciato più di due mila zecchini, perchè esso ammette e leva chi gli pare e piace, e tutti lo temono e non l'amano.

Intanto si è stimato bene di scrivere a voi la presente, acciò in nome di tutti siate dal Sig. Vicario Massei col pregarlo a porgere l'incluso memoriale a' Colleggi Serenissimi, accompagnandolo coll'efficace suo intendimento nell'esposizione che sarà per fare a pro di chi instantemente lo prega, per mezzo del quale speriamo d'avere qualche provedimento per le raggioni che meglio vedrà dall' istesso memoriale, et almeno in questa urgenza d'assedio la paga de soldato, soggetti però alla Fiazza, perchè siamo di Terranova : Viviamo securi del zelo e carità del prefato detto Vicario ecc.

Bastia li 14 ottobre 1746. — Figlio carissimo.... Le case che sono state percosse dalle bombe, dopo la pioggia ultimamente venuta, sono precipitate, come appunto hieri se ne calò il tetto della casa del dottor Morelli, annessa alla nostra, e ciò seguì sulle ore ventitre circa, et alle ore due di notte di detto giorno precipitorno le muraglie maestre della casa del Sig. Giustignani, sicchè si sta con sommo timore della nostra. Ve lo scrivo, acciò vi diate da torno, se poteste ritirar qualche soldo da S. Giorgio ; altrimenti temo di molto non debba passar l'inverno a far compagnia alle altre. — Qui si sospirano le notitie di buon esito all'affari della nostra Serenissima Republica, mentre da questo dipende il nostro sollievo...

Bastia li 18 ottobre 1746 — Figlio carissimo... È stato ucciso in Rostino il C. Aug°, cugino del Sig. Pietro Casale, quello che qui abitava nella sua casa, e che per mezzo suo hebbe la patente di capitano per Francia, ma riconosciuto per villano, li fu ritirata la patente e licenziato. Questo venne ultimamente all'assedio in Bastia, e nell'azzardo de' Paesani verso S. Rocco restò malamente ferito, et ora è rimasto morto da Rostininchi che si sono rifugiati in Caivi dal nostro Eccellentiss. Sig. Commissario, per avere estinto un capo ribelle. Non ho altro da suggerirvi.

Extrait de lettres diverses. — **27 ottobre 1746.** — È stato ucciso il Gran Cancelliere Marc' Aurelio (Raffaelli) del Vescovato da suoi nemici, et in Balagna si dice sia parimente stato ucciso il dottor Mariani, e che il Gafforio e Madra stiano unitamente ritirati nel castello di Corti, come pure il Rivarola in quello di San Fiorenzo, guardandosi ancora questi da simil caso.

4 novembre. — Questa mattina un squadrone di Paesani che scorre queste vicinanze, ha preso molte donne che andavano in campagna, chi per legne, chi per funghi, sicchè si danno quelli a predare le donne.

8 novembre. — Non ho altro da suggerirvi, solo che dirvi che la città grida fame, ritrovandosi senza grano e senza danaro, e questa mattina vi è stato gran concorso a tal effetto dal Sig. Vicegerente, perchè non si ritrovava in piazza pane da vendere, e se il Sig. Iddio non provede, siamo a cattivi termini, perchè grano nè di Terraferma, nè di Corsica non ne rientra più in città.

TABLE DES MATIÈRES

                                                  PAGES

INTRODUCTION .... V à VIII

1742

15 janvier. — L'archiprêtre Orto au cardinal de Fleury	1
8 février. — Réponse du cardinal de Fleury à l'abbé Rostini	3
28 janvier. — Mgr Mariotti, évêque de Sagone, au cardinal de Fleury	3
14 février. — M. Coutlet à	4
21 février. — M. Coutlet à	5
28 février. — M. Coutlet à	6
5 mars. — L'abbé Rostini au cardinal de Fleury	7
14 mars. — M. Coutlet à Amelot	9
27 mars. — Amelot à M. Coutlet	10
28 mars. — M. Coutlet à Amelot	11
8 avril. — L'archiprêtre Orto au cardinal de Fleury	12
18 avril. — M. Coutlet à Amelot	14
25 avril. — Le comte de Vence, colonel du Royal-Corse, au cardinal de Fleury	13

	PAGES
2 mai. — M. Coutlet à Amelot	15
9 mai. — M. Coutlet à Amelot	16
16 mai. — M. Coutlet à Amelot	17
23 mai. — M. Dupont à Amelot	18
31 mai. — Extrait des demandes présentées par les Douze au Commissaire général Spinola	19
6 juin. — M. Coutlet à	20
10 juin. — Extrait d'une lettre des procureurs de la Balagne aux Douze de cette province	21
13 juin. — M. Coutlet à	22
Concessions à faire par le gouvernement de Gênes pour s'assurer la fidélité de la Corse	24
13 juin. — Extrait d'une lettre des procureurs de la Balagne aux Douze de cette province	26
20 juin. — M. Coutlet à	27
27 juin. — M. Coutlet à	27
27 juin. — M. Dupont à	28
25 juillet. — M. Coutlet à	29
8 août. — M. Coutlet à	30
15 août. — Le comte de Vence au cardinal de Fleury	30
15 août. — L'archiprêtre Orto au cardinal de Fleury	32
20 août. — Les déserteurs français à	32
22 août. — M. Coutlet à	33
30 août. — Edit du gouvernement de Gênes	34
30 août. — Autre édit du gouvernement de Gênes	38
12 septembre. — M. de Jonville à	44
18 septembre. — M. ... à M. de Jonville	44
19 septembre. — M. de Jonville à	46
8 décembre. — Réclamation des habitants de la Balagne contre les nouveaux règlements	48

1743

PAGES

Pièce arrivée avec une lettre de M. de Jonville du 9 janvier	52
21 janvier. — Ozero, vice-consul à Calvi, à M. de Jonville	54
28 janvier. — L'archiprêtre Orto au cardinal de Fleury	56
30 janvier. — Manifeste du roi Théodore	57
5 février. — L'archiprêtre Orto au cardinal de Fleury	61
6 février. — M. de Jonville à	62
6 février. — Lettre sans nom d'auteur arrivée avec la lettre de M. de Jonville du 13 février	63
7 février. — Giuseppe Maria Paravisino, vice-consul de France à Ajaccio, à M. de Jonville	64
9 février. — Amelot à M. de Jonville	65
9 février. — De Lage, commandant du Saint-Isidore, à M. de Jonville	67
11 février. — G. M. Paravisino à M. de Jonville	65
13 février. — M. de Jonville à	69
13 février. — Ozero à M. de Jonville	73
18 février. — M. de Jonville à	74
20 février. — M. de Jonville à	74
27 février. — M. de Jonville à	81
Extraits de quelques lettres du consul de Gênes à Livourne	77
Mémoire du marquis d'Oria contre le Sr. Ozero	83
Mémoire présenté au Roi d'Angleterre par l'envoyé extraordinaire de Gênes à Londres	86

	PAGES
3 mars. — Ozero à M. de Jonville	92
5 mars. — X... à M. de Jonville	80
6 mars. — M. de Jonville à Amelot	94
6 mars. — Le marquis de Mirepoix à Amelot.	96
12 mars. — Amelot à M. de Jonville	90
13 mars. — M. de Jonville à	101
16 mars. — G. M. Paravisini à M. de Jonville.	102
19 mars. — Amelot à M. de Jonville	97
20 mars. — M. de Jonville à M. de Maurepas.	97
21 mars. — Relation de ce qui s'est passé à Ajaccio entre le vaisseau Saint-Isidore et les vaisseaux de guerre anglais	90
21 mars. — Amelot à M. de Mirepoix	100
26 mars. — Amelot à M. de Jonville	105
3 avril. — M. de Jonville à Amelot	106
16 avril. — M. de Jonville à Amelot	107
23 avril. — Amelot à M. de Jonville	108
8 mai. — M. de Jonville à Amelot	109
17 juillet. — Extrait d'une lettre du Sr. Ozero à M. de Jonville	110
6 août. — Lettre du commissaire général Giustiniani au gouvernement de Gênes	111
Relation de ce qui s'est passé dans plusieurs **consiglietti** sur la proposition qui s'est faite d'échanger la Corse avec quelque puissance voisine	113
Extrait d'une relation d'une séance du **Consiglietto** envoyé par M. de Jonville le 25 septembre	116
Extrait d'une relation envoyé avec la lettre de M. de Jonville du 2 octobre 1743	118
4 octobre. — L'archiprêtre Orto à	119
16 octobre. — M. Coutlet à Amelot	120

TABLE DES MATIÈRES

PAGES

Extrait etc., envoyé avec la lettre de M. de Jonville du 20 novembre 1743 121
11 décembre. — M. Coutlet à M. de Maurepas. 122
18 décembre. — M. Dupont à Amelot 123
18 décembre. — Ozero à M. Dupont 123
Extrait etc., arrivé avec deux lettres de M. Dupont du 25 décem. 125
Autre extrait arrivé avce les mêmes lettres 126

1744

5 février. — M. Goutlet à Amelot 127
Réponse du marquis Giustiniani aux demandes des Corses, arrivée avec la lettre de M. Dupont du 23 février 127
Extrait du procès-verbal des séances du **Consiglietto,** arrivé avec la lettre de M. Dupont du 23 février 132
27 février. — Extrait d'une lettre d'Ozero à M. Dupont 133
8 mars. — M. Coutlet à M. d'Argenson 134
Proposition du chef de la colonie grecque au gouvernement génois pour l'aider à soumettre la Corse 134
Extrait du procès-verbal des séances du **Consiglietto,** arrivé avec la lettre de M. Dupont du 11 avril 135
3 août. — Règlement de la République de Gênes pour l'île de Corse 136

	Pages
Manifeste de la République de Gênes, reçu avec la lettre de M. de Jonville du 14 septembre	149
14 septembre. — M. de Jonville à M. de Maurepas	151

1745

15 avril. — L'archiprêtre Orto à M. d'Argenson	152
22 avril. — Mme Colonna à M. de la Villeheurnois	154
6 mai. — M. de la Villeheurnois à M. du Theil	153
22 mai. — M. d'Argenson à l'archiprêtre Orto.	156
31 mai. — M. du Theil à M. de Villemur	156
29 août. — M. de Maurepas à M. de Jonville	159
9 septembre. — Lettre de Théodore aux Salvey	157
13 septembre. — M. de Jonville à M. de Maurepas	159
2 octobre. — Manifeste du roi de Sardaigne contre les Génois	178
10 octobre. — Ozero à	159
18 octobre. — M. de Jonville à	160
25 octobre. — M. de Jonville à	161
27 octobre. — M. de Jonville à M. d'Argenson.	162
31 octobre. — M. Coutlet à M. d'Argenson	162
1er novembre. — M. Du Pont à M. d'Argenson.	163
17 novembre. — Rivarola à la Communauté de Nebbio	172
21 novembre. — M. Du Pont à M. d'Argenson.	164
28 novembre. — M. Coutlet à	166
novembre. — Rivarola au Magistrat de Bastia	170
2 décembre. — M. Du Pont à	169
5 décembre. — M. Du Pont à M. d'Argenson.	173
5 décembre. — M. Coutlet à M. d'Argenson	174

	Pages
12 décembre. — M. Du Pont à M. d'Argenson.	175
12 décembre. — M. Coutlet à	175
19 décembre. — M. Coutlet à	176
26 décembre. — M. Coutlet à	180
26 décembre. — M. Du Pont à	181

1746

2 janvier. — M. Du Pont à	184
3 janvier. — Manifeste de Marie Thérèse contre les Génois	185
8 janvier. — Le marquis d'Oria à M. d'Arson	190
9 janvier. — M. Coutlet à M. d'Argenson....	192
10 janvier. — M. Du Pont à M. d'Argenson ...	195
10 janvier. — M. d'Argenson à M. de Maurepas	197
16 janvier. — M. Coutlet à	198
30 janvier. — M. Coutlet à	200
15 décembre. — Manifeste des Corses contre Rivarola	202
6 février. — M. Coutlet à	204
8 février. — M. Du Pont à	207
13 février. — M. Coutlet à	207
13 février. — M. Du Pont à	210
20 février. — M. Coutlet à	210
20 février. — M. Du Pont à	211
20 février. — Manifeste de la République en réponse à ceux de Marie-Thérèse et du roi de Sardaigne	212
27 février. — M. Coutlet à	214
27 février. — M. Du Pont à	218
6 mars. — M. Du Pont à	220
13 mars. — M. Coutlet à	221
13 mars. — M. Du Pont à	222

	PAGES
20 mars. — M. Du Pont à	224
Note anonyme	225
M. d'Argenson à M. de la Ville ...	226
24 mars. — Projet de déclaration en faveur des Corses fidèles à la République	226
27 mars. — M. Coutlet à	228
28 mars. — M. d'Argenson à M. Coutlet	229
30 mars. — M. Coutlet à	223
3 avril. — M. Coutlet à M. d'Argenson	230
3 avril. — M. Coutlet à M. d'Argenson	230
5 avril. — Le marquis d'Oria à M. d'Argenson	231
10 avril. — M. Coutlet à M. d'Argenson	233
17 avril. — M. Coutlet à M. d'Argenson	234
18 avril. — M. Guymont à M. d'Argenson	235
26 avril. — M. Guymont à M. d'Argenson	235
9 mai. — M. Guymont à M. d'Argenson	236
24 juillet. — M. Guymont à M. d'Argenson ...	236

1747

3 février. — M. de Maurepas au marquis Pallavicini	237
16 mars. — M. Guymont à M. de Puysieulx ..	238
24 juillet. — M. Guymont à M. de Puysieulx ..	240
31 juillet. — Mémoire présenté par le comte de Vence au comte d'Argenson	241
31 juillet. — M. Guymont à M. de Puysieulx ..	242
7 août. — M. de Puysieulx à M. Pallavicini..	244
1ᵉʳ septembre. — M. Guymont à M. de Puysieulx	245
Extrait des lettres de la République à M. Pallavicini	246
4 septembre. — M. Guymont à M. de Puysieulx	249
10 septembre. — M. Guymont à M. de Puysieulx	249

	PAGES
26 septembre. — M. Pallavicini à M. de Puysieulx	250
30 septembre. — M. Guymont à M. de Puysieulx	251
30 septembre. — M. de Puysieulx à M. Pallavicini	252
3 octobre. — M. Guymont à M. de Puysieulx.	252
15 octobre. — M. Guymont à M. de Puysieulx.	255

1748

31 mars. — M. Guymont à M. de Puysieulx	256
3 avril. — M. Guymont à M. de Puysieulx	258
13 avril. — M. Guymont à M. de Puysieulx	259
Extrait de papiers venant de Corse.	260
15 avril. — Le duc de Richelieu à M. de Puysieulx	262
21 avril. — M. Guymont à M. de Puysieulx	263
11 mai. — M. de Richelieu à M. de Puysieulx.	264
11 mai. — M. Guymont à	265
22 mai. — M. de Richelieu à M. de Puysieulx..	266
23 mai. — M. Guymont à M. Puysieulx	267
28 mai. — Extrait d'une lettre de Gênes	267
Extrait des lettres de M. Spinola, commandant de la place de Bastia (du 17 au 25 mai)	268
1ᵉʳ juin. — M. Guymont à M. de Puysieulx	272
APPENDICE	273

IMPRIMERIE A VAPEUR JOSEPH SANTI. — BASTIA.

Composé sur Machines Linotypes
de la SOCIÉTÉ LINOTYPE ET MACHINERY LIMITED — Angleterre

ERRATUM
(4° Bulletin 1912)

LA QUESTION CORSE AU XVIII° SIECLE

P. 331, titre : lire « **Repubblica** »
P. 338, n. 2, dern. ligne : lire « deuroient »
P. 339, l. 9 : lire « préalable »
P. 339, n. 1 : lire « p. LXXXVII, l. 31 »
P. 339, n. 3, 2° § lire « p. XCII »
P. 340, la note 3 (à signaler à la fin du 1ᵉʳ §, l. 16) a été omise : « Mentionnons enfin la **Mission de M. de Cursay en Corse (année 1748) : lettres et pièces diverses** publiées par M. l'abbé Letteron (Bull. de la Soc. des Sc. hist. de la Corse, 1906).
P. 345, n. 2 : lire « Agnello »
P. 355, l. 2 : lire « demanda »
P. 358, n. 2 : lire « p. 339, n. 2 »
P. 361, n. 1 : la première édition du **Paoli** de Bartoli date de 1866 (Largentière)
P. 363, n. 1 : lire « CXLI »
P. 364, n. 3 : lire « p. 353 »
P. 369 : effacer la note.

www.ingramcontent.com/pod-product-compliance
Lightning Source LLC
Chambersburg PA
CBHW071420150426
43191CB00008B/984